알기쉬운 기술경영

MANAGEMENT OF TECHNOLOGY

알기쉬운

기술경영

Management of Technology

박 창 규

신론사

머리말

최근 갈수록 가속화 되는 변화 및 심화되는 기술경쟁의 사업환경 속에서 효과적인 기술전략은 기업이 경쟁우위를 확보하는 데 지대한 영향을 미친다는 주장을 부인하기 힘들 것이다. 이를 반영하듯 최근 들어 기술경영에 대한 관심이 급증하였고 여러 가지 참고교재가 발간되어 시중에 나오고 있다. 그렇다면 예전에는 기술경영이 기업경영에 그다지 중요하지 않았는가? 그렇지 않았다는 것을 상식적인 수준의 경영학 지식을 갖고 있으면 누구나 동감할 것이다. 다만 최근 들어 시절인연에 따라 기술경영에 관심의 우선순위가 모아졌을 뿐이고 예나 지금이나 모든 분야들이 다 함께 기업경영에 중요하다.

본 저자가 10년 넘게 기술경영을 대학교단에서 강의하면서 적절한 대학교재를 만날 수 있는 행운을 갖지 못하여 항상 여기 저기로부터 조각난 자료를 모아 수업을 진행해 왔다. 따라서 강의를 준비하는 본인도 힘들었고 수업을 듣는 수강생들도 산만한 자료에 난색을 표하였다. 언제부터인지는 잘 몰라도 수강생들이 체계적인 편집된 강의 자료를 원하게 되었고 본인도 효율적이고 효과적인 수업을 위하여 지금까지 수집한 자료를 정리하여 체계화할 필요성을 느껴왔었다. 그러던 중 신론사와 인연이 닿아 이 책을 출간하게 되었다.

이 책은 아직 모든 면에서 부족한 점이 많으리라 본 저자는 생각한다. 하지만 대학 강의에서 활용할 수 있도록 최선의 노력을 기울였고 앞으로도 계속 수정 보완해 나갈 계획이다. 본 저자는 이 책을 참조하는 과정에서 좀 더 심도 있는 내용을 원하는 독자를 위하여 해당 부분에 대해 윗첨자로 참고문헌을 밝혀 놓았으니 이 책의 부족한 면은 해당 참고문헌에서 쉽게 메울 수 있을 것이라 믿는다.

끝으로 원고의 준비와 교정이 차일 피일 늦어졌었으나 신론사의 격려와 노력으로 이 책을 출판하게 됨을 감사드린다.

2010년 1월

저자 박창규

차례

Part 1 주목 받는 기술경영

1.1 가속화 되는 변화 ········· 15
지식기반시대의 도래 • 15
수확체증의 세계 • 17
새로운 경쟁 법칙 • 20

1.2 심화되는 기술경쟁 ········· 25
원천기술력 부족으로 인한 기술무역수지의 악화 • 25
일반부품에까지 확산되는 특허소송 • 28
선세계적인 연구개발 투자 증가 추세 • 30
내수시장의 한계 • 32

1.3 왜 기술경영인가? ········· 34

Part 2 기술과 경영

2.1 기술 ········· 41
기술의 개념 • 41
기술의 분류 • 44

2.2 연구개발 ········· 49
연구개발의 개념 • 49
연구개발의 유형 • 50

2.3 기술경영 ········· 52
기술경영의 개념 • 52
기술경영의 목적 • 53
기술경영의 영역 • 54
기술경영 상의 고려사항 • 57

Part 3 기술전략

3.1 기술과 경쟁우위 ········ 65

경쟁우위 • 65

기술이 경쟁우위에 미치는 영향 • 66

3.2 기술과 산업구조 ········ 70

산업구조분석 • 70

기술이 산업구조에 미치는 영향 • 71

3.3 기술 선도 전략과 기술 추종 전략 ········ 76

기술전략과 경쟁우위 • 76

3.4 기술전략 수립시 고려사항 ········ 79

기업 전략과 연계 • 79

Part 4 기술혁신

4.1 기술혁신에 대한 기본이해 ········ 89

기술혁신의 개념 • 89

기술혁신 과정의 특성 • 91

기술혁신 패러다임 • 94

4.2 기술혁신의 원천 ········ 99

기술혁신의 주체 • 99

기술주도와 수요견인 • 100

4.3 기술혁신의 유형 104
급진적 기술혁신과 점진적 기술혁신 • 104
공정혁신과 제품혁신 • 106

4.4 기술혁신 모형 108
선형모형 • 108
상호작용모형 또는 비선형모형 • 109
과정모형 • 110
동태적 모형 • 112

4.5 기업의 기술혁신 전략 115
기술혁신전략 • 115

Part 5 전략적 기술개발

5.1 시장지향적 연구 · 기술개발 123
시장지향적 연구 · 기술개발의 중요성 • 123
시장지향적 연구 · 기술개발의 수행 프로세스 • 125
기술로드맵 활용 • 128

5.2 기술개발 전략수립 131
전략수립 • 131
사업전략의 명확화 • 134
제품 포트폴리오에 의한 기술개발전략 • 135
제품 수명주기이론에 의한 기술개발전략 • 137

5.3 연구 · 기술개발 프로젝트 관리 140
프로젝트 관리 • 140
프로젝트 평가 • 141

5.4 연구개발 조직 147
연구 · 기술개발 활동 • 147
연구 · 기술개발 활동의 유형 • 148
연구개발 조직의 유형 • 150

5.5 연구개발 리더십 ········ 153

연구개발 리더별 역할 • 153
연구개발 리더십 발휘를 위한 필요역량 • 154
CTO의 역할 • 156

Part 6 기술 아웃소싱

6.1 기술 아웃소싱에 대한 이해 ········ 165

기술 아웃소싱의 추세 • 165
기술 아웃소싱의 이점 • 167
개방형 기술혁신 • 168

6.2 기술 아웃소싱의 프로세스 ········ 173

전략적 결정 • 173
기술 아웃소싱의 추진과정 • 174

6.3 아웃소싱 대상기술의 선정 ········ 177

기술의 사업적 의미 • 177
획득 가능 경로의 이해 • 178
대상기술의 선정 • 178

6.4 기술 아웃소싱 원천기관의 선정 ········ 182

원천기관의 유형 • 182
원천기관의 선정 • 184

6.5 기술 아웃소싱 방식의 선정 ········ 186

기술 아웃소싱의 형태 • 186
아웃소싱 방식의 선정 • 188

Part 7 기술이전

7.1 기술이전의 개념 ····· 197

기술이전의 정의 • 197
기술이전에 대한 시각 • 197

7.2 기술이전의 유형 ····· 201

유형 분류의 기준 • 201
직접투자형 기술이전 • 202
합작투자형 기술이전 • 203
모방형 기술이전 • 204
인수합병형 기술이전 • 204
라이센싱 • 205
인력체화형 기술이전 • 206
해외현지화형 기술이전 • 207
전략적 제휴형 기술이전 • 207

7.3 기술이전의 과정과 성공요인 ····· 209

포스터 모형 • 209
기술이전 과정의 주요요소 • 212
기술이전의 고려사항과 성패요인 • 216

7.4 기술이전의 이론모형 ····· 220

제품수명주기이론 • 220
기술수명주기이론 • 221
김인수 교수의 모형 • 222
이진주 교수의 모형 • 224
동태적 기술획득전략 모형 • 225

Part 8 지적재산권 및 기술보호

8.1 지적재산권 관리 ······ 233

지적재산권의 개념 • 233
특허권 • 234
실용신안권 • 235
의장권 • 236
상표권 • 236
저작권 • 237
영업비밀 • 239
전사적 지적재산권 관리 • 240

8.2 기술유출 ······ 242

기술유출의 실태 • 242
기술유출의 경로 및 특징 • 244
기술유출의 대응방안 • 246

8.3 기술보호전략 ······ 249

기술보호전략의 양극화 • 249
철저한 폐쇄적 기술보호전략 • 251
개방을 통한 기술협력전략 • 254
기술전략 양극화의 의미 • 255

- 참고문헌 / 259
- 찾아보기 / 263

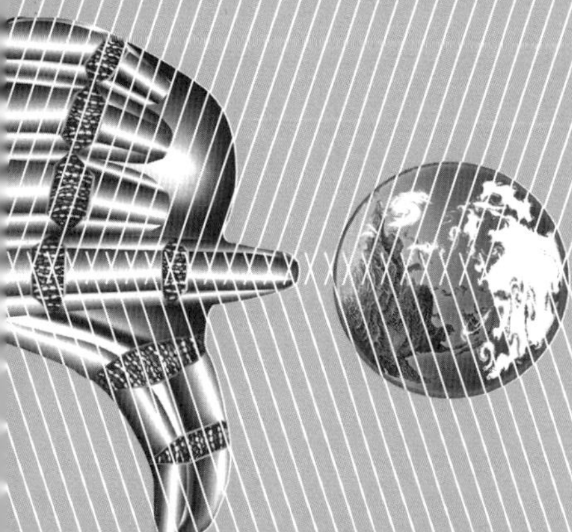

Part 1

주목 받는 기술경영

1.1 가속화 되는 변화

1.2 심화되는 기술경쟁

1.3 왜 기술경영인가?

미국 내 시장 60% 점유, 출시 5년 만에 1억대 판매, 액세서리 시장 규모 연간 1조원 창출. 단순한 히트상품을 넘어 파디즘(Poddism)이란 문화 아이콘으로 부상하고 있는 미국 애플사의 MP3 플레이어 아이팟(i-Pod)의 실적이다. 경영난에 빠졌던 애플사를 극적으로 부활시킨 아이팟의 성공 이면에는 시장의 니즈를 철저히 분석하고, 이를 연구개발에 접목시킨 시장 중심의 기술개발 전략이 있었다. 경쟁사들이 얼마나 좋은 소리로 음악을 재생하느냐에 열중하고 있는 동안 애플사는 사용자가 얼마나 쉽게 음악을 즐길 수 있느냐에 초점을 맞췄던 것이다. 기술경영의 중요성은 바로 여기서 출발한다. 단순히 음질을 향상시키는 기술개발에만 매달리는 것이 아니라 소비자의 욕구가 무엇인지 파악하고 시장에서 필요로 하는 기술개발에 주력하는 것이 바로 기술경영인 것이다.

많은 글로벌 기업들이 다양한 형태의 기술경영 전략을 채택하고 있다. P&G는 연계개발(Connect & Development)이라는 모토 아래 새로운 아이디어의 50%를 외부에서 조달하고 있고, 듀퐁과 3M은 연구자와 시장 전문가를 기술개발 프로젝트에 공동으로 참여시키고 있다. 한때 시장과 동떨어진 연구개발 활동으로 '취미용품 가게'라는 비판을 받기도 했던 수많은 기업 부설 연구소들이 기술경영을 통해 변신하고 있는 것이다. 최근 들어 우리나라 기업들도 다양한 방식으로 기술경영을 추진하고 있으나 아직까지 이에 대한 인식과 수준은 전반적으로 낮은 편이다. '기술은 기술자가, 경영은 경영자가'라는 이분법적 사고방식이나, 기술만 좋으면 시장에서 성공할 것이라는 맹목적 믿음이 대표적인 예다. 기술력을 바탕으로 창업한 기업들 가운데 적지 않은 기업들이 시장에서 고전하는 것도 기술경영 능력의 부재 때문이라는 지적도 있다.

기술경영의 핵심은 사람이다. 어떤 기술이 글로벌 시장을 선도할 것인가, 수요자가 원하는 기술은 무엇인가를 정확히 예측하고 준비하기 위해서는 기술적 지식뿐 아니라 시장의 흐름을 읽을 수 있는 경영학적 능력도 겸비한 인재가 필요하다. 미국 등 주요 선진국의 경우 기술경영 전문인력을 양성하기 위해 다양한 노력을 기울이고 있다. 한 해 미국 전역에서 3,000 여명의 기술경영 전문인력이 배출되고 있다고 하니, 이것이 바로 미국이 자랑하는 창의적 기술혁신의 원동력이 아닌가 여겨진다. 이제 우리도 정부와 민간이 합심해 기술경영 전문인력을 양성하고, 산업계 전반으로 기술경영이 확산되도록 노력해야 할 것이다. 이를 통해 연구개발 투자가 단순한 지식탐구에 그치지 않고 경제적 성과로 이어질 수 있도록 힘을 쏟아야 한다.

우리나라는 세계에서 연구개발 투자 규모가 가장 빨리 늘고 있는 국가 중 하나다. 그러나 연구개발 투자액이 많다고 해서 그 성과가 바로 나타난다고 보기는 어렵다. 문제는 '얼마를 투자하느냐'가 아니라 '어떻게 투자하느냐'이기 때문이다. 이 문제에 대한 열쇠는 '기술경영'이 쥐고 있다.

[출처 : 한국경제신문, 2008. 01. 31]

1.1 가속화 되는 변화

지식기반시대의 도래

시대흐름에 따라 주요 산업 지형도는 엄청난 변화를 겪어왔다. 이런 변화에는 여러 요인들이 복합적으로 작용해 왔었지만 산업혁명 이래로 단연 발명이나 새로운 지식에서 비롯된 기술혁신이 중요한 구실을 해왔다. 인류는 이러한 기술혁신을 통해 지난 400 여년의 역사 동안 매세기마다 혁명적인 변화를 겪어왔다. 〈그림 1.1〉에서 볼 수 있듯이, 17세기는 상업혁명의 시대였으며 18세기는 증기기관과 기계가 최초의 산업적 활용을 가져온 1차 산업혁명의 시대였다. 그리고 19세기는 철강과 화학산업이 주도한 2차 산업혁명의 시대였으며, 20세기는 전기모터와 내연기관을 활용한 3차 산업혁명이 전개되었다.[57](참고문헌 참조. 이하동일)

앞으로 전개될 21세기는 지식기반시대, 즉 정보경제 또는 디지털경제가 될 것이라는 예견이 지배적인 주류를 이루고 있다. 정보경제 혹은 디지털경제란 좁은 의미에서 볼 때 정보 또는 지식 자체가 경제활동의 대상이 되는, 즉 독립된 상품으로 생산·판매·유통되는 경제라고 할 수 있다. 그러나 정보(지식)가 상품화 되어 생산·유통되어 온 것은 21세기만의 특징이라고 볼 수 없으므로 보다 넓게 정보(디지털)경제를 정의한다면, 단순히 정보(지식) 뿐만 아니라 정보(지식)를 생산하고 유통하는 하드웨어와 소프트웨어가 하나의 산업으로 정착된 경제로서 정보 산업 부문이 여타 산업 부문에 막대한 구조적 영향을 미치는 경제시스템이라 할 수 있을 것이다. 즉, 정보기술의 상품화와 산업화가 전면적으로 진행되는 경제가 정보(디지털)경제인 셈이다.

그림 1.1 시대적 변화

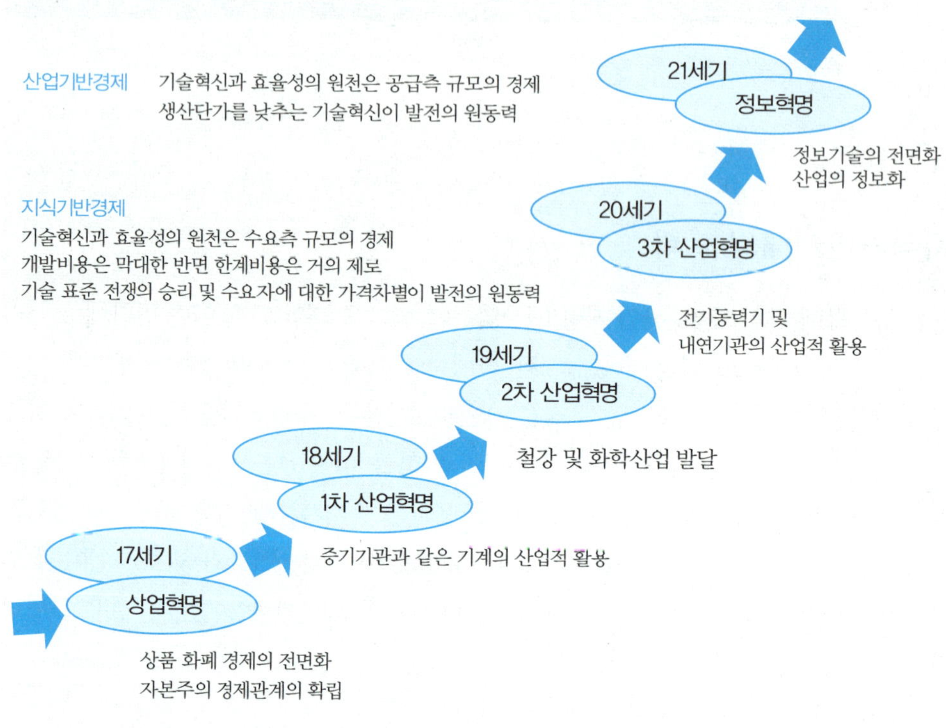

세계 각국에서 확산되고 있는 정보기술의 혁신이 새로운 산업혁명으로 이어질 것이라는 견해가 강해지고 있다. 우리 기업도 새로운 사회의 변화 가능성을 염두에 두면서 비즈니스 시스템의 근본적인 개혁에 나서야 할 것이다. 현재의 정보기술혁명과 과거의 산업혁명기를 비교해 보는 것도 흥미로운 일이다.

공통점	차이점
□ 사회의 주인공 교체 • 산업혁명 : 모직공업 ⇨ 면공업 마차 ⇨ 철도 • 정보혁명 : 기존 대기업 ⇨ 인터넷기업 □ 연쇄적 기술혁신으로 산업 및 사회 혁신 • 산업혁명 : 공장제 대공업 탄생 자본주의 사회 확립 • 정보혁명: 지식정보사회 형성	□ 기술혁신 속도 • 산업혁명 : 기술혁신이 완만하고 장기에 걸쳐 진행됨 • 정보혁명 : 신기술이 빠르게 등장·보급되고 있음 □ 비영리단체의 역할 • 산업혁명 : 비영리단체의 역할 미약 • 정보혁명 : 비영리단체가 사이버 공동체 형성

□ 개인적 발명에 의존
- 산업혁명 : 개인발명가가 섬유기계 및 증기기관 발명
- 정보혁명 : 개인발명가와 기술자가 벤처기업 창업

□ 혁신의 역동성
- 산업혁명 : 기술혁신을 위해 장기적 투자
- 정보혁명 : 인터넷 관련 주가 급등세가 세계적으로 확산

□ 세계적 보편성
- 산업혁명 : 영국에서 세계로 확산
- 정보혁명 : 미국의 인터넷 혁명이 각국으로 확산

□ 산업조직의 구조
- 산업혁명 : 수직적 산업조직 형성
- 정보혁명 : 수평적 산업조직 형성

□ 근로자
- 산업혁명 : 자영업자에서 공장근로자로
- 정보혁명 : 지식근로자가 넷 가상공간에서 일부 독립화

[출처 : 참고문헌 35 참조]

수확체증의 세계

지식기반시대의 도래와 더불어 21세기에 주의를 끄는 경제원리는 수확체증의 원리이다. 수확체증의 원리는 생산 요소의 투입을 늘렸을 때 생산량이 생산 요소 투입량의 증가율보다 큰 비율로 증가하는 것을 말한다. 즉, 생산량을 늘려갈수록 수입에 비해 추가로 들어가는 상대비용이 줄어드는 것이다. 수확체증의 원리와 대조를 보이는 개념으로 수확체감의 원리가 있는데 20세기 후반에 들어와 기술의 개발과 적용, 정보의 가공, 아이디어의 사용을 주로 하는 지식집약적 산업이 본격적으로 나타나기 시작하면서 수확체감의 원리가 도전을 받게 되었다.

수확체감의 원리는 산업기반시대에 들어맞던 경제원리로 수확체증의 원리와는 대조적으로 생산 요소의 투입 증가에 비례하여 생산량이 증가하지 않고 이보다 작은 비율로 증가하는 것을 말한다. 달리 말하자면, 생산량을 늘릴수록 수입에 비해 추가로 생산하는 데 들어가는 상대비용이 증가하는 것이다.

수확체증의 경우, 생산량을 늘리면 늘릴수록 한계생산비용은 감소하므로 수확체증의 기술을 보유하고 있는 기업은 그 기술을 사용하여 생산한 제품에 대한 시장수

요가 존재하는 한 끊임없이 생산을 지속하게 되어 시장 전체를 장악하게 된다. 더욱 중요한 사실은 일단 시장을 장악하게 되면 새로운 도전자가 생기기 어렵다는 것이다.[57]

수확체증은 현재 앞선 것이 계속해서 앞서 가게 하고 우위를 상실하고 있는 것이 계속해서 우위를 상실하게 하는 경향을 나타내는 말이다. 수확체증의 원리는 제품의 표준화를 촉진하고 사업 활동 방식을 변화시키며 사업 운영의 통념들에 대한 발상의 전환을 요구한다. 이러한 수확체증 세계의 특징[20]을 살펴보면 다음과 같다.

- 시장은 앞서 가는 제품을 선호하는 경향을 보임으로써 수확체증은 시장 불안정성을 야기한다.
- 수확체증은 여러 가지 다양한 결과를 낳을 수 있는 다중 잠재성을 내포하고 있다.
- 수확체증의 세계에서는 사전에 결과를 예측하기 어렵다
- 수확체증의 세계에서는 앞서 가는 제품이나 기업이 시장을 완전히 장악해 버린다.
- 상대적으로 열등한 제품이라 할지라도 시장에서 우위를 점할 수 있는 기회를 가질 수 있다.
- 수확체증의 세계는 만약 승자가 된다면 대단히 풍요로운 수익들을 향유할 수 있게 해준다.

수확체증 현상은 사실상 거의 모든 산업에서 수확체감 현상과 병존하고 있지만, 일반적으로 수확체감은 전통적인 산업 분야, 즉 제조업 분야에서 주로 나타나고 수확체증은 새로운 분야인 지식집약형 산업에서 주로 관찰된다. 이렇게 되는 몇 가지 주요한 이유에 대해 살펴보면 다음과 같다.

(1) 높은 초기 개발 비용

첫째는 높은 선행 투자 비용, 즉 초기 개발 비용(Up-front costs) 때문이다. 의약품·컴퓨터의 소프트웨어와 하드웨어·항공기·전기통신장비·생체공학 관련 제품 등의 지식집약형 제품은 새로운 제품을 개발·설계해서 시장에 내놓을 때까지 상당히 오랜 시간과 비용이 요구된다. 다시 말해 초기 연구개발 비용이 매우 높게 나타난다. 마이크로소프트사의 경우 처음 윈도우 시스템을 개발하는데 든 비용은 5,000만 달

려였으나, 일단 개발이 이루어지고 난 뒤부터의 디스크 생산비용은 개당 3달러 수준으로 감소하였으며, 이런 단위 비용조차 매출이 증가함에 따라 계속 줄어들어 전체 수입과 비교해 볼 때 아주 미미한 수준이 되어 버렸다.

(2) 네트워크 효과

둘째는 네트워크 효과(Network effects)이다. 이런 지식집약형 제품들 중에는 사용자 네트워크와 연결이 되어야 사용이 가능한 제품들이 많다. 그 좋은 예가 선 마이크로시스템스의 '자바' 언어이다. 인터넷 상에서 다운로드할 수 있는 소프트웨어가 '자바' 언어로 씌어지면 질수록 인터넷 사용자들은 그 소프트웨어를 자신의 컴퓨터에서 실행시키기 위해 '자바'를 필요로 하게 될 것이며 그 결과, '자바' 프로그램에 대한 수요는 폭발적으로 증가하게 된다.

(3) 소비자 타성

셋째로 소비자 타성(Customer groove-in)이다. 지식집약형 하이테크 제품은 소비자가 사용에 익숙해지는 데도 어느 정도의 시간과 훈련이 필요하기 때문에 훈련을 통해 일단 어떤 제품의 사용에 익숙해지면 소비자들은 다시 많은 시간을 들여 훈련을 받으면서까지 비슷한 서비스를 제공하는 다른 제품을 사용하려고 하지 않는다. 결과적으로 시장을 선점해서 소비자들과 먼저 만난 제품의 성공 확률은 자연히 커질 수밖에 없다.

20세기가 시작되던 시기의 산업기반시대는 주로 자원을 대규모로 처리하는 것에 기초하고 있었다. 20세기가 끝나고 21세기가 시작된 지금, 산업경제는 자원을 처리하는 것과 지식을 처리하는 것 모두에 기반을 두고 있다. 경제는 상호 연관되어 있고 중첩되어 있으면서 서로 다른 두 개의 세계로 나뉘어졌다. 이 두 세계는 〈표 1.1〉에서도 알 수 있듯이, 서로 다른 경제원리에 따라 작동한다. 마셜의 세계, 즉 수확체감의 세계는 계획·통제·위계로 특징 지워진다. 그것은 물질의 세계이며, 프로세스의 세계이고, 최적화의 세계이다. 반면에 수확체증의 세계는 관찰, 포지셔닝, 수평조직, 미션, 팀, 그리고 현명함으로 특징 지워진다. 그것은 심리학의 세계이며, 인지의 세계이고, 적응의 세계이다.

표 1.1 수확체감의 세계와 수확체증의 세계의 비교

수확체감의 세계	수확체증의 세계
계획·통제·위계 물질의 세계 프로세스의 세계 최적화의 세계	관찰, 포지셔닝, 수평조직, 미션, 팀, 현명함 심리학의 세계 인지의 세계 적응의 세계

새로운 경쟁 법칙

18세기 영국에서 시작된 산업혁명을 능가하는 새로운 혁명이 21세기 벽두의 세상을 전혀 다른 모습으로 바꿔 놓고 있다. 변화의 화두는 '디지털'이다.[17] 디지털은 인류에게 무한한 새로운 기회와 도전을 제공하고 있다. 물론 디지털은 하루 아침에 개천에서 용솟음친 것은 아니다. 산업혁명 이후 그칠줄 모르고 지속돼 온 혁신의 산물인 것이다. 인간은 태고적 불을 발견한 이래 늘 변화를 추구해 왔고, 이러한 변화의 욕망이 기술혁신으로 이어져 세상을 송두리째 바꿔 놓고 있는 것이다.

이른바 디지털경제에서는 3가지 새로운 경쟁법칙에 따라 움직인다. 첫째는 속도다. 안정보다는 변화가 더욱 중요한 가치로 자리잡고 있다. 무엇보다 변화의 주기가 과거와는 비교할 수 없을 정도로 빨라지고 있다. 최근 기술변화의 속도는 과거에는 상상할 수 없을 정도로 빠르고 그 영향의 폭도 대단히 넓다. 기술은 몇 십년 전에는 상상할 수 없을 정도로 우리의 세상을 바꾸어가고 있고, 기업발전과 경제발전 및 국가번영의 가장 중요한 요소로 인정받게 되었다. 흔히 이와 같은 기술의 빠른 변화를 '기술변화율이 지수함수적으로 증대하고 있다'고 말한다.

지난 세기 동안 세계 대부분의 국가들이 경험하고 있는 경제의 소프트화[36]의 원인을 살펴보면, 그 배경에는 기술의 진보가 자리하고 있음을 알 수 있다. 즉, 20세기 초반 대부분의 산업국가에 있어서도 대부분의 인구가 농업에 종사하였다. 그러나 최근 선진국의 경우 농업인구는 3% 정도만을 고용할 뿐인데도 농업의 생산량은 지난 세기 초반에 비하여 비교할 수 없을 정도로 많이 이루어지고 있다. 제조업의 경우에도 1950년대에는 대부분 산업국가에 있어서 전체 인구의 60~70%를 고용하였으나 최근에는 20% 미만을 고용할 뿐인데 이들 국가의 제조업 생산액은 50여 년 전보다 훨씬 많다. 아울러 지난 세기 후반 이후에 새로운 산업으로 다양한 종류의 서비스업이 크게 증가하여 산업국가의 60~70%의 노동력이 서비스업에 종사하게 되었다.

기술진보는 농업, 제조업에 있어서 종사하는 인력을 대폭적으로 줄였는데도 불구하고 이들 분야의 생산량을 크게 증대시키는 가장 큰 원동력이 되었으며, 제조업에 있어서 기술의 진보는 첨단생산기술의 폭넓은 활용으로 이어져 제조업에 종사하는 인력의 큰 폭의 감축을 가져와 최근에는 무인공장도 일반화되고 있는 추세이다. 아울러 새로운 서비스업의 창출 및 기본 서비스업의 증대도 정보통신기술의 광범위한 확산에 기인하고 있다.[58]

기술의 급속한 변화와 연계하여 시장에 있어서도 변화가 심각하게 일어나고 있다. 최근에 들어서면서 전 세계의 모든 시장에서 기업들 간의 경쟁이 치열해지고 있다. 그 결과 시장변화의 속도가 점점 빨라지면서 제품과 지식의 진부화를 매우 빠르게 촉진시킨다. 이처럼 산업의 진부화가 매우 빠르게 진행되면서 산업 구성요소인 공급자, 소비자, 경쟁자 간의 역학관계가 빠르게 변화하고 있으며, 전혀 새로운 산업의 창출이 이루어지고 있다.

과거에는 기업의 경쟁우위가 저원가 및 차별화를 바탕으로 추진되었으나 최근의 산업환경은 이것으로는 부족하다. 이제는 저원가, 차별화 뿐만 아니라 제품의 다양성, 시간적인 요소가 중요한 경쟁요소가 되었다. 전 세계 시장의 고객들은 높은 품질의 다양한 제품을 가능한 저렴한 가격, 가능한 빨리 충족하기를 원한다. 특히 현대의 고객들은 규격화된 제품을 싫어하며 자신의 특정한 수요 및 욕구를 충족시킬 수 있는 제품을 선호한다. 이와 같은 다양한 경쟁요인들을 동시에 충족시키는 것은 생산주체인 기업의 입장에서 쉬운 일이 아니다. 그러나 최근에 와서 이들 경쟁요인의 동시적 달성이 가능해졌는데 이를 가능하게 하는 것은 기술에 있어서의 진보 덕분임은 두말할 필요가 없을 것이다.

둘째는 상호연관성, 즉 네트워크화이다. 특히 개방형 네트워크 체제가 급격히 확산되고 있다. 전통적인 제조업체들 역시 사업부서간 혹은 본사와 하청기업간 네트워크가 강조되었으나 이는 어디까지나 아군과 적군이 분명한 폐쇄형 시스템이었다. 그러나 정보화 진전으로 외부 조달비용이 내부 조달비용보다 저렴해지면서 핵심분야에 역량을 집중하고 글로벌 차원의 기업간 제휴와 아웃소싱이 활발히 전개되고 있다. 이에 따라 기업간 경계 자체가 애매해지는 현상이 나타나고 있다.[27] 기업들은 이제 핵심적인 활동만 담당하고 비핵심적인 활동은 외부에서 조달하게 되어, 그 결과 현대 기업은 다양한 활동의 조정자 역할을 담당하게 되었다. 그 동안 급속하게 발전한 정보통신기술이 이와 같은 기업들의 다양한 형태의 네트워크화를 가능하게 해 주었다. 더 나아가 정보통신기술의 발달과 세계화 확산으로 모든 경제주체는 물론 전세계가 하나의 유기체처럼 움직이고 있다.

이와 같은 환경의 변화는 기업들의 기술경영 활동에도 지대한 영향을 미쳤다. 기업들은 연구개발활동과 관련하여 외부의 다양한 주체들 — 예를 들어, 기업, 대학, 공공연구소 — 과 협력을 활성화 해오고 있다. 이제는 외부와의 협력과 자체적인 연구개발이 조화를 이루어야 하는 협력개발(C&D: Cooperation and Development)의 시대로 변환하고 있는 것이다. 이러한 변화를 개방형 혁신(Open innovation)이라고 일컸고 있으며 기술혁신 및 지식의 실질적인 창출·확보·활용에 있어서 외부와의 연계의 필요성을 강조하고 있다.

과거의 기술혁신 활동은 아이디어를 행동으로 실행하는 영웅적 개인들의 분야로서 인식되었다. 그러나 20세기에 들어서면서 조직화된 연구개발 활동의 중요성이 증대되어 기업연구소의 시대가 도래하였으며, 그 결과 수많은 기업들이 기업연구소를 설립·운영해 오고 있다. 21세기에 들어서면서 게임의 흐름은 또 다시 변화하기 시작하였다. 이제 기업은 기술혁신을 혼자서 수행할 수 없으며 다양한 네트워크를 활용하여야 한다. 이제 기술혁신은 기술주도 혹은 시장견인의 이분법적인 사고를 떠나 다양한 요소들에 영향을 받으며 상호작용적인 과정으로 인식되고 있다. 이에 따라, 기술혁신에 있어서 네트워크적 접근의 필요성이 대두된 것이다. 이제는 기술혁신 활동에 있어서 다기능 팀, 핵심의 확장, 외부 기업과의 연계 등이 중요해졌다.

셋째는 무형성이다. 과거 산업경제 시절 부의 덕목으로 치부됐던 덩치 큰 공장 같은 유형자산은 이제 별다른 가치를 인정받지 못한다. 눈에 보이지 않는 지식이 혁명의 근간이기 때문이다. 지식정보화와 서비스화의 진전으로 공장설비, 부동산 등 유형자산(하드웨어)보다 지식근로자, 컨텐츠, 기술표준, 고객기반, 브랜드 파워 등 무형자산(소프트웨어)의 중요성이 강조되고 있다. 특히 소프트 파워를 경쟁우위 전략으로 활용하는 노력이 가시화되고 있다. 소프트 파워란 각종 소프트웨어, 컨텐츠, 지식 등의 문화 창조 능력이라고 정의할 수 있는데, 이는 경제의 선진화, 수요 고급화와 맞물려 새로운 소비문화를 창조하거나 기술을 혁신하는 원동력으로 작용하고 있다. 이에 따라 선진기업마다 연구 인력의 비중이 높아지는 것은 물론 생산현장도 소프트웨어 기술자와 같은 기술인력 중심의 구조로 바꾸는 등 소프트 파워의 조직적 관리에 주력하고 있다. 아예 생산 기능 자체를 아웃소싱하고 연구개발 기능에만 특화하는 무공장 기업도 등장하고 있다.

제품 차원에서도 하드웨어를 소프트웨어로 대체하려는 기술혁신이 가속화되고 있다. 제품 기능을 소프트웨어로 대체하여 해당 제품의 성능 향상이 인터넷상에서 다운로드만으로 가능하고, 제품에 대한 사후 서비스도 인터넷을 통해 저렴한 비용으로 수행할 수 있는 영역이 점차 늘어나고 있는 것이다. 또한 개발·생산 과정에서 드는 부담을 줄이기 위하여 소프트웨어나 컨텐츠 제작 업무 자체가 자동화되고 있는 사례도 나타나고 있다.

지난 2004년 10월부터 과학기술부는 과학기술혁신본부를 설치하고 과학기술집행부와의 역할분담을 통해 상호 조화를 이루면서 시너지 효과를 발휘해 왔다. 과학기술혁신본부는 국가과학기술위원회, 과학기술관계장관회의 등을 통해 19개 부처의 연구개발에 관한 과학기술정책의 종합·조정 기능을 강화했다. 연간 10조원대의 지속적인 연구개발 투자 확대와 관련부처 연구개발 예산의 배분·평가·조정을 수행하고, 출연연구소의 전문화·특성화 및 과학기술인의 처우 개선도 추진했다. 과학기술집행부는 기초·원천기술과 우주, 원자력 등 거대 과학을 육성하고, 과학기술인력 양성과 활용을 위한 지원을 강화함과 동시에, 과학기술의 대중화와 지방 과학기술역량의 제고를 위해 노력, 첫 우주인 배출과 인공위성 자력발사 준비, 원자력 발전 세계6위권 진입 등 괄목할 성장을 이뤄냈다.

세계는 이제 우리나라를 새롭게 평가하고 있다. 스위스 국제경영대학원(IMD)의 과학/기술 경쟁력 세계순위는 2003년 14위/24위에서, 2006년엔 7위/6위로 크게 상승했다. 세계경제포럼(WEF)의 과학기술경쟁력은 7위로 평가되었으며, OECD는 3

년 전에 시작된 우리의 과학기술혁신본부체제가 OECD 국가에서도 가장 선진화된 시스템이라고 평가하고 있다. 과학기술의 발전으로 우리나라는 이제 세계 10대 경제강국으로 자리잡았다.

세계 각국의 과학기술경쟁은 날로 더욱 치열해지고 있다. 한시도 긴장을 늦출 수 없는 상황이다. 과학기술은 국가와 국민의 가장 중요한 생존수단이며 미래의 희망이다. 따라서 우리 나름의 독창적 수월성을 갖고 탄탄한 거목으로 성장해 나가야 한다. 그러나 과학기술의 발전을 위해선 치밀한 기획 아래 많은 노력과 시간이 지속적으로 투여되어야만 한다. 그간의 눈물겨운 노력으로 이루어 놓은 과학기술 경쟁력을 앞으로도 일관되게 더욱 집중적으로 가꾸어 나가야 한다.

새 정부가 조직의 축소·통폐합 등을 통해 행정의 효율화를 기해 나간다는 방침에는 이의가 없다. 그러나 만일 정권변화에 따른 정책결정으로 인해 지금까지 40여년간 정성 들여 키워온 거목이 하루아침에 뿌리째 흔들리는 일이 벌어진다면, 그 책임은 누가 어떻게 감당할 것인가? 결과적으로 과학기술이 과학과 기술로 따로 분산·흡수되거나, 연구개발체계가 흩어져 약화되거나, 공들여 온 국가 프로젝트 등이 중도에 중단·취소되는 일은 없어야 한다. 무슨 일이 있어도 우리의 과학기술이 결코 위축되어서는 안 될 것이다.

[출처 : 조선일보, 2008.01.17]

1.2 심화되는 기술경쟁

원천기술력 부족으로 인한 기술무역수지의 악화

원천기술의 중요성을 여러 측면에서 살펴볼 수 있겠으나 다음과 같이 핵심기술이 산업 전체에서 담당하는 역할을 살펴봄으로써 원천기술의 중요성을 쉽게 수긍할 수 있을 것이다. 첫째, 지식 및 기술 등 무형자산을 잘 활용하면 많은 자원을 투자하지 않고도 훨씬 더 높은 수익을 창출할 수 있다. 이는 특허를 활용함으로써 상당한 수익을 창출하고 있는 유럽의 가전기업인 필립스와 톰슨의 예에서 잘 나타난다. 두 기업은 특허·라이센싱 사업부문에서 80~90% 정도의 매우 높은 영업이익률을 보이고 있다. 2002년 기준으로 필립스(총매출 318억2천만 유로)와 톰슨(총매출 101억8천7백만 유로)의 특허·라이센싱 사업부문이 각각 총매출의 1%와 4%를 차지하는 반면, 영업이익에서는 44%와 53%를 차지하고 있다. 따라서 전체 매출 대비 이익에 대한 기여도가 다른 사업부문에 비해 월등히 높다고 할 수 있다.

둘째, 핵심기술이 확보되면 핵심부품 및 제품개발이 쉬워져 고부가가치 창출이 한결 쉬워진다. 일본 기업들이 a-Si에서 저온폴리 TFT-LCD 사업으로 전환한 것이 좋은 예이다. 한때 TFT-LCD 산업을 주도했던 일본 기업은 중대형 분야에서 가격 경쟁이 심해져 사업의 수익성이 떨어지는 것을 감지하고, 수익성이 높은 소형 분야로 사업방향을 선회하였다. 이는 일본 기업이 핵심기술인 CGS(Continuous Grain Silicon) 등의 저온폴리 기술을 이미 확보하고 있었기 때문에 가능한 일이었다. 일본 기업들은 현재 모바일 산업의 급속한 성장에 힘입어 소형 디스플레이 사업에서 높은 수익을 창출하고 있다.

셋째, 핵심기술은 소비자에 대한 신뢰를 높여 기업의 브랜드 이미지를 제고하며 유리한 조건의 전략적 제휴를 통한 저수익 사업의 경쟁력 강화 등을 가능하게 해준다. 일례로 프랑스 최대 가전기업인 톰슨의 경우 CRT, DVD 등에서의 핵심기술을 통해 유리한 전략적 제휴를 이끌어 낼 수 있었다. 즉, 기술력 확보와 브랜드 이미지 제고를 노리고 있던 TCL은 톰슨과의 제휴 관계 구축을 원했으며, 톰슨은 중국 2위의 TV 생산 기업인 TCL과 합작법인을 설립할 수 있었다. 이를 통해 톰슨은 손쉽게 중국 시장에 진출할 발판을 마련했으며, TCL의 값싼 노동력을 이용한 가격 경쟁력을 확보하게 되었다.

지금까지 국내 기업들은 생산·공정 기술을 통해 고도성장을 하였고 상품화 역량도 최근 많이 개선되고는 있지만, 아직도 중요한 의미를 가지고 있는 원천 기술력 면에서는 낮은 수준에 머물고 있다. 일례로 TFT-LCD 산업을 살펴보면 LG, 삼성 등 국내 기업들이 세계 시장점유율 1, 2위를 차지하며 외형상 세계 시장을 주도하고는 있지만 속을 들여다 보면 꼭 그런 것만은 아니다. 2002년에 TFT-LCD의 핵심기술인 액정물질과 컬러필터 등에 관한 특허출원은 내국인의 전체 LCD관련 국내 출원건수인 2,053건 중에 1% 미만에 불과해 핵심부품 및 소재, 설비 등은 거의 일본, 독일에 의존하고 있다. 또한 반도체, 디지털 가전 등 다른 전자산업에서도 비슷한 양상이 나타나고 있다. 반도체의 소재와 설비에 대한 국산화율은 각각 60%(2002년), 15%(2001년) 수준에 머물고 있으며 주요 디지털 가전제품의 경우도 제품별로 적게는 20%(디지털 TV), 많게는 70%(DVD Player) 정도의 핵심부품을 외국 기업에 의존하고 있다.[65]

국내 기업들은 원천기술력 부족으로 기술주도권을 선진국에게 빼앗기면서 로열티 지불과 같은 경제적인 손실을 감수하지 않으면 안된다. 현재 우리 나라의 기술무역수지는 큰 폭의 적자를 보이고 있는데, 과학기술부가 발표한 기술무역통계조사를 살펴보면 2006년 한 해 동안 기술수출로 18억9천700만 달러를 벌어들이고 48억3천800만 달러를 기술을 수입하는데 지출해 29억4천100만 달러의 기술무역수지 적자를 기록한 것으로 나타났다. 최근의 기술무역수지 적자 규모를 살펴보면 2003년 24억2천만 달러에서 2004년 27억3천만달러, 2005년 29억달러, 2006년 29억4천만달러로 계속 증가세를 보이고 있다. 더욱 심각한 것은 〈그림 1.2〉에서 보여 주는 도표로도 쉽게 알 수 있듯이, 이러한 기술무역수지가 해가 갈수록 그 규모가 더욱 커지고 있다는 점이다.

그림 1.2 **연도별 기술무역추이**

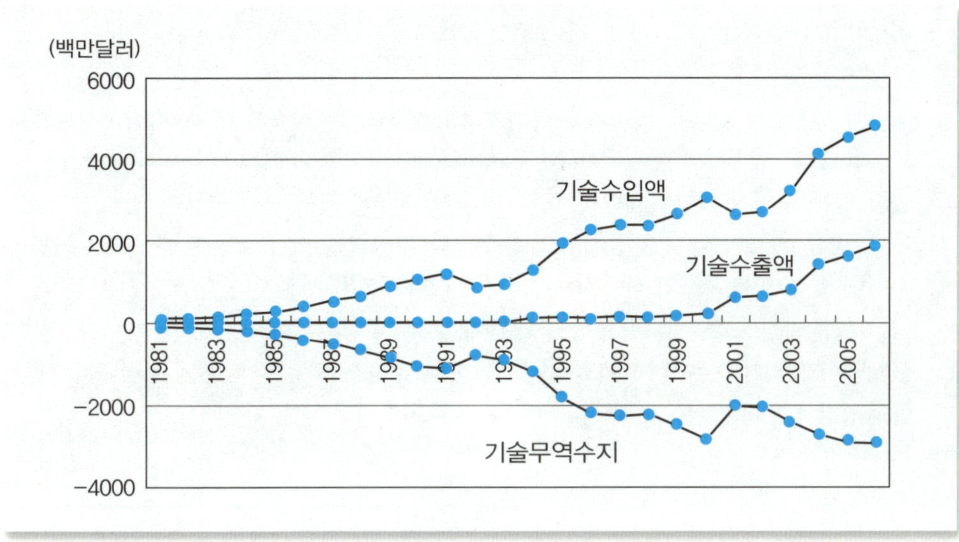

전세계 기업 가운데 최고의 기술력을 가졌다는 평가를 받고 있는 IBM의 저력은 어디에서 나오는 것일까. 물론 기술력의 원천이 막대한 투자비에 있다는 데 이의를 제기하기 어렵다. 그러나 투자비를 효율적으로 분배해주는 독특한 시스템을 갖췄기 때문에 '양' 뿐만 아니라 '질'측면에서도 기술력을 인정받고 있다는 게 회사 관계자들의 설명이다.

IBM은 최근 말레이시아 콸라룸푸르에서 e-비즈니스 전략을 설명하는 행사를 갖고 '알파웍스'란 팀을 소개했다. 이 팀은 IBM 연구소에서 개발한 수천 건의 새로운 비즈니스 모델과 기술을 공개하는 웹사이트를 운영하고 있다. 누구나 이 사이트에 들어가 새로운 솔루션을 무료로 사용할 수 있다. IBM이 이들에게 원하는 것은 '사용 소감'일 뿐이다.

IBM은 평가가 좋으면 집중적으로 예산을 투자하지만 반응이 신통치 않으면 예산을 없애버린다. IBM이 특허 건수 뿐만 아니라 파급효과가 큰 원천기술을 많이 갖고 있는 것은 이런 시스템 덕택이다. 단기적 수익보다 장기적 관점에서 사업을 벌인다는 점도 주목을 받았다. IBM은 콸라룸푸르에서 '블루 벨로시티'전략을 발표했다. 중소 벤처기업에 대해 컨설팅을 해주고 공동 마케팅을 전개하는 한편 해외시장 진출을 적극 지원하겠다는 전략이다.

다국적 기업의 '호의'처럼 보이지만 속내를 살펴보면 '자선활동'과 거리가 멀다. 도움을 받은 벤처기업은 결국 IBM의 서버 등을 구매할 것이기 때문이다. 특히 기술력 있는 벤처기업은 십중팔구 IBM 제품과 연계해 각종 솔루션을 개발하게 된다. 당장은 비용이 들지만 장기적으로 수익과 기술력을 확보하는데 큰 도움이 될 수밖에 없다. 알파웍스의 정규직원은 8명 뿐이다. '블루 벨로시티'전략도 기존 IBM의 네트워크와 노하우를 활용하기 때문에 많은 금액이 투자되는 것은 아니다. 연구개발비가 적기 때문에 '선택과 집중'을 통해 효율성을 높여야 하는 우리나라 기업의 입장에서 이 같은 시스템은 눈여겨볼 대목이다.

[출처 : 참고문헌 12 참조]

일반부품에까지 확산되는 특허소송

반도체, TFT-LCD 등 첨단부품 분야에 집중됐던 선진 외국업체들의 특허 침해 소송 압력이 최근에는 일반부품 분야에까지 확대되고 있다. 네오듐(ND)자석의 물질특허 보유업체인 미국 마그네켄치사는 최근 소니, 도시바, 필립스, 컴팩 등 유명 전자업체, 대표적인 국내 전자업체 등을 특허침해 혐의로 미국지방법원에 제소했다. 마그네켄치사가 특허권을 주장하고 나선 ND자석은 기존 페라이트자석보다 자성이 8배나 강해 CD롬, DVD롬 드라이브, 캠코더 등의 핵심부품인 스핀들 모터와 소형 정밀모터에 널리 사용되는 자성재료다. 마그네켄치사는 피소회사들이 지난 1990년대 이후 ND자석을 무단 사용한 의혹이 짙다며 특허료의 3배에 달하는 피해보상금 지불과 관련 가전제품의 수거 및 폐기를 주요 전자업체에 요청한 것으로 전해지고 있다.

뿐만 아니라, 전광판, 휴대폰 액정화면에 널리 쓰이는 청색LED와 보안홍채를 생산하는 국내 업체들도 특허소송에 휘말릴 위험성이 높아지고 있다. 지난 1993년 청색LED를 개발하고 제조공정 특허를 보유한 일본 니치아 화학이 최근 모든 업체에 대한 특허소송을 준비 중이기 때문이다. 국내 업체들은 수요가 급증하는 청색LED분야 기술개발을 완료하고 2~3개월 안에 본격 양산에 들어갈 계획이나 니치아 화학의 특허범위가 워낙 광범위해 무작정 제품생산에 들어갈 경우 막대한 규모의 로열티를 그대로 지불할 가능성이 있다.

보안용 홍채인식 국내 전문업체인 한 회사는 두 눈의 홍채를 한꺼번에 측정하는 보안인식기술을 국산화해 한쪽 눈의 홍채만으로 신원을 판독하는 외국회사와 기술적인 차별화를 꾀했으나 그 동안 많은 홍채보안 특허를 축적해온 이리디안사가 마음만 먹으면 송사에 휘말려들 수 있을 것으로 보고 다각적인 대책을 모색하고 있다.

물론 일부분야에선 연구개발의 성과로 로열티 수입을 획득하게 되면서 국내 기업의 기술개발 역량확대에 대한 희망적인 뉴스가 들려오고 있다. 그러나 전체적인 관점에서 보면 갈수록 기술격차는 확대되고 있고, 그에 대한 로열티 지불 규모는 오히려 확대될 것이라는 것이 일반적인 전망이다. D-TV, DVD Player, PDP, IMT-2000 등 차세대 주력상품의 경우 이미 핵심기술에 대한 특허는 거의 다 출원이 되어 있어 국내의 대기업이라 하더라도 매출액의 6~15%의 로열티를 내야 할 것으로 예상되고 있다.[12]

동아제약은 1985년 아미칸신이라는 항생제를 개발해 국내 특허를 획득하고 제품화를 진행하고 있던 중 미국계 다국적 제약사 BMS로부터 '동아제약의 아미칸신이 BMS의 특허를 침해했다'는 경고장을 받았다. 이에 동아제약은 충분한 검토 없이 '침해를 인정한다'는 회신문을 보냈다. 아미칸신에 대한 선행 특허를 일일이 파악하기가 쉽지 않았기 때문이다. BMS가 제기한 특허침해 소송에서 동아제약은 결국 승소하긴 했지만 소송 기간 상당한 비용과 시간을 들여야만 했다.

앞으로는 선행 특허 동향을 제대로 파악하지 못해 기업들이 겪는 이 같은 애로가 대폭 줄어들 전망이다. 특허청이 핵심기술에 대한 최신 및 특허 동향을 한눈에 보여주는 '특허지도 온라인 서비스'를 특허정보 검색서비스 홈페이지(www.kipris.or.kr)를 통해 5월1일부터 제공키로 했기 때문이다. 특허지도란 특정 분야 기술에 대한 국내외 특허 현황을 마치 지도처럼 도표나 그림으로 나타낸 것이다. 가령 이 서비스를 이용하면 세계 최대 다국적 제약사 화이자가 의약품 분야에서 보유하고 있는 특허가 어떤 것들인지, 최근 출원한 특허는 주로 어떤 분야에 집중돼 있는지,

그리고 이들이 보유하고 있는 특허의 권리보호 범위가 어디까지인지 등을 손쉽게 알 수 있다.

지금까지도 특허정보 검색서비스를 이용하면 선행 특허 동향을 알 수 있었다. 그러나 이 서비스는 키워드 검색 방식에 의존하기 때문에 특정 기술에 관련된 특허 동향을 일목요연하게 파악하는 것은 사실상 불가능했다. 이번에 제공되는 특허 지도는 △기계소재 52개 △섬유화학 42개 △전기전자 58개 △정보통신 93개 등 총 245개 핵심 기술에 대한 정보를 담고 있다. 특허청은 향후 특허 지도에 포함된 기술을 순차적으로 늘려 나간다는 계획이다. 특허지도 온라인 서비스가 시작되면 국가 연구개발 사업뿐 아니라 기업들의 연구개발 활동도 보다 효율적으로 수행될 수 있을 것으로 특허청은 기대하고 있다. 특허 지도를 이용하면 연구개발 기획 단계에서부터 국제 특허 출원이 가능한 '틈새' 기술 분야를 손쉽게 선정할 수 있을 뿐 아니라 다른 연구자나 기업들이 보유하고 있는 원천기술 특허를 회피할 수 있는 방안을 마련할 수도 있기 때문이다. 특허청 관계자는 "대기업과 달리 자체 역량을 통한 선행 특허 동향 조사가 사실상 불가능한 중소기업들의 기술 개발에도 큰 도움이 될 것"이라고 말했다.

[출처 : 한국경제신문, 2007.04.30]

전세계적인 연구개발 투자 증가 추세

불황과 전쟁으로 경영 환경에 불확실성이 증대되고 있는 가운데 국내 기업들은 시설투자는 줄이면서 연구개발 투자는 꾸준히 늘리고 있는 것으로 조사되고 있다. 중국 등과 같은 후발 개도국의 추격으로 경쟁우위의 격차가 좁혀지고 있는 단순 제조 부문에 대한 시설투자는 줄이지만, 연구개발에 대한 투자를 강화해 새로운 경쟁우위의 원천을 확보하고자 하는 의도를 보이고 있는 것이다.

실제로 과학기술부의 과학기술 통계지표 데이터베이스에서 추출한 우리 나라의 총연구개발비를 살펴보면 1990년에는 3조 2,105억원 정도이던 규모가 2006년에는 27조 3,457억원으로 무려 8.5배나 증가된 것을 알 수 있다. 〈그림 1.3〉은 총연구개발비 및 GDP 대비 연구개발비 비중이 꾸준히 증가하고 있는 것을 보여 주고 있다.

그림 1.3 총연구개발비 및 GDP 대비 연구개발비 비중 추이

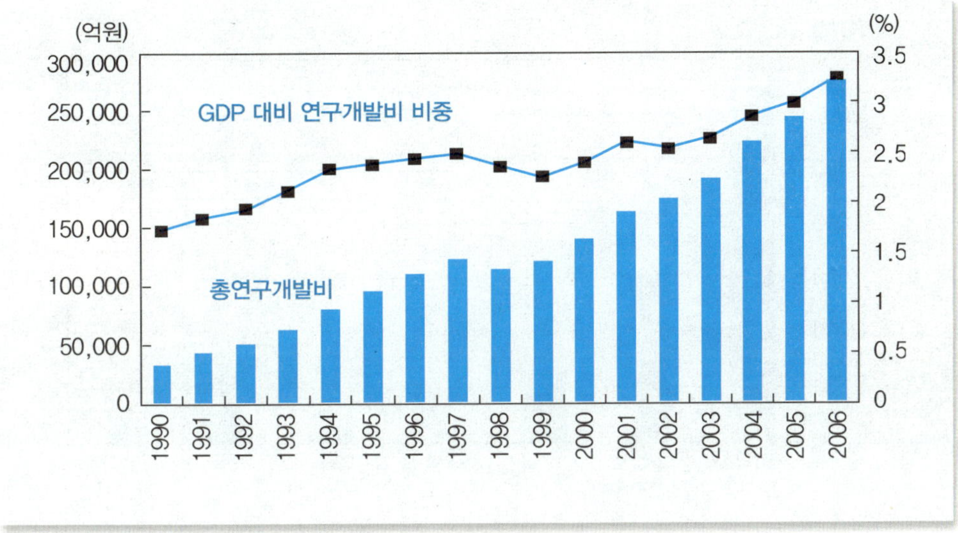

이렇게 연구개발 부문에 대한 투자가 확대됨에도 불구하고, 〈그림 1.2〉에서 살펴보았듯이 기술무역수지가 계속해서 악화되는 이유는 어디에 있는 것인가? 문제의 핵심은 우리만 연구개발 투자를 늘리는 것이 아니라는 점이다. 전세계적으로 거대 기업들이 연구개발 투자를 강화하고 있고, 수많은 기술벤처들 또한 연구개발 부문에 자신들의 역량을 집중하고 있다. 국내 기업들의 연구개발 투자 규모확대보다 선진 기업들의 연구개발 투자규모의 확대 폭이 더 크거나 동일한 수준이어서 기존의 격차를 따라 잡기에는 한계가 있어 보인다.

〈그림 1.4〉는 과학기술부의 과학기술 통계지표 데이터베이스에서 추출한 2005년 기준 주요국가들의 총연구개발비를 비교해 보여주고 있다. 앞에서 살펴보았듯이 최근 들어 우리도 연구개발 부분에 대한 투자를 많이 확대하고 있지만 선진 주요국가와 비교할 때 미국의 7%, 일본의 15.6% 수준밖에 못 미치고 있는 실정이다.

그림 1.4 2005년 기준 국가별 총연구개발비 비교

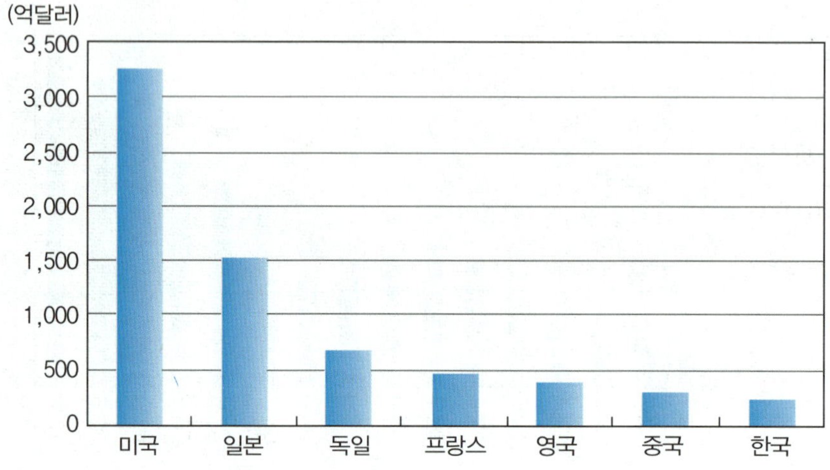

내수시장의 한계

내수시장의 확보는 다양한 관점에서 그 중요성을 언급할 수 있겠으나, 기술경영 관점에서 살펴보면 기술 표준화 전략을 수립하는데 그 중요성이 강조된다. 예를 들어, 좁은 내수시장에 바탕을 둔 한국 기업이 우수한 기술을 먼저 개발한다고 하더라도 자국의 기준을 세계적인 표준으로 확립할 수 있는 가능성은 적다. 특정 기술을 상용화하는 시험장이 될 내수시장의 규모가 작아서 경쟁 기업들과의 표준화 협상력에 있어서 불리한 위치에 서기 때문이다. 비록 우리보다 첨단분야의 기술 수준이 뒤처져 있다고 알려진 중국이지만 기술 표준화 측면에선 훨씬 강력한 영향력을 발휘할 수 있는 것은 넓은 내수시장을 보유하고 있기 때문이다.

유럽 각국이 국가 간 서로 다른 이해 관계와 2차 세계대전의 앙금에도 불구하고 EU라는 경제적 단일 공동체를 형성할 수 있었던 이유가 여기에 있다. 미국과 경쟁할 수 있는 최소 규모의 단일 시장을 확보하지 못할 경우, 세계 표준 선점의 혜택과 막대한 규모의 연구개발 투자를 위한 최소 규모의 경제가 실현될 수 없기 때문이다. 이러한 경쟁구조에 대한 회원국 간의 공통적 현실인식이 있었기 때문에 모두가 불가능하리라고 예상했던 경제적 연합체인 EU가 탄생할 수 있었던 것이다. 실제로 EU

는 회원국 간의 정책조화와 유럽 표준화를 위한 유럽 통신 표준 연구소를 중심으로 GSM이라는 이동통신 시스템 표준을 개발하고 상용화하는데 성공했다. 그 결과, 스웨덴이나 핀란드 같은 소국에서 에릭슨이나 노키아와 같은 거대 기술 기업이 성장할 수 있었다. 또한 막대한 규모의 개발비를 요구하는 민간 항공기 분야에서도 유럽의 에어버스가 미국의 보잉사를 누르고 선두를 차지함으로써 정책 연합의 위력을 현실로 보여주고 있다.

반면 한국, 일본, 중국의 동아시아 3국은 아직까지도 2차 세계대전의 역사적인 앙금을 정리하지 못하고 있는 상태이다. 그 결과, 일본의 우수한 기술력도 IT 부문에선 세계적인 표준을 주도하고 있지는 못한 상태이다. 실제로 일본은 2세대 통신시장에서 독자 표준인 디지털 이동전화 시스템을 개발하여 상용화하는데 성공했지만 자국시장을 보호하는데 그치고 세계 시장 진출의 적기를 놓치고 말았다.[12]

1.3 왜 기술경영인가?

그 동안의 노력으로 국내 기업들은 저급기술에 기반한 제품들에 있어서는 나름대로 상당한 국제경쟁력을 가지게 되었으나, 아직 고급기술 분야의 기술능력은 충분히 확보하지 못하여 선진경제를 추격하는데 상당한 어려움을 겪고 있다. 그 결과 우리 나라는 고급기술 분야에서는 미국과 일본 등 선진국의 거대한 압력과 저급기술 분야에서는 중국과 같은 후발 개도국의 압력에 시달리는 이른바 너트크래커(nutcracker)[58]에 끼어 있는 어려운 상황에 처하게 되었다.

기업의 기술개발 환경의 변화는 급격하게 진행되고 있다. 기술의 고도화와 융합화, 혁신의 가속화 등이 활발하게 진행되고 있으며, 기술혁신의 세계화와 개방화 또한 빠르게 진행되고 있다. 기술순환이 경기순환을 대체하고 있으며, 수확체증법칙의 가속화와 함께 승자독식이라는 새로운 규칙이 바로 우리시대 기술환경의 단면이다. 이러한 변화속에서 단순히 기존의 따라하기식 전략으로는 세계 무대에서 실패할 수 밖에 없으며, 전략적인 기술선도 전략으로의 전환이 요구되고 있다.

기술에 대한 전략 경영적인 접근방법이 필요한 시점이다. 기술 자체가 조직에 경쟁우위를 가져다 주기는 하지만 이보다 더 중요한 것은 이 기술을 어떻게 경영하는가가 경쟁우위에 더 큰 관건이 되었다. 예를 들어, 우리가 기술을 선진기업에서 구입할 수 있는데, 그렇다고 하여 우리가 경쟁우위를 확보할 수 있는 것은 아니다. 어떤 기술이 우리의 경쟁우위에 중요한가를 선별하고, 이를 기존의 기술과 융합하고, 이를 해석·활용하여 새로운 제품과 공정으로 변환시키는 경영능력이 더욱 중요하다. 위와 같은 상황에서 기술을 효과적으로 획득·관리·활용하여 조직의 경쟁우위 강화 및 기술의 산업화를 촉진하기 위한 제반의 경영활동들이 주목을 받게 되고, 이에 대한 전략적 대안의 하나로 기술경영이 부상하게 되었다.

본서는 최근 그 중요성이 강조되고 있는 기술경영을 누구든지 쉽게 이해할 수 있고, 쉽게 접근할 수 있도록 돕기 위해 기술경영의 기초적인 내용들을 최대한 쉽게 엮도록 노력했다. 제1장은 본서의 도입부분으로서 기술경영이 주목받게 된 배경과 그 중요성을 쉽게 이해할 수 있도록 준비했다. 먼저 기업환경이 어떻게 변화되어 가고 있는지에 대한 이해를 돕기 위해 지식기반사회의 도래, 수확체증의 세계, 새로운 경쟁법칙 등에 따른 특징들을 살펴보았다. 그리고 최근 심화되는 기술경쟁의 양상을 보여주기 위해 원천기술력 부족으로 인한 기술무역수지의 악화, 일반부품에까지 확산되는 특허소송, 전세계적인 연구개발 투자 증가 추세, 내수시장의 한계 등에 따른 상황을 살펴보았다.

앞으로 전개될 제2장은 기술경영에 쉽게 접근하기 위해 필요한 사전 지식을 제공하도록 준비하였다. 기술경영은 기술과 경영이 복합된 단어이다. 대체적으로 경영이라는 단어는 쉽게 이해를 하고 거부 반응을 보이지 않는 반면, 기술이라는 단어에 대해서는 약간 경직된 반응을 보이는 것 같다. 따라서 우선 기술에 대한 거부 반응을 완화시키기 위해 기술의 개념을 관련 용어와 함께 쉽게 설명하고 기술의 분류를 소개한다. 그리고 연구개발에 대한 개념과 유형도 이어서 소개한다. 다음으로 기술경영이 무엇인지에 대한 개략적인 그림을 머리속에 그릴 수 있도록 기술경영의 개념, 목적, 영역에 대해 설명하고, 마지막으로 기술경영 상 고려해야 할 주요 사항을 소개한다.

제3장은 기술전략에 관한 전반적인 내용을 살펴본다. 우선 기술과 기업의 경쟁우위가 어떠한 관계를 갖고 있는지, 즉 기술이 기업의 경쟁우위에 어떻게 영향을 미치는지 살펴본다. 이와 더불어 마이클 포터 교수가 제시한 산업구조 분석도구를 이용하여 신기술이 산업구조에 미치는 영향도 함께 고찰해 보는 기회를 가져본다. 다음으로 기술 선도전략 및 기술 추종전략에 대한 내용과 기술전략 수립시 고려해야 할 사항들을 소개한다.

제4장은 기술혁신에 대한 이해를 돕기 위해 준비했다. 우선 기술혁신에 대한 기본적 지식을 이해하기 위해 기술혁신의 개념, 기술혁신 과정의 특성, 기술혁신 패러다임을 살펴본다. 다음으로 기술혁신의 원천 및 유형을 설명하고 다양한 기술혁신 모형들을 고찰해 보기로 한다. 그리고 마지막으로 기업의 기술혁신 전략을 살펴본다.

제5장은 기업이 전략적 차원에서 기술개발을 어떻게 수행해야 할 것이지를 살펴본다. 우선 시장 지향적인 연구·기술개발에 대한 개념을 살펴보고 기술개발 전략수립에 필요한 기초지식을 이해하도록 해본다. 다음으로 효과적이고 효율적인 기술개발을 위해 필수적인 사항들, 즉 프로젝트 관리, 연구개발 조직, 연구개발 리더십 등에 대해 살펴본다.

기업이 필요 기술을 획득하는 방법 중의 하나로 취하는 기술 아웃소싱에 대한 내용을 제6장에서 다룬다. 제6장에서는 우선 기술 아웃소싱에 대한 이해를 돕기 위해 현 기술 아웃소싱의 추세, 기술 아웃소싱의 이점, 개방형 기술혁신에 대해 알아본다. 다음으로 기술 아웃소싱을 추진하는 절차, 즉 추진과정에 대해 설명한다. 그리고 추진과정 상에 고려해야 할 아웃소싱 대상기술의 선정, 기술 아웃소싱 원천기관의 선정, 기술 아웃소싱 방식의 선정에 대해 살펴본다.

제7장은 기술이전에 대해 고찰해 본다. 기술이전에 대한 정의와 학문분야에 따른 시각을 살펴보고 기술이전이 이루어지는 여러 가지 유형에 대해 간략히 알아본다. 다음으로 기술이전 과정을 단계로 나누어 좀더 자세히 살펴보면서 기술이전에 영향을 미치는 성패요인들을 알아본다. 그리고 기술이전의 이론적 모형으로 제품수명주기이론, 기술수명주기이론, 개발도상국의 기술발전모형, 동태적 기술획득전략 모형 등을 살펴본다.

마지막으로 제8장은 지적재산권과 기술보호에 대한 내용을 살펴본다. 먼저 지적재산권에 대한 개념과 전사적 차원에서의 지적재산권 관리에 대해 알아본다. 다음으로 핵심기술이 유출되는 실태, 유출경로 및 특징을 살펴보고 대응방안을 모색해 본다. 그리고 선진 기업들은 그들의 핵심기술을 보호하기 위해 어떠한 전략을 펼치는지 알아본다.

휴대하기 간편하고 편리한 워크맨은 소니에 의해서 처음 만들어졌다. 워크맨은 실패한 아이디어를 그냥 썩혀 버리지 않고, 아이디어를 소홀히 하지 않는 소니의 문화로부터 출발한다. 워크맨의 본체를 처음 개발한 사람은 이라미츠로씨였다. 그는 당시 유행하고 있던 테이프 레코더인 프레스 맨을 개조해서 신상품을 만들 작정으로 크기가 아담하고 스테레오 음을 내는 테이프 레코더를 만들 계획이었다. 그러나 처음의 계획과는 다르게 녹음기능이 빠진 상품이 나오게 되었다. 이로 인해 미츠로의 계획은 무산될 위기에 처했었지만 그 작은 물건이 소니의 명예회장 이부카의 눈에 띄게 되었다. 이부카 회장은 그 제품을 소홀히 하지 않고, 테이프 레코드를 녹음하는 데에만 사용하지 말고 음악을 듣는 데에도 사용할 수 있다며 새로운 아이디어를 내놓았다. 그리고 미츠로가 함께 연구 중이던 헤드폰을 그 작은 물건과 연결하여 새로운 상품을 만들도록 지시했다. 이부카는 미처 보지 못하고 생각해내지 못한 것을 발굴하였고, 새로운 사업과 연결시켰다. 이는 소니의 핵심인력으로서의 자질을 충분히 갖춘 것이었다.

녹음기능이 없는 워크맨을 새로운 상품으로 내놓았을 때 모든 관계자의 반응은 정말 냉담했다. 이것은 파격적이고 혁신적인 시도이며 도전이었다. 이것은 '소니이즘'과 소니 정신을 잘 나타내 주는 것으로, 소니는 변화와 혁신을 추구하며 그 제품을 시장에 내놓았다. 관계자와 모든 사람의 생각과는 달리 워크맨은 시장에 나오자마자 불티나게 팔렸다. 심지어 외국에서도 워크맨을 사기 위해 일본을 찾을 정도였다. 처음의 실패한 아이디어가 대중들에게 폭발적인 인기를 끌 줄은 아무도 상상하지 못한 일이었다.

이로 인해, 대부분의 사람들은 시장에 나와 있는 거의 모든 미니카세트를 '워크맨'이라고 부르고 있다. 워크맨이라는 말은 소니가 처음 지어낸 말로 walk+man을 합쳐 걷는 사람이라는 뜻으로 소니의 메이커였다. 하지만 지금의 모든 사람들이 미니카세트를 워크맨이라고 부르는 만큼 Walkman이라는 말은 더 이상 고유명사가 아닌 일반명사로 변화하였다. 그리고 워크맨하면 대부분의 사람들이 바로 소니를 생각할 정도로 워크맨은 소니와 뗄 수 없게 되었다. 이것은 소니 브랜드의 힘이 대단함을 알 수 있다.

그리고 소니가 처음 들고 다닐 수 있는 미니카세트를 개발한 것에서 타사를 뒤따라가지 않고, 기술로 소비자에게 혜택을 주는 소니의 전략을 엿볼 수 있다. 사람들이 이동하면서 들고 다니고, 들을 수 있는 작은 제품을 개발한 것은 다른 회사에서는 생각해 내지 못한 것이었고, 소비자들의 편의를 먼저 생각한 것이었다.

즉, 워크맨은 직원의 실패한 아이디어를 지나치지 않고 소홀히 하지 않는 소니의 인재관리 능력으로부터 시작하여, 미츠로의 발명정신과 이부카의 상식을 뛰어 넘는 아이디어 개발, 도전과 혁신이라는 소니이즘, 소니 정신을 잘 나타내 주는 제품이라고 할 수 있다. 그리고 모든 사람이 워크맨하면 소니를 생각할 정도의 소니의 강한 브랜드 힘을 보여주는 제품이며, 타사를 따르지 않고 소비자들의 편의를 먼저 생각하는 소니의 전략을 잘 나타내는 제품이다.

[출처 : 미상]

Part 2

기술과 경영

2.1 기 술

2.2 연구개발

2.3 기술경영

●●●

자바(Java)는 선 마이크로시스템즈가 개발한 컴퓨터 프로그래밍 언어이다. 사실상 이는 텔레비전에 부착된 저가형 컴퓨터를 가동하기 위한 언어를 개발하려던 실패한 프로젝트의 산물이다. 이 때의 목표는 텔레비전을 통해 월드 와이드 웹을 이용할 수 있게 하는 것이었다. 선 마이크로시스템즈는 이러한 역량을 개발하는 데는 실패했지만 그 대신 자바 언어를 개발해냈다. 자바는 고도로 분산화되어 자바로 쓰여진 프로그램은 어떤 컴퓨터에서도 변경없이 작동하며 규모가 작아 네트워크를 타고 이리저리 이동하는데 용이하다. 이 언어는 또한 객체 지향적이어서 이미 작성한 프로그램을 재사용함으로써 새로운 프로그램을 신속하게 작성할 수 있다. 이러한 두 가지 역량으로 인해 프로그래머들은 완전히 새로운 유형의 프로그램을 사용자들에게 제공할 수 있게 되었고 네트워크의 새로운 가능성을 열게 된 것이다.

1995년 선 마이크로시스템즈의 한 소프트웨어 연구원은 자바를 이용하면 모든 운영체제의 컴퓨터와 다양한 프로토콜을 갖는 네트워크에서도 작동하는 단일의 컴퓨터 프로그램을 작성할 수 있음을 발견하였다. 이 사실이 IBM에 알려지면서 자바 열풍은 시작되었다. IBM의 연구자들은 이 기술을 호환성이 떨어지는 IBM의 다양한 기종 – 다른 회사의 컴퓨터까지도 – 들을 인터넷 같은 네트워크 상에서 하나로 묶어주는 방법으로 생각했다. 당시 새로운 네트워크 제품라인을 팔기에 열중이던 IBM은 최고경영자가 나서서 행동을 개시했다. 선 마이크로시스템즈의 회장이 IBM의 CEO에게 브리핑을 하고, IBM은 자바의 첫번째 라이센스를 획득하였다.

IBM은 모든 종류의 컴퓨터를 네트워크로 연결된 시스템에 연결시킬 수 있는 가능성을 혁신으로 간주했다. 기본의 기업 데이터베이스에 연결함으로써 전자상거래로의 길을 열 수 있기 때문이었다. 닫힌 문을 열고 메인프레임에 접근할 수 있다는 사실은 막대한 상거래의 활용을 의미할 수 있는 것이다. IBM과 선 마이크로시스템즈의 협력 계약은 심화되었고 두 회사의 프로그래머들은 자바를 이용한 소프트웨어를 개발하면서 IBM의 메인프레임 컴퓨터에 접속할 수 있는 소프트웨어 라이브러리를 구축하기 시작했다. IBM은 PC로부터 메인프레임에 이르기까지 모든 주요 운영체제를 자바로 구축하고자 했고, 궁극적으로는 모든 응용 프로그램이 자바를 기반으로 하게 될 것이다. 이러한 개발에 의해 IBM 메인프레임은 웹에서 접속할 수 있게 되었고 마이크로소프트 윈도우 아키텍쳐와의 실마리를 제공하였다. IBM은 이렇게 함으로써 자바를 사용자의 데스크탑에 가져다 놓는 첫 번째 주자가 되었다. 이러한 성과는 IBM이 인터넷에서 경쟁우위를 확보하는데 큰 도움이 되었다.

[출처 : 참고문헌 67 참조]

2.1 기술

기술의 개념

기술에 대한 이해를 돕기 위해서는 먼저 우리가 흔히 혼합하여 사용하는 과학(Science)과 기술(Technology), 그리고 기능(Technique, skill, craft) 등의 용어들을 이해할 필요가 있다.

과학이란 자연현상에 대한 일반적인 진리나 법칙을 체계화하여 확립한 지식을 의미한다. 과학이라는 용어는 원래 지식을 뜻하는 라틴어 'scientia'로부터 유래된 말이라고 한다.

기술은 과학을 활용하여 인간의 효용을 증가시킬 수 있는 물건을 생산하는 데 활용될 수 있도록 응용된 지식을 의미한다. Technology라는 단어의 'logy'는 원래 과학과 유사한 뜻을 갖는 그리스어 'logos'에서 온 것이며 'techno'는 기능을 뜻하는 'technique'에서 온 것이다.

한편, 기능은 물건을 만드는 방법과 능력에 직접 관계되는 용어이다. 기술이 과학적, 이론적, 보편적 특성을 갖는데 반해 기능은 보다 더 경험적, 신체적, 개별적인 특성을 갖는다고 볼 수 있다. 〈그림 2.1〉은 과학, 기술, 기능의 개념 및 연관관계를 도식적으로 보여주고 있다.[30]

그림 2.1 과학, 기술, 기능의 개념 및 연관관계

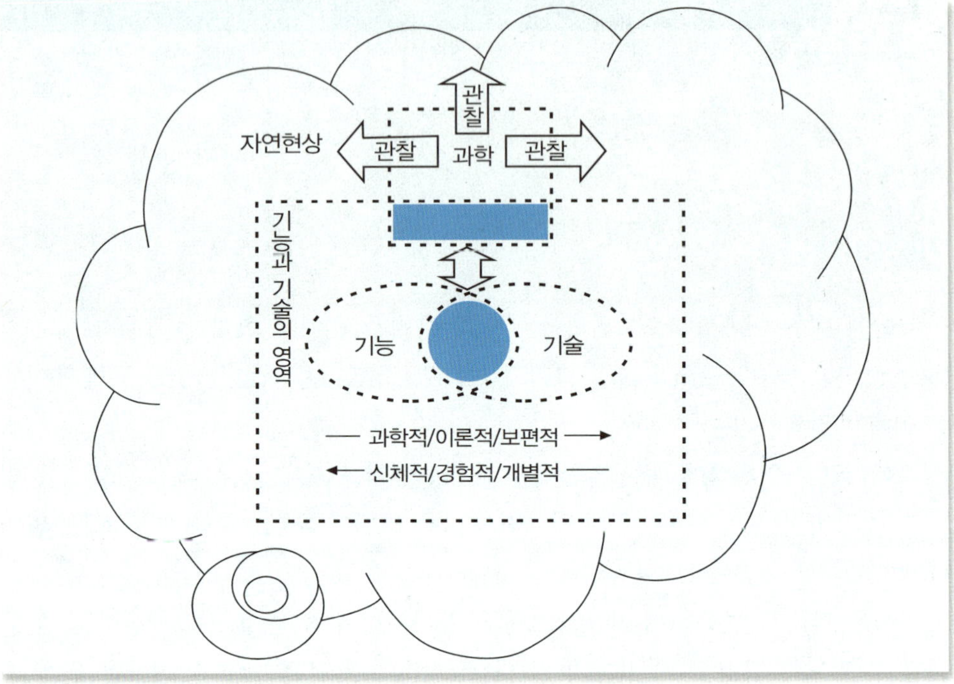

이들 용어가 이렇게 차별적인 의미를 갖는다고 해서 과학, 기술, 기능이 명확하게 분리되거나 독립적으로 존재하는 것은 아니다. 이들은 서로 얽혀 있어서 실제로는 어느 것이 과학이며 어느 것이 기술인지 또 어느 것이 기능인가를 구분하기가 어렵다. 이들은 오랫동안 상호작용을 통하여 발전해 왔기 때문에 상호 의존적인 특징을 나타낸다. 과학은 기술의 바탕 위에서 발전해 왔고 기술은 과학의 바탕 위에서 발전할 수 있었다. 또 기술은 기능의 지원에 의하여 구체적으로 인간의 효용을 증가시키는 기구를 제작할 수 있었고 기능은 기술의 보완으로 이 기구를 더욱 정교하게 제작할 수 있었다. 이 때문에 과학이나 기술을 독립적으로 사용하기보다는 이들을 포괄하는 의미를 갖는 과학기술이라는 용어가 보편적으로 사용되기도 한다.

한편 기술이란 단어에는 많은 의미가 내포되어 있으므로 컴퓨터, 반도체, 유전공학과 같은 첨단분야의 첨단기술만을 의미하는 것처럼 사용하거나 어떤 특정분야 즉, 과학·공학·수학의 일부분으로 기술의 의미를 한정하는 경우, 기타 지원기술에 대한 것은 간과하는 우를 범하게 된다. 따라서 기술은 기계, 공정, 발명, 그리고 인간에 체

화되어 있는 경험·기능·노하우까지도 포함하는 광의의 개념으로 보아야 할 것이다.[24]

기술에 대한 정의는 학자마다 달리하고 있으나 이들을 정리하면 다음과 같이 요약할 수 있다.

- 기술이란 제품과 서비스를 생산하기 위해 이용되는 모든 노하우, 물리적인 실체, 절차로 정의할 수 있다.
- 기술은 인간의 노력을 지원키 위해 인간이 창출한 일련의 수단 즉, 창조된 능력이라고 볼 수 있다.
- 기술은 업무를 수행키 위한 하나의 수단이다. 즉, 자원을 제품 또는 서비스로 변화하는데 필요한 모든 것을 포함한다.
- 기술은 목적 달성에 필요한 자원과 지식을 포함한다.
- 기술은 공정 또는 제품설계 그리고 새로운 지식탐구에 적용될 수 있는 과학 및 공학적 지식의 본체이다.

앞 부분에서 과학, 기술, 기능의 개념 및 연관관계를 〈그림 2.1〉에서 도식적으로 보여주었으나, 과학과 기술에 대한 추가설명으로 〈표 2.1〉은 과학과 기술에 대한 비교를 보여주고 있다.

표 2.1 과학과 기술의 비교

과 학	기 술
• 인간이 자연의 존재양식을 탐구하여 알아낸 지식 • 지식의 체계적인 연구를 의미	• 과학적 지식을 인간의 삶에 도움이 되도록 활용하는 지혜 • 지식을 제품 또는 서비스에 적용해 가는 것으로서 제품을 생산키 위한 제조 및 설계 관련 노하우를 의미
• 과학과 기술은 그 본질이 지식이요 지혜이므로 인간이 만질 수 있고 느낄 수 있는 구체적 존재가 아니다. • 인간이 오관으로 느낄 수 있는 것은 과학과 기술이 그 속에 실현된 제품과 그것을 생산하는 공정일 뿐이다.	

기술의 분류

다양한 형태와 방법으로 기술을 분류하고 있으나, 기술이 갖는 다음과 같은 근본적인 특성[58] 때문에 기술을 분류하여 체계화하는 데 많은 어려움이 있다.

- 기술은 빠른 속도로 변화하고 있다. 특히, 기술변화의 속도는 21세기에 접어들면서 더욱 가속화되고 있다.
- 기술은 많은 다양성을 가지고 있다. 우리가 살고 있는 현실 세계는 수많은 기술들로 구성되어 있다. 이에 따라, 적정한 기술을 도출·활용하는데 세심한 노력이 필요하다.
- 기술은 매우 높은 복잡성을 가지고 있다. 기술은 시스템적 성격을 가지고 있어서 다양한 하위 기술들로 구성된 복잡한 시스템인 것이 일반적이다. 이에 따라, 모든 하위 기술들은 물론 이들의 총합으로서 전체 기술시스템을 이해하고 활용하기는 쉬운 일이 아니다.
- 기술은 높은 정도의 융합성을 가지고 있다. 특히, 최근에 와서 서로 다른 기술영역들이—예를 들어, 전자기술과 바이오기술—서로 융합되어 새로운 기술을 창출하고 더 많은 기술혁신능력을 창출하고 있다. 이 점에서 융합된 기술을 개발·이해·활용하는 데 많은 노력이 필요하다.

다원적인 특성을 갖는 기술을 분류하는 것은 마치 장님이 코끼리를 만지는 격이어서 통일된 기준을 설정하기 어렵지만, 여기서는 3가지의 관점 즉, 기능적 관점에서의 분류, 창조 및 응용관점에서의 분류, 사업과정 속에 포함된 기술활동이라는 관점에서의 분류를 살펴보기로 한다.

(1) 기능적 관점에서의 분류

기술의 기능적 관점에서 기술을 분류[77]하면 다음과 같이 분류할 수 있다.

- 첨단기술(state-of-art technology) : 경쟁자를 능가하거나 또는 동등수준의 기술
- 독점기술(proprietary technology) : 특허 또는 계약에 의해 보호되는 기술로 측정 가능한 경쟁이익을 제공하는 기술
- 기지기술(known technology) : 보편적으로 알려져 있으나 어떤 조직 내에서 독특하게 사용되는 기술

- 핵심기술(core technology) : 제품의 품질과 경쟁우위 유지에 필수적인 기술
- 생산지원기술(leveraging technology) : 각종 제품 및 그 생산라인을 지원하는 기술
- 보조기술(supporting technology) : 핵심기술의 개발 및 그 활용을 지원하는 기술
- 조절기술(pacing technology) : 제품 및 공정개발 속도를 조정하는 기술
- 태동기술(emerging technology) : 미래의 제품 또는 공정개발을 위해 현재 검토되고 있는 기술
- 탐색기술(scouting technology) : 미래의 연구 또는 기술적 활용을 위한 기술로서 잠재적 제품 및 공정 기술개발을 추구하는 기술
- 미지의 기초기술(idealized unknown basic technology) : 그 기술이 개발·활용되면 인간생활에 많은 편익 제공이 기대되는 기술

(2) 창조 및 응용 관점에서의 분류

창조 및 응용 관점에서 시도한 기술의 분류[24]는 〈그림 2.2〉와 같이 기술의 영역을 새로운 지식을 창조하는 영역과 신지식과 기존지식을 응용 및 통합하는 영역으로 구분하여 기술을 분류하였다. 창조영역은 새로운 기술의 연구에서부터 제품에 적용하기 이전까지의 연구개발 영역으로 여기에는 기초연구, 응용연구, 개발연구가 포함된다. 다음으로 응용영역은 창조영역을 거쳐 개발된 기술을 구체적인 제품 또는 공정에 적용해 가는 과정 및 소비자의 요구를 반영하여 기술을 개량·개선시켜 나가는 일련의 과정을 포함한다.

그림 2.2 창조 및 응용 관점에서의 기술분류

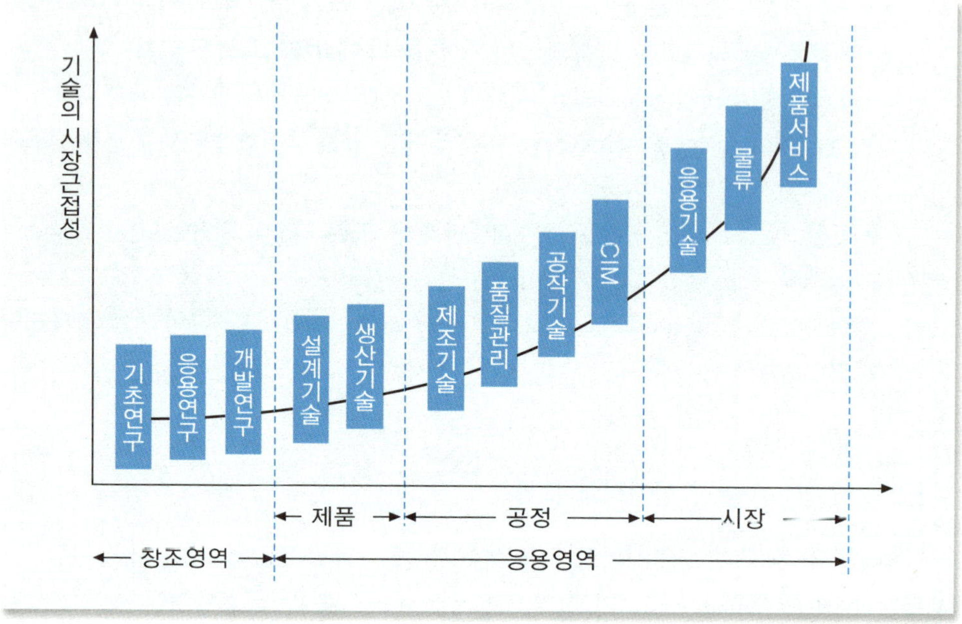

(3) 사업과정 속에 포함된 기술활동이라는 관점에서의 분류

기술활동을 형성하는 전체 시스템을 파악하는 것은 어려운 작업일지도 모르나, 사업과정 속에 포함된 기술활동이라는 관점에서는 기술을 다음과 같이 제품기술·공정기술·정보기술 등으로 분류할 수 있다.

- 제품기술 - 제품의 생산과 관련된 제반 기술을 의미하고, 여기에는 제품계획, 제품설계, 응용기술, 실용 및 서비스 기술 등이 포함된다.
- 공정기술 - 공정기술은 생산에 필요한 재료, 전용장치와 공구, 재료의 취급, 생산시스템, 품질관리, 그리고 장치 및 공구의 보수·정비 등과 같은 요소로 이루어져 있으며 각 요소가 별도로 분리·독립되어 있는 것이 아니라 하나의 집단으로써 기능적으로 상호작용하는 모든 과정을 말한다.
- 정보기술 - 기업에 있어서 정보시스템은 중요한 기술영역의 하나로 자리잡고 있으며 기술의 창조 및 응용에 있어 기반이 된다. 현대 기술경영업무의 대부분이 필요한 정보를 입수하고 입수된 정보를 조직의 목적에 따라 가공하여 필요 부문에 전달하는 것이라 할 수 있기 때문에 정보기술은 기술경영에 필수적 요소라

할 수 있다.

이상과 같이 3가지 관점에 따라 기술을 분류한 것을 살펴보았으나, 기술의 분류 그 자체가 조직차원에서 큰 의미가 있는 것은 아니다. 하지만 조직의 기술개발 및 발전을 위한 자원배분의 차원에서는 아주 중요한 개념이다. 기술을 분류하는 목적은 조직의 자원이 어디에 투입되고 있으며 또 바람직한 성과를 거두기 위하여 자원을 어떻게 배분하는 것이 좋은가를 파악하기 위한 것이다. 또한, 기술의 분류는 기술발전 추이를 좀 더 쉽게 예측할 수 있게 한다. 조직으로서는 현재 보유하고 있는 핵심기술을 가장 중요시하게 되나 기타 기술도 핵심기술의 개발을 지원하는 등 상호 보완적 연동작용을 하기 때문에 결코 소홀히 할 수는 없다. 예를 들어, 보조기술이 중시될 때 핵심기술의 개발·활용이 용이하게 되는 것이며 태동기술도 조직의 사업전략 단위를 기초로 하여 지속적으로 연구되어야 제품의 생산성을 제고할 수 있는 것이다. 미래의 제품 또는 공정개발을 위해 검토되고 있는 기술인 태동기술과 탐색기술은 조직의 미래 사업기회(또는 기술기회)를 제공한다.

유나이티드 테크놀로지사는 기술을 그 가치에 따라 핵심 기술, 부상 기술, 기초 기술, 상품 기술 등 네 개의 기술로 나누고 있다. 핵심 기술은 기업 내에서 최고 위치에 있는 기술로서 경쟁력 확보를 위한 차별화 요소이다. 부상 기술은 기업 내 차상위에 있는 기술로서 경쟁력 있는 차별화 요소가 될 가능성이 큰 기술을 말한다. 기초 기술은 사업을 위해서는 필요하지만 경쟁 우위의 원천은 아닌 기술을 의미한다. 마지막으로 최하위 기술인 상품 기술은 어떤 고객이라도 시장에서 쉽게 구할 수 있는 기술이다.

기업의 경쟁력 확보를 위해서는 핵심 기술과 몇몇 부상 기술을 반드시 자체 개발해야 한다. 반대로 몇몇 부상 기술과 모든 기초 기술 및 상품 기술의 경우, 자체 개발보다는 기술 아웃소싱을 통해 획득하는 것이 좋다. 유나이티드 테크놀로지사는 이러한 개념 하에 자원 배분과 프로젝트 관리를 위한 일목요연한 도구를 만들어 활용하고 있다.

유나이티드 테크놀로지사는 위의 개념을 활용하여 모든 전기 및 전기 관련 자동차에 적용될 것으로 예상되는 Flywheel surge power unit의 개발을 성공적으로 수행한 바 있다. 그 당시 이 기술은 성숙 단계의 개념으로 부상 기술에 속했다. 즉, 기술 장벽이 극복되면 경쟁력 있는 차별화 요소가 될 가능성이 있는 기술이었던 것이다. 하지만 이 기술을 개발할 역량이 부족했기 때문에 자체 개발보다는 단기간 내에 Unique Mobility사, BMW, Dow-UT Composite Products사, UT automotive Division 등과 팀을 이루어 기술 아웃소싱을 수행하였다. 즉, 이 회사는 Flywheel surge power unit이라는 기술을 자체 개발할 것인지 아웃소싱할 것인지의 여부와 그 기술의 획득 방법에 대한 의사 결정을 보다 전략적으로 수행하여 기술 개발을 성공으로 이끈 것이다.

[출처 : 참고문헌 5 참조]

2.2 연구개발

연구개발의 개념

연구개발은 연구와 개발로 구성된 단어이다. 연구란 새로운 지식의 탐구이며, 개발이란 이미 알고 있는 지식의 응용이다. 전자에 종사하는 사람을 과학자라 부르고 후자에 종사하는 사람을 공학자라 흔히 부른다. 이제 수많은 기업, 대학 및 연구기관이 연구개발을 거의 일상 활동처럼 수행하면서 연구결과로서 새로운 과학기술 지식을 내놓고 있기 때문에 연구개발이라는 용어는 과학자나 공학자만이 사용하는 전문용어가 아니라 일반 대중이 사용하는 보편적인 용어로 사용되고 있다.[38]

새로운 과학기술 지식을 탄생시키는 연구개발이 의미하는 바를 이해하기 위해 몇몇 학자의 정의를 살펴보면 다음과 같이 정리할 수 있다.

- 연구란 다른 누군가가 다루고 있는 것을 다루는 것이지만, 다른 누군가가 생각해 내지 못하였던 것을 생각해내는 것이다.
- 연구가 행하여지는 것은 어떤 것을 하면 좋을지 모를 때이다.
- 연구에 대하여 알고 있는 유일한 것은 돈, 그것도 거액이 필요하다는 것뿐이다.
- 연구란 쉽게 해결책을 얻을 수 없는 문제에 인간의 지능을 조직적으로 적용하는 것이다.
- 연구란 분석 및 실험에 의하여 새로운 사실을 발견하고 이용함으로써, 현재의 지식을 확장하는 것을 목적으로 하여 신중하게 지향하고 조직화하는 조사이다.

〈그림 2.3〉은 연구개발과 관련된 몇 가지 기본개념들을 표시한 것인데 여기서 점선으로 나타낸 부분이 연구개발을 의미한다.[39] 이러한 연구개발의 내용은 매우 다양하게 파악되어질 수 있다. 우선 협의로 본다면 연구개발의 개념은 흔히 선진국에 관한 것이 대부분이다. 즉 기초연구, 응용연구, 개발연구, 생산 등으로 구성되는 기술

혁신과정으로서 흔히 연구관리에서 다루어지는 내용이다. 그러나 광의로서 연구개발을 파악할 때는 필요기술의 획득이라는 관점에서 후진국이나 개발도상국에서의 기술개발의 개념도 포함되어져야 한다. 여기에는 모방 또는 역 엔지니어링과 기술이전의 내용이 포함되어야 한다. 연구개발의 개념이 이와 같이 포괄적으로 파악될 때 비로소 범세계적으로 유용한 개념이 되리라 사료된다.

그림 2.3 연구개발과 관련개념

연구개발의 유형

UNESCO는 연구개발을 기초연구, 응용연구, 그리고 개발연구로 구분하고 있다. 기초연구는 특정한 응용이나 사용을 염두에 두지 않은 채, 관찰된 사실 또는 현상의 내재되는 기본적 기초지식을 얻기 위해서 주로 수행되는 실험 또는 연구로 정의되며, 응용연구는 특정한 실험적 목적이나 목표를 지향하여 새로운 지식을 얻기 위해 주로 수행되는 창의적 연구로서 정의하고 있다. 한편 개발연구는 새로운 재료, 제품 및 장치를 생산하거나, 새로운 공정, 시스템 및 서비스를 설치하거나, 또는 기존에 생산되거나 설치된 것을 근본적으로 개선하기 위해서 연구결과 또는 실제 경험으로부터 얻어진 이미 알려진 지식을 토대로 행하는 체계적 작업으로 정의하고 있다.

〈표 2.2〉는 기초연구, 응용연구, 그리고 개발연구에 대해 우리나라 과학기술부에서 내린 정의와 미국의 과학재단에서 내린 정의를 보여주고 있다. 그리고 〈표 2.3〉에서는 연구개발의 개념 이해를 돕기 위해 기초연구, 응용연구 및 개발연구의 예를 제시하고 있다.

표 2.2 기초연구, 응용연구 및 개발연구에 대한 정의

	한국 과학기술부의 정의	미국 과학재단의 정의
기초연구	특수한 응용 또는 사용을 직접적으로 목표로 하지 않고, 자연현상 및 관찰 가능한 사물에 대한 새로운 과학적 지식을 획득하기 위하여 최초로 행해지는 독창적인 연구	특정의 영리목적을 지니는 것이 아니라, 과학적 지식의 진보를 위하여 행하는 새로운 조사
응용연구	기초연구의 결과 얻어진 지식을 이용하여, 주로 특수한 실용적인 목적과 목표하에 새로운 과학적 지식을 획득하기 위하여 행해지는 독창적인 연구	새로운 과학적 지식의 발견을 목적으로 한 조사 및 현재 제조 중인 제품에 관한 특정의 상업적 목적을 지니는 조사
개발연구	기초연구·응용연구 및 실제 경험으로부터 얻어진 지식을 이용하여, 새로운 재료·제품 및 장치를 생산하거나, 이미 생산 또는 설치된 것을 실질적으로 개선하기 위한 실제적인 활동	연구성과 또는 기타 과학적 지식을 제품 또는 공정에 적용하는 것을 목적으로 하는 비일상적인 기술활동

표 2.3 기초연구, 응용연구 및 개발연구의 예

	기초연구	응용연구	개발연구
화학산업	석유성분에 관한 연구 및 합성 고분자 재료의 성분에 관한 연구	특정 분자재료의 합성방법에 관한 연구	합성섬유의 제조방법에 관한 연구
전자산업	전자이론에 관한 연구 및 반도체 원소 구조의 연구	트랜지스터의 특성연구	그 실용화에 관한 연구
유지산업	일반적인 유지성분에 관한 연구 및 식물성 기름의 식물성 성분을 나타내는 화학적 메카니즘의 연구	기초연구 성과를 이용하여 식물성 성분이 제거된 튀김기름을 제조하는 방법의 연구	그 실용화를 위한 제조방법에 관한 연구

2.3 기술경영

기술경영의 개념

최근 조직을 구성하고 있는 구성원의 지식과 기술을 어떻게 공유·활용하고, 이를 효율적·효과적으로 관리해 나갈 것인가의 문제가 기업경영의 최대 이슈로 등장하면서 이러한 문제를 해결하기 위한 새로운 경영분야로 '기술경영'이 부상하고 있다.[24] 이 기술경영에 대한 어원적 의미를 살펴보면 기술경영은 조직의 전체적인 활동에 관계없이 연구, 개발, 제조 그리고 기술과 과학자들의 기능적인 활동을 통합한 일반적인 경영활동을 기술전략적 차원에서 운영하는 것이다.

간단히 말하자면 기술경영은 기술을 효과적으로 획득, 관리, 활용하여 조직의 경쟁우위 강화 및 기술의 사업화를 촉진하기 위한 제반의 경영활동이고, 말 그대로 기술과 경영을 접목해 기업 경영에 적용하는 것으로 기술전략·기술개발·기술인프라·기술사업화 등에 있어 공학·과학 및 경영학의 원리를 결합하는 것이다. 그러면 여기서 기술경영을 해석하는 데 두 가지 접근이 가능하다. 하나는 경영학적인 접근으로 기술경영을 '기술을 중시하는 경영'으로 해석할 수 있고, 다른 하나는 산업공학적인 접근으로 기술경영을 '기술 그 자체가 경영'이라고 해석할 수 있다. 그러나 이 두 해석이 별도로 독립적인 의미를 갖는 것은 아니고, 상호 의존적인 관계에 있음을 염두에 두어야 한다.

이제 기술경영에 대한 대표적 정의를 살펴보면 다음과 같이 요약할 수 있다.

- 공학 및 과학, 경영원리를 결합하여 조직의 목적을 달성하기 위해 기술적 능력을 기획·개발·운용하는 활동
- 조직 각 분야에 존재하는 기술 기능 간의 연계를 최적화하여 경영자산의 활용을 극대화하는 조직운영의 방법

- 새로운 기술의 활용을 통해 조직의 경쟁력을 제고시키는 활동
- 기존 기술과 신기술을 가지고 선도적 경쟁력을 확보하기 위한 조직의 의사결정과 실행에 관한 전략적 그리고 관리적 측면의 원리
- 기술변화 또는 신기술 도입의 기술대안, 시기·규모 및 비율의 선택에 관한 의사결정행위
- 기술개발보다 광의의 개념으로 기술활동 중 기술획득을 위한 기술개발활동과 그에 따르는 물적·인적 자원의 효율적 관리 즉, 기업의 상업적 성공을 위한 기술개발활동 및 그에 관련된 물적·인적 자원의 효과적인 경영
- 조직이 보유하고 있는 기술 및 경영 노하우 등 제반 지식을 기업의 특정제품, 용역(서비스) 생산에 적용하는 과정을 효율적으로 관리하기 위한 체계적 기법의 총합체로서 조직의 기술경쟁력 확보를 위한 경영활동

기술경영의 목적

기술경영의 목적은 보는 시각에 따라 여러 형태로 묘사될 수 있다. 예를 들면, 기술경영의 목적을 기술부문(생산 및 기술개발 등)과 비기술부문(인력관리, 재무관리, 마케팅관리 등)의 고유 기능을 유기적으로 통합하여 최대의 시너지 효과를 거두는 데 있다고 기술할 수도 있고, 또는 조직 내 각 부문 및 구성원이 가지고 있는 기술, 기술적 능력, 경험, 노하우 등과 자원, 하부구조, 조직활동 등 기술경영요소와의 상호 유기적 활용을 기반으로 하여 최소의 기술투자로 최대의 경영효과를 거두는 데 있다고 기술할 수도 있다.

기술경영을 조직이 보유하고 있는 기술 및 경영 노하우 등 제반 지식을 기업의 특정제품, 용역(서비스) 생산에 적용하는 과정을 효율적으로 관리하기 위한 체계적 기법의 총합체로서 조직의 기술 경쟁력 확보를 위한 경영활동이라고 보면, 궁극적인 기술경영의 목적은 조직 전체적인 관점에서 각 부문이 가지고 있는 기술, 지식, 그리고 경험 및 노하우를 총체적·기능적으로 통합하고 조직의 자원, 하부구조, 그리고 조직활동의 유기적 상호작용을 지원함으로써 조직 전체의 발전과 경영성과 극대화를 도모하는 데 있다고 할 수 있다.

다른 관점에서 기술경영을 조직의 경쟁우위 및 부의 창출의 핵심요소로서 기술의 창출·획득·활용에 관한 시스템의 경영이라고 본다면, 기술경영은 기술을 바탕으로 조직의 목적을 달성하기 위한 전략경영의 문제를 다루는 것이라고 할 수 있다.[58] 그렇다면 기술경영의 목적은 기술경영을 수행하는 다양한 조직의 부의 창출이다. 이와 같은 부의 창출은 근본적으로 각 조직의 경쟁력 혹은 경쟁우위에서 비롯된다는 점에서 기술경영은 조직의 기술 경쟁력 확보를 통한 부의 창출을 목표로 하고 있다. 부의 창출은 기술경영의 목적을 화폐적으로 표현한 것이고, 경쟁력은 기술경영의 목적을 추상적으로 표현한 것으로 이해할 수 있다. 또한 경쟁력은 부의 창출에 비하여 기술경영의 목적으로서 보다 단기적인 표현으로 이해할 수 있을 것이다. 이 점에서 기술경영은 단기적으로는 조직의 경쟁력 제고를, 중장기적으로는 부의 창출을 목표로 하고 있다.

기술경영의 영역

기술경영은 과학기술과 경영의 이론과 실무를 통합하는 다학제적 영역으로서, 그 주안점은 부를 창출하는 핵심요소로서 기술의 효율적인 경영방안에 두고 있다. 기술의 창출 및 기술진보의 증대에 있어서 연구개발은 핵심적인 요소이다. 이에 따라, 기술경영의 핵심요소는 연구개발 경영이다. 그러나 부의 창출에 있어서 더욱 중요한 것은 기술의 활용 혹은 상업화이다. 기술의 효용이 실현되는 것은 기술이 고객과 연결이 되고 난 뒤이다. 이와 같은 관점은 기술경영의 한 분야로서 협의의 기술혁신 경영을 나타내 준다. 경우에 따라서는 기술혁신 경영을 확대 해석하여 연구개발 경영과 협의의 기술혁신 경영을 포함하는 것으로 파악하기도 한다. 그러나 기술경영은 가장 포괄적인 개념으로서 연구개발 경영과 기술혁신 경영을 모두 포괄할 뿐만 아니라 외부로부터 기술의 도입 및 외부로의 기술의 확산문제까지 포괄하게 된다.[58] 이와 같은 기술경영의 영역을 〈그림 2.4〉와 같이 도식화할 수 있을 것이다.

그림 2.4 기술경영의 영역

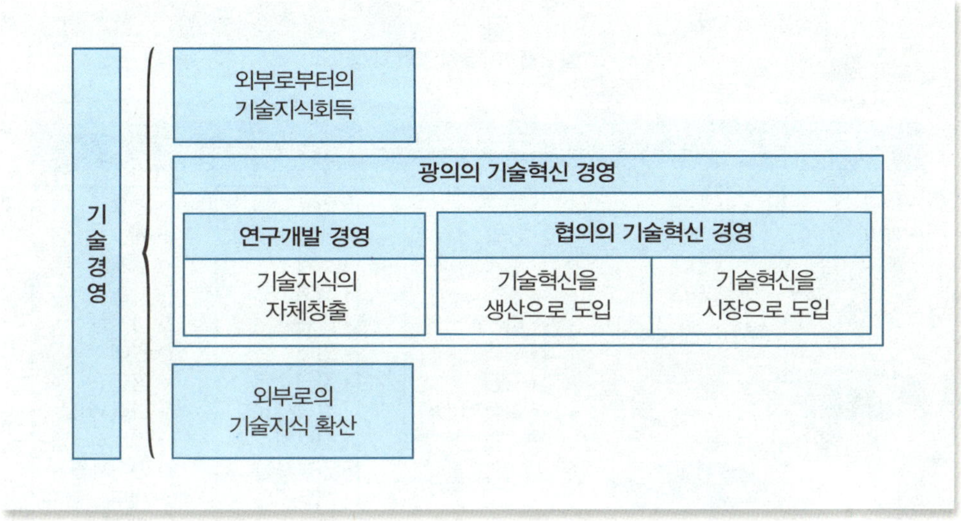

기술경영은 거시적 차원, 중간적 차원, 미시적 차원으로 나누어 볼 수도 있다. 거시적 차원은 국가 차원, 즉 정부 차원의 기술경영을 의미하며, 이는 과학기술정책을 형성한다. 미시적 차원은 기업 차원의 기술경영을 의미하며, 이는 경쟁력 있는 기업의 창출 및 경쟁우위의 지속 가능성을 목표로 한다. 아울러 중간적 차원의 기술경영은 산업 차원 및 지역 차원의 기술경영을 의미하며, 이는 기술혁신을 통한 산업과 지역의 경쟁력 제고·유지의 문제를 다루고 있다. 기술경영을 전략경영의 관점에서 파악하면 기술경영은 조직의 경쟁력 향상에 핵심적인 역할을 담당하고 다양한 주체들과의 협력이 필요하다는 점에서 보다 포괄적이고도 넓은 접근방법이 필요하나 그 범위가 너무 광범위하므로 본서는 기업 차원의 기술경영에 주안점을 맞추고 있다.

조직내 사업기능의 통합에 대한 프로세스적 관점에서 보면 기술경영에 무엇이 포함되는지 기술경영의 내용을 쉽게 이해할 수 있다. 〈그림 2.5〉는 기술경영의 개념을 단순화하여 기술경영 관점에서 사업기능이 통합되는 다섯 단계를 보여주고 있다.[24] 여기에서는 조직내 기술경영 요소로 18가지의 사업기능들을 고려하여 이들 통합 과정을 다섯 단계로 보여주고 있으나, 좀 더 구체적으로 고려하면 그 이상을 포함할 수도 있고, 또한 예시한 기술경영의 각 단계가 명확히 구분되어 있는 것도 아니다. 여기에서 나타낸 각 요소가 가지고 있는 기능 하나 하나가 기술경영의 단계를 나타낼 수도 있다.

그림 2.5 기술경영의 내용

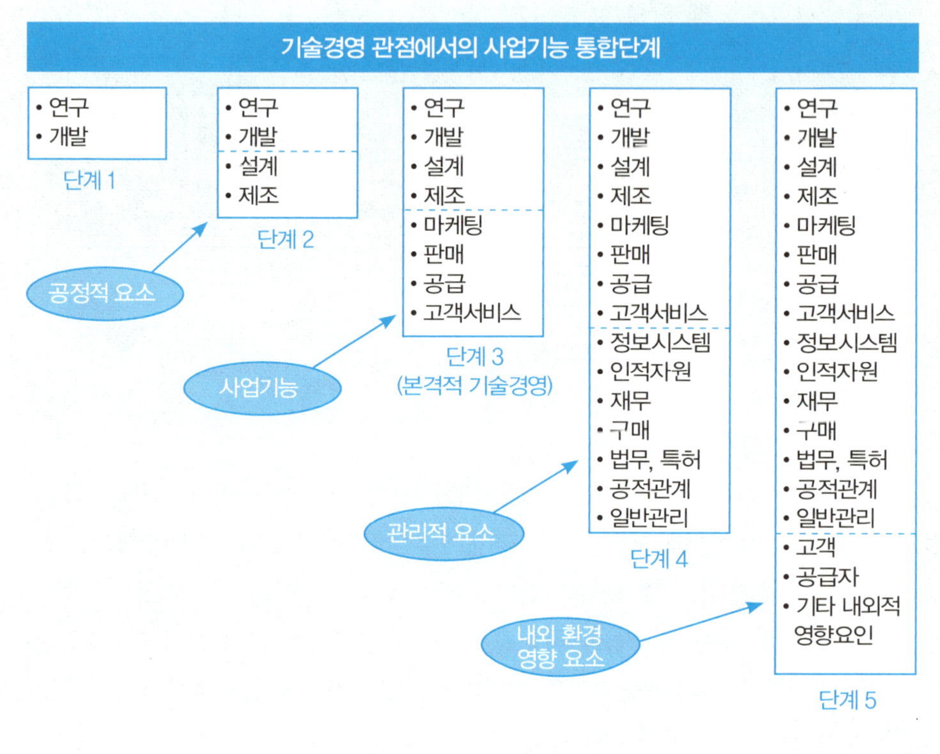

과거에는 대부분 2가지 요소를 포함하는 단계 1 영역중심의 경영활동 즉, 연구개발 관리를 기술경영이라고 보는 경향이 있었으나, 이는 기술경영을 협의로 해석하는 관점이고 진정한 의미의 기술경영은 단계 5까지의 모든 영역을 포함하는 총체적인 경영 활동으로 보아야 할 것이다. 연구개발 관리에 집중한 경영활동은 조직 전체를 대상으로 하는 기술경영의 일부분에 불과하므로 단계 1에서는 기술경영의 개념이 구체적으로 나타나 있지 못하다.

단계 2에서는 단계 1의 연구 및 개발 관련 기능이 제품 설계 및 제조 기능과 상호작용을 하여 공정적인 요소가 강하게 나타나게 된다. 단계 2에서 조직은 설계 기능을 도구로 하여 연구개발 결과가 높은 품질과 신뢰성을 가진 제품으로 전환될 필요성을 인지하게 되는데 이 단계에서는 연구·개발·설계·제조 등 4가지 기능들을 연계한 응집력 있는 하나의 기술경영 자원그룹으로의 기능 통합이 필요하다.

한편, 단계 3부터 본격적인 기술경영이 시작된다고 할 수 있다. 단계 3은 단계 2에 마케팅, 판매, 공급, 그리고 고객에 대한 서비스 활동 등의 사업기능을 포함하고 있는데 이러한 기능들은 기술경영적 조직 운영에 있어서 필수 불가결한 최소한의 요소들이다. 단계 3의 8가지 기능들은 새로운 공정이나 제품 개발에 직접적인 영향을 미치며 상호 보완적인 기능 통합이 전제될 때 기술경영의 효과를 제고할 수 있는 것이다.

단계 4는 단계 3 영역의 기술경영 기능에 조직의 인적자원, 재무, 구매, 특허 및 법무 등과 같은 관리적 요소를 포함하며, 단계 5는 기술통합의 최종 단계로서 고객, 공급자, 그리고 조직을 둘러싸고 있는 내·외적인 환경 영향 요인 전체의 상호 기능적 통합이 이루어짐을 나타내고 있다.

이러한 다섯 단계는 경영모델로서의 기술경영에 대한 하나의 사업기능적 통합 단계를 나타내고 있다. 단계 3에서 신기술·신제품의 상업화 과정에 대한 개념 통합이 이루어지기 때문에 실제적인 기술경영은 단계 3에서부터 시작된다고 할 수 있다.

기술경영 상의 고려사항

기술이 기업의 경쟁우위에 중요한 영향을 미치고 기술경영이 기업의 부의 창출·획득·관리를 다루는 분야라면 기술경영은 〈그림 2.6〉에서 보여주는 바와 같이 세 가지 사항을 고려해야 할 것이다.[58]

그림 2.6 기술경영 상의 고려사항

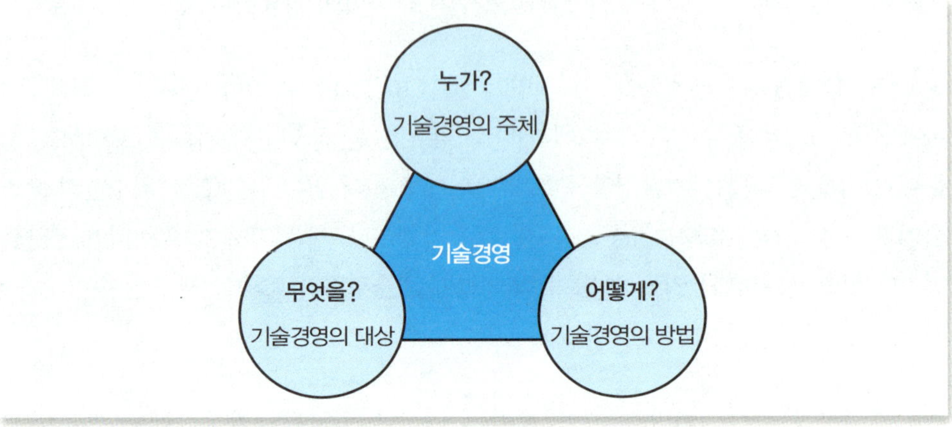

(1) 기술경영의 주체

기술경영의 주체로서 누가 기술경영을 담당할 것인가 하는 점이 고려사항의 하나로 대두된다. 기술경영은 일반적으로 모든 경영자들이 담당한다고 할 수 있을 것이다. 그러나 기술의 전략적 경영의 측면을 고려한다면 포괄적 의미에서 기술경영은 조직의 리더, 즉 최고경영자가 기술경영을 담당하여야 할 것이다. 최고경영자는 기술의 전략적 중요성을 충분히 인식하고 기술혁신을 통해 자기 조직의 경쟁우위의 확보·유지·확대에 선도적인 역할을 담당하여야 할 것이다. 물론 최근의 전략경영에 대한 논의에서 전략경영이 최고경영자의 전유물이 아니라는 주장도 있지만 전략적 기술경영의 주체로서 조직의 장의 역할은 대단히 중요하지 않을 수 없다. 이와 같은 최고경영자의 전략적 기술경영을 바탕으로 중간경영자와 일선 담당자가 역할에 맞는 기술경영을 수행할 수 있을 것이다.

(2) 기술경영의 대상

기술경영의 대상으로서 무엇을 경영할 것인가 하는 점이 고려사항의 또 다른 하나로 대두된다. 기술경영의 대상은 기술로서 기술경영은 기술을 통해 어떻게 기업의 전략적 목표를 달성할 수 있을 것인가를 다루는 것이다. 기술은 기본적으로 지식의 총합으로 이해할 수 있다는 점에서 기술경영의 객체는 포괄적 의미에서 지식이며, 기술경영은 지식을 경영하는 것으로 파악할 수 있을 것이며, 이 점에서 기술경영은 지식경영으로 인식할 수도 있을 것이다. 특히, 이와 같은 기술의 지식으로의 이해는 서비스 산업의 기술경영에 있어서 더욱 많은 타당성을 가진다고 할 수 있을 것이다. 하지만 엄격하게 구분하면 지식경영은 자원의 한 구성요소인 조직 구성원의 지식활용에 경영혁신의 초점을 맞추고 이의 조직적 활동을 중시하는 반면, 기술경영은 경영혁신을 위한 하나의 기능적 자원으로 지식을 다룬다.

(3) 기술경영의 방법

마지막의 고려사항은 기술경영의 방법으로서 어떻게 기술을 경영할 것인가 하는 점이다. 본서에서는 기술경영의 방법으로서 기술에 대한 경영학적인 접근, 무엇보다도 전략경영적인 접근을 하여야 한다고 본다. 기술경영은 기술의 개념에 경영의 개념을 도입하여 기술을 통하여 조직의 전략적 목표를 달성하려는 실무적·학문적 분야이다. 특히, 그동안 기술의 문제는 과학기술자들의 전유물로 인식되어져 왔고 경영학자는 기술의 문제를 제대로 중요하게 인식해 오지 못하였다는 점에서 이와 같은 학제적인 접근은 매우 필요하다. 이제 과학기술자들은 물론 경영자들도 기술을 경영하는 방법을 알아야 할 것이다. 이 점에서 기술경영은 기술에 경영학적 방법론을 접목시키는 학제적인 분야라고 할 수 있을 것이다.

지식경영이란 조직의 지식을 체계적이고 효과적으로 관리하고 활용하는 것이라 할 수 있을 것이다. 보다 구체적으로 기업 내외의 지식 자원을 획득, 교환, 결합하여 새로운 지식을 창출하고, 이를 부가 가치 증대에 효과적으로 연결시키는 체계적인 활동을 말한다.

지식경영의 리더 : Xerox Corp.

Xerox(www.xerox.com)는 Fortune 글로벌 500대 기업 가운데 가장 존경받는 5대 기업으로 선정되었으며, 영국의 Business Intelligence와 Journal of Knowledge Management가 공동으로 실시한 설문 조사에서 가장 선도적인 지식경영 기업으로 나타났다. 많은 기업들이 지식경영을 실행하는 과정에서 실패를 경험했음에도 불구하고, Xerox가 성공할 수 있었던 요인은 실행 초기에 지식경영에 대한 접근 방법이 달랐기 때문이다.

Xerox는 지식 공유를 위한 정보 기술 인프라의 설치나 지식 경영 활동에 대한 조직 구성원들의 적응을 종용하는데 초점을 두지 않았다. 오히려 조직 구성원간의 정보 공유의 문화를 정착시키고 동기 부여함으로써 조직 구성원들 스스로가 정보를 제공하고 또한 얻고자하는 욕구를 느끼게 하였다. 즉 Xerox는 조직 구성원들이 직무를 수행하는 방식을 이해함으로써 개별 조직 구성원들에게 적합한 맞춤식 지식 경영 프로세스를 구축하였고, 지식 공유의 이면에 있는 조직 구성원들간의 역동적 관계를 파악함으로써 지식 경영 실행을 위한 공동체를 형성할 수 있었다는 점이 그 성공의 열쇠이다.

• 지식 공유

"경쟁자보다 더 빨리 배울 수 있다면 그 자체가 경쟁적 우위이다.", "지식의 축적이 곧 권력인 회사에서는 조직 구성원들의 효과적인 학습이 이뤄질 수 없다." Xerox의 CEO인 Allaire는 이 말을 믿고 있다. Xerox사에서의 학습은 지식의 공유로부터 시작된다. 그런데 지식의 축적이 항상 지식의 공유로 이어지지는 않는다. 오히려 기업의 부가가치를 창출할 수 있는 암묵적 지식은 조직 구성원들의 머리에 있으며, 이들의 지식이 차가운 컴퓨터 기억장치 속에 있는 것보다는 필요로 하는 사람에게 즉각적으로 전달이 되는 것이 더 큰 의미가 있다.

Xerox는 조직 구성원들의 머리 속에 있는 암묵적 지식들을 단순히 지식 저장소에 저장하기 보다는, 조직 구성원들간에 실제로 전달되고 피드백되도록 하기 위해 커뮤니케이션 시스템인 Eureka를 개발하였다. 이 프로그램의 실질적인 역할은 전 세계 23,000여명의 기술자들간에 필요로 하는 기술을 서로 묻고 답하는 것이며, 단지 이들의 의사 소통의 결과만이 축적된다. 이러한 형태의 정보 축적은 의도적인 정보의 입력보다 더 유용한 지식이 되며, 시간이나 비용의 효과적인 감소를 가져올 수 있다.

• 조직 구성원간의 역동적 관계

Eureka와 더불어 Xerox의 또 다른 하나의 지식 경영 시스템은 DocuShare 시스템이다. 이 시스템은 1996년 Xerox의 500명 이상의 연구개발 인력이 정보를 공유할 수 있도록 개발되었으며, 현재는 전사 조직 구성원들이 팀 활동을 위해 활용하고 있다. DocuShare가 기존의 정보의 축적과 공유를 위한 시스템과 다른 점은 크게 두 가지이다. 첫째는 개별 직무별로 특성을 파악하여 각 직무 특성에 맞는 지식 공유 시스템을 구축하였다는 점이다. 가령 예를 들면 연구개발 인력이 지식 공유 시스템에 요구하는 특성은 사용하는데 전문적인 훈련이 필요 없어야 하며, 정보의 축적 및 공유에 관료적인 통제가 없어야 하고, 그 정보의 활용과 재 창출에 있어 제약이 없어야 한다는 것이었다. DocuShare는 이러한 직무별 특성을 반영하여 그 직무 특유의 지식 공유 시스템을 제공하고 있는 것이다. 두번째 특성은 개별 조직 구성원들의 직무 습관을 이해하고 이들의 습관을 해치지 않는 범위에서 그 기능을 제공하는 것이다. 즉 지식 경영 시스템을 유지하고 발전시키기 위해 개별 조직 구성원들의 희생이 이뤄져서는 안된다는 점을 반영하고 있다. 이상과 같은 두 가지의 지식 경영 시스템은 단순히 정보 기술 인프라가 아니라 기업의 전략과 문화를 지원하고 기업의 성과를 높이기 위한 조직 구성원들의 실행 양식이다.

[출처 : 참고문헌 73 참조]

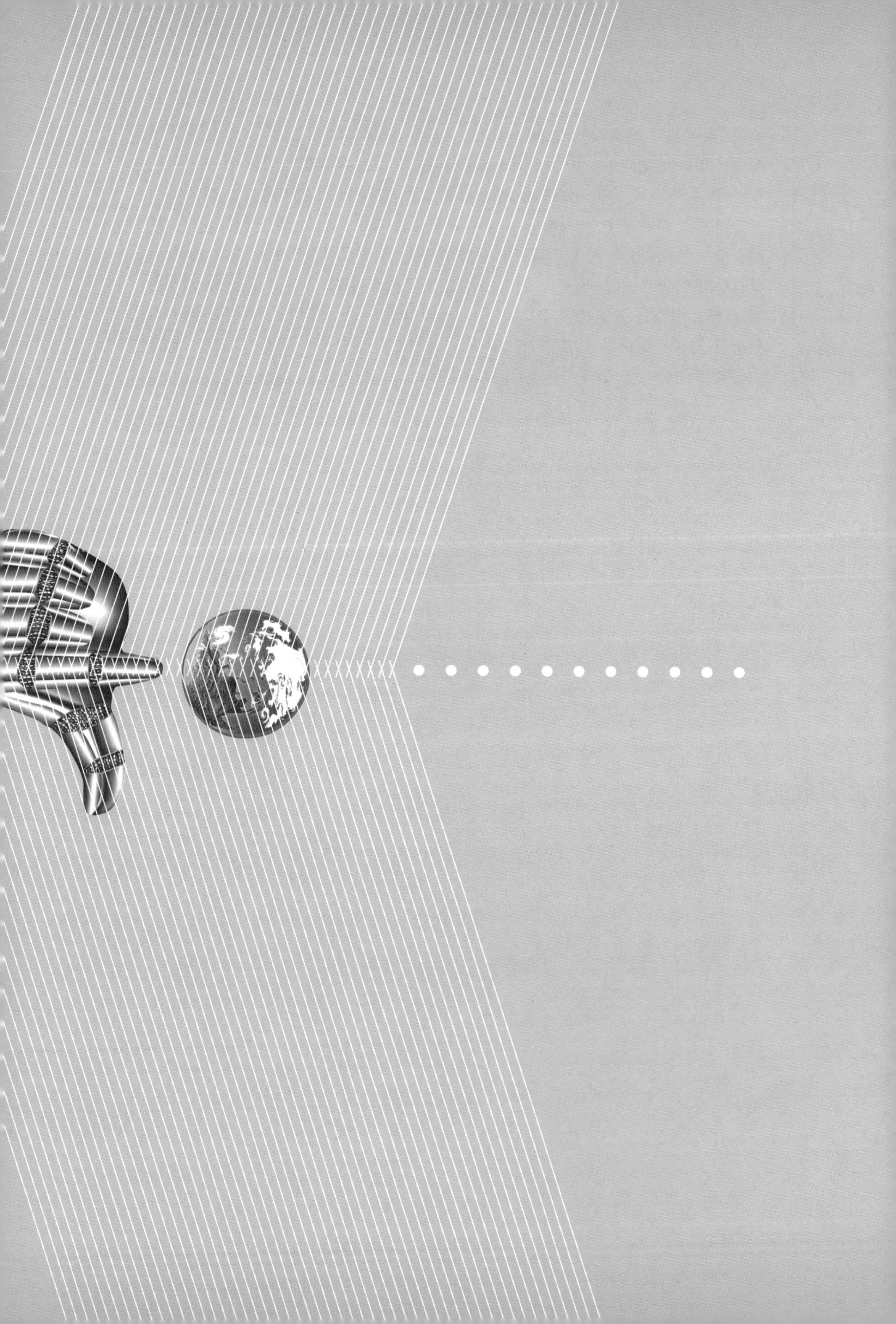

Part 3

기술전략

3.1 기술과 경쟁우위

3.2 기술과 산업구조

3.3 기술 선도 전략과 기술 추종 전략

3.4 기술전략 수립시 고려사항

● ● ●

인터넷이 기업간 경쟁을 격화시키고 그 결과 산업 수익성을 저하시킨 상황에서 개별 기업은 어떻게 대응해야 할까? 기업이 취할 수 있는 대안은 비용을 절감하거나 가격 프리미엄을 향유할 수 있는 경쟁우위를 확보하는 것일 것이다. 즉, 인터넷을 활용하여 운영 효율성을 확보하거나 또는 차별적인 제품과 서비스를 제공할 수 있는 독특한 포지션을 택하는 것이다. 물론 이 양자 모두를 추구할 수도 있다.

먼저, 인터넷은 실시간으로 정보를 교환할 수 있게 함으로써 가치사슬 전반의 효율성을 높여준다. 기업들은 이러한 인터넷을 활용하여 경쟁사보다 높은 운영 효율성을 확보함으로써 경쟁우위를 지닐 수 있게 되지만, 다른 한편으로는 모방이 보다 용이해짐으로써 경쟁우위를 지속하기가 더욱 어려워졌다. 즉, 오늘날에는 많은 기업들이 인터넷을 활용하여 유사한 사업 모델과 시스템을 단기간에 개발, 모방하고 있으며, 그 결과 운영 효율성 제고를 통한 경쟁우위의 지속성 확보가 점점 더 어려워지고 있는 것이다.

경쟁우위 확보의 또 다른 대안은 경쟁사와는 차별화된 포지션을 확보하는 것이다. 향후에는 가치 창출 네트워크상의 핵심활동을 장악하고 이를 바탕으로 개별 가치사슬 상에서 최상의 역량을 지닌 다른 기업들과 파트너십을 형성하여 다양한 사업모델을 수행하는 가상기업이 활성화될 것으로 보인다. 디지털 기술의 발달로 인해 관련 정보의 검색, 타 기업과의 정보 공유, 거래 업체의 변경 등이 매우 저렴하고 용이하게 이루어질 수 있게 됨에 따라 적어도 한 분야에서만이라도 차별적 경쟁우위를 확보하지 못한 기업은 경쟁에서 도태될 수밖에 없게 될 것이기 때문이다. 이에 따라 기업들은 자신이 가장 잘 할 수 있는 분야에 역량을 집중하고 이를 바탕으로 가치창출 네트워크에 참여, 사업활동을 수행하게 될 것이다.

이미 선진 기업들은 가상기업의 활성화에 대비하여 자사의 포지션을 명확히 하고 있다. 예컨대 소니의 경우, 설계·플랫폼 회사인 EMCS(Engineering, Manufacturing and Customer Service)를 신설, 독립시킴으로써 자사의 개별 사업 부문은 전략 및 상품 기획, 브랜드 구축 등 통합 조정자 역할을 강화하고, EMCS는 설계·생산 부분에 역량을 집중하도록 하고 있다. 한편, 통합 조정자로서의 포지션을 강조하고 있는 소니와는 달리, 솔렉트론(Solectron)은 OEM 생산 관련 핵심역량을 확보, 이 분야에서 세계 리더 기업으로 성장해 가고 있다. 솔렉트론은 현재 PC, 컴퓨터 주변기기, 워크스테이션/서버, 휴대폰, 네트워크 장비, 통신 장비 등을 OEM 생산하고 있으며, 이러한 OEM 생산 역량을 바탕으로 Pre-Manufacturing 분야인 기술 및 디자인 개발과 Post-Manufacturing 분야인 유지/보수 서비스 등으로 활동 영역을 넓혀가고 있다.

[출처 : 참고문헌 14 참조]

3.1 기술과 경쟁우위

경쟁우위

한 기업이 다른 경쟁기업에 비해서 높은 수익률을 얻는 데에는 크게 두 가지 방법이 있다. 한 방법은 동일한 제품을 훨씬 낮은 비용에 만들어 싸게 파는 방법이고, 다른 방법은 다른 경쟁기업과는 다른 차별화된 제품을 제공함으로써 소비자로 하여금 차별화를 하는데 소요된 비용 이상의 가격 프리미엄을 받는 것이다.

첫째 방법을 따르는 경영전략을 비용우위전략이라 하고, 둘째 방법을 따르는 경영전략을 차별화 우위전략이라 한다.[56] 비용우위를 추구함에 있어서 기업의 목적은 산업 전체에 있어서 비용선도가 되는 것이다. 비용우위를 가지려면 그 기업은 비용우위를 만들어 낼 수 있는 요소들을 발견하여서 이를 이용하여야 한다. 반면에 차별화우위를 추구하는 기업은 소비자들에게 차별화된 가치를 제공하여 주지 않으면 안 된다. 이런 두 가지 전략을 추구하는 기업들은 시장에서의 포지셔닝 또는 그들이 가진 경영자원과 핵심능력 그리고 조직상의 특성에서 다른 기업과 상당한 차이가 난다.

〈그림 3.1〉은 경쟁우위의 유형과 기술이 어떻게 경쟁우위에 영향을 미치는지 개념적으로 보여주고 있다.

그림 3.1 기술과 경쟁우위

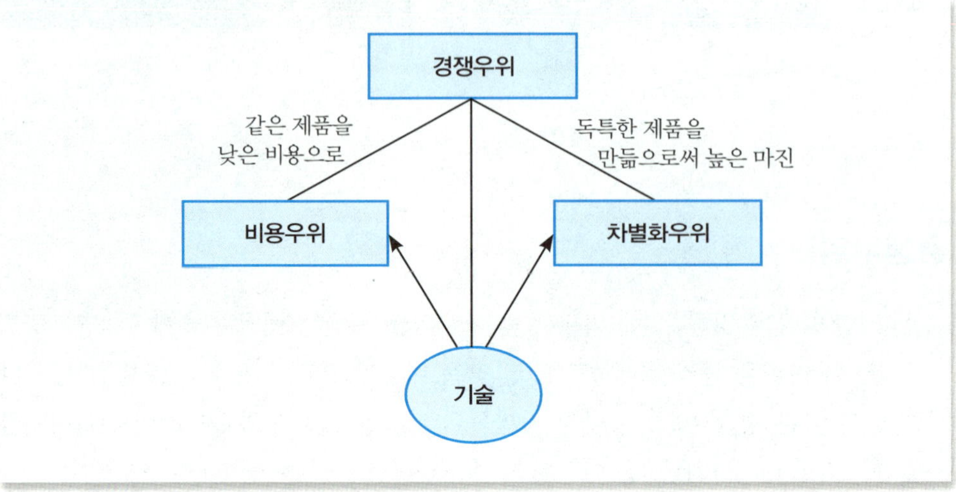

기술이 경쟁우위에 미치는 영향

기술이 원가구조 상의 상대적 우위의 확보나 차별화에서 중요한 역할을 할 수 있을 때 기술은 경쟁우위에 영향을 미치게 된다. 기술이 원가구조나 차별화에 강력한 영향을 미치게 되는 것은 기술이 모든 가치활동에 관계되어 있고, 또한 이들 활동을 연결하는 데 중요한 역할을 수행하고 있기 때문이다.[59]

기술은 원가요인 또는 가치창출 활동에서의 차별성을 창출하는 요인에 영향을 줌으로써 원가우위 및 차별화를 달성하게 되는데, 이러한 기술은 규모, 타이밍 또는 상호 관련성 등과 같은 서로 다른 요인들의 결과이기도 하다. 예를 들면, 일정 규모 수요의 확보는 자동조립 설비의 설치를 가능하게 하며, 전력회사가 수력 발전을 위해 적절한 입지를 선정하여 댐을 건설하면 수력발전을 이용하여 생산하는 것이 가능하게 된다. 이러한 경우 기술은 경쟁우위의 원천이라기보다는 다른 우위 요소들의 결과라 할 수 있다. 그러나 기술이 다른 요인들과는 관련없이 정책적으로 선택된 경우 기술은 그 자체로서 가치창출 활동에 있어서 중요한 요인이 되고 있으며, 이러한 기술을 통하여 경쟁적 우위를 확보할 수 있게 된다.

기술은 원가 및 차별화에 직접 영향을 줄 뿐만 아니라 원가 및 차별화의 다른 요소들에 영향력을 행사함으로써 경쟁우위를 결정하게 되는데, 예를 들면 기술개발을 통하여 규모의 경제를 달성하기 위한 최소한의 생산단위 규모를 감소시킨다든지, 또는 전에는 관련성이 전혀 없었던 활동들을 연결함으로써 시너지효과를 창출하는 활동을 들 수 있다. 그러므로 기업은 기술개발 활동을 통하여 가치창출에 있어서 핵심적인 요소를 변경할 수 있으며 때로는 다른 기업에서는 이용하지 못하는 기업 특유의 요인을 활용할 수도 있다.

특정 기업의 기술은 대개의 경우 구매자의 기술과 상호 의존관계에 있는 경우가 많기 때문에, 기업 내부의 기술변화 뿐만 아니라 구매자의 기술변화도 경쟁우위에 영향을 준다. 이러한 현상은 차별화 전략에서 현저하게 나타나는데, 예를 들면 가격정책과 재고관리 기능을 통하여 차별화 전략을 수행하던 유통업자의 경우, 만약 구매자가 온라인 판매시점 관리시스템을 도입한다면 그 유통업자는 차별화의 요소를 상실하게 될 것이다. 마찬가지로 공급자의 기술의 변화도 기업의 원가 및 차별화 요인에 영향을 미침으로써 경쟁우위를 좌우하게 된다.

기술변화와 경쟁우위의 연계성은 기술변화의 바람직한 전개방향을 설정하기 위한 여러 가지 판별 기준을 제시한다. 특히 기업의 기술변화는 다음과 같은 상황 하에서 경쟁우위를 창출한다.

- 기술변화 그 자체가 원가절감 요인이거나 차별화를 가져올 경우, 그리고 기업의 기술선도가 지속적인 경우—기술변화가 원가절감이나 차별화에 기여할 수 있고 경쟁자에 의한 기술모방에서 벗어날 수 있다면 기술의 우위를 유지할 수 있게 되며 이럴 경우 기업은 경쟁우위를 갖게 된다.
- 기술변화가 원가구조나 차별성 창출에 있어서 기업에 유리한 방향으로 작용하는 경우—가치창출 활동에서의 기술변화나 제품기술의 변화는 원가구조 및 제품 차별성 창출에 영향을 미치게 된다. 비록 기술변화가 모방된다 할지라도 가치창출의 요인을 기업에 유리하게 변경시킴으로써 경쟁우위를 형성하게 된다. 예를 들면 규모에 대하여 보다 민감한 공정기술을 도입함으로써 시장점유율이 높은 기업은 경쟁자에 대하여 선도적인 위치를 구축할 수 있게 된다.
- 기술변화를 최초로 시도하는 노력이 초기 진입자 이익으로 작용하는 경우—개

발된 기술은 다른 기업에 의해 결국 모방되겠지만 기술개발 기업은 기술의 우위가 상실된 뒤에도 초기 진입자로서 원가 및 차별화의 측면에서 잠재적인 이점을 보유하게 된다.

- 기술적 변화가 산업전반의 구조를 개선하는 경우—기술변화가 전반적인 산업구조를 개선하는 경우 그 기술이 쉽게 다른 기업으로 확산되기는 하겠지만, 이러한 기술변화도 기업의 입장에서는 바람직하다 하겠다.

이상에서 열거한 사항에 부합하지 못하는 기술변화는 기술 그 자체로서는 개선된 바가 있을지라도 기업의 경쟁적 위치를 개선하지는 못한다. 기술변화가 위의 네 가지 사항에 부합하지 못할 뿐만 아니라 상반되는 작용을 하게 된다면 기술변화는 오히려 기업의 경쟁우위를 소멸시킬 수도 있다. 어떤 경우는 기술변화가 특정 사항에는 부합하지만 다른 사항에는 반대로 작용하여 기업의 경쟁적 지위를 약화시킬 수도 있다.

듀퐁은 인류 역사에 많은 영향을 끼친 제품을 개발한 기업이다. 나일론, 합성 고무, 폴리에스테르 섬유, 필름 등이 바로 듀퐁이 개발한 제품들이다. 듀퐁이 개발한 제품들은 화학의 원천 기술이 필요한 제품들이다. 따라서 경영진은 사업 초기부터 원천 기술에 대한 투자를 아끼지 않았다.

사업 초창기인 1927년 당시 연구개발 책임자였던 찰스 스타인은 당시로서는 상당한 액수인 약 2만불의 예산을 책정하였다. 그리고 이 예산은 오로지 새로운 과학적 사실을 발견하기 위해서만 사용된다는 것을 명확히 했다. 또한 30년대 경기 침체기에도 CEO는 배당금을 지급하는 것보다 원천 기술에 투자하는 것이 훨씬 중요하다고 강조하였다. 이를 토대로 30년대 중반, 현대 생활을 바꾼 나일론, 부타디엔, 합성 고무 등의 제품이 탄생된다. 2차 대전 직후는 기초 과학연구의 진공 상태라고 해도 과언이 아니었다. 하지만 듀퐁은 연구 조직을 강화하고 새로운 프로세스를 개발하였다. 이에 대한 대가로 폴리에스테르 섬유, 필름 등이 개발되었다. 결국 CEO와 경영진의 원천 기술개발에 대한 강력한 의지가 지금의 듀퐁을 이룬 초석이 된 것이다.

원천 기술을 통해 시장을 뒤흔드는 혁신적인 제품을 내 놓는 듀퐁의 전략은 오늘의 현실과 부합하지 않을 수 있다. 최근 비즈니스 환경이 개별 사업의 효율성을 극대화 하고, 이미 잘 아는 시장 위주로 제품을 개발하도록 기업들을 몰아치고 있기 때문이다. 하지만, 원천 기술을 보유함으로써 시장에서 엄청난 성과를 거두고 있는 기업들의 사례에서 볼 수 있듯이 원천 기술에 대한 투자는 제품 혁신에서 매우 중요한 요소이다. 노동력 투입에 의한 1세대 성장, 시스템에 의한 2세대 성장은 이미 그 한계를 드러내고 있다. 이제는 3세대 성장의 원동력으로서 신재료, 신물질 등 원천 기술을 이용해야 할 때이다. 쉽게 말해서 원천 기술은 신제품의 원재료이다.

[출처 : 참고문헌 31 참조]

3.2 기술과 산업구조

산업구조분석

산업구조분석은 특정 산업과 관련된 제품 시장에 대한 이해를 도와 기존 경쟁자들뿐만 아니라 새로운 잠재적 진입자가 그 산업의 매력도를 결정할 수 있게 하고, 또한 그 산업에서 성공할 수 있는 핵심요인이 무엇인가를 파악할 수 있게 해 준다. 산업구조를 분석하는 기법을 처음으로 경영전략에 도입한 사람은 하버드 경영대학원의 마이클 포터 교수이다. 마이클 포터 교수는 산업의 구조적 특성이 산업의 매력도, 즉 산업의 이익 창출 가능성에 지대한 영향을 끼친다고 보고, 자사가 포함되어 있는 산업의 경쟁구조와 수익성에 영향을 미치는 요인들 간의 경쟁관계에 대한 분석 및 평가를 통해 궁극적인 산업 매력도를 결정하기 위한 분석도구를 제시했다.

마이클 포터 교수가 제시한 산업구조 분석도구는 5가지의 힘에 의해 산업 매력도가 결정된다고 보고 있으며, 5가지의 힘으로는 공급자의 협상력, 구매자의 협상력, 대체재의 위협, 새로운 진입자의 위협, 그리고 기존 경쟁자들 간의 경쟁을 들고 있다. 〈그림 3.2〉는 산업 매력도에 영향을 주는 5가지의 힘에 해당되는 구체적인 결정 요소들을 정리하여 보여 주고 있다.

그림 3.2 마이클 포터의 산업구조 분석모형

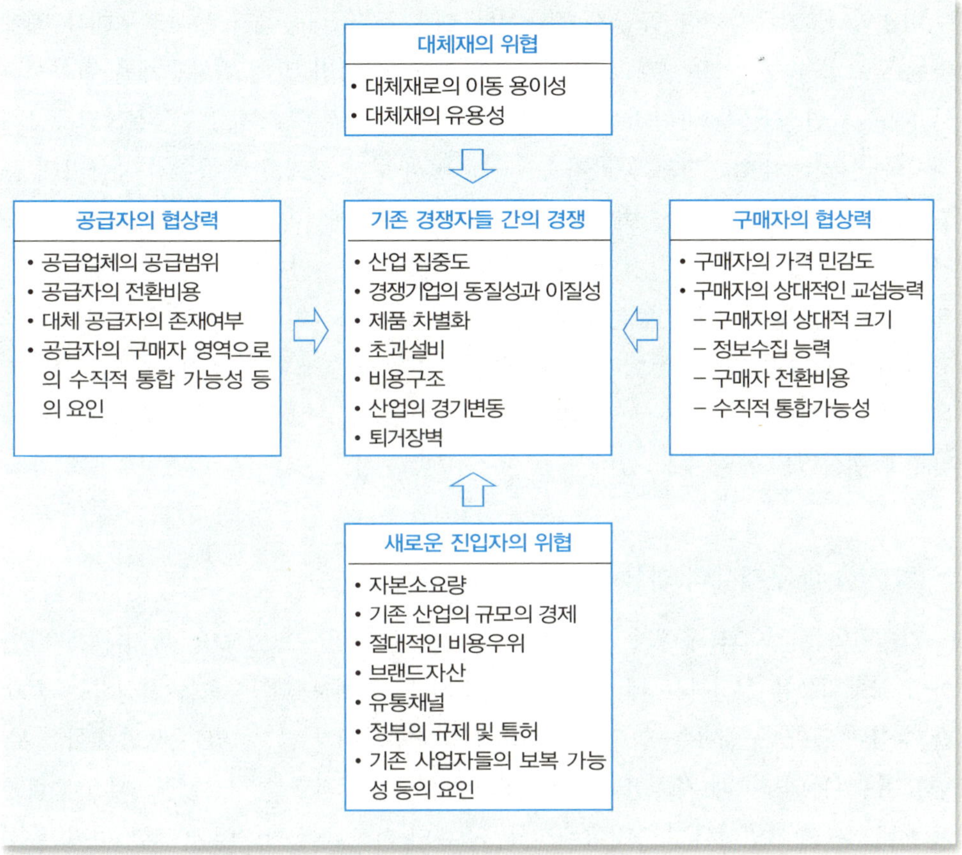

기술이 산업구조에 미치는 영향

가치창출 활동에 사용된 기술이 광범위하게 확산될 때 기술은 전반적인 산업구조의 중요한 결정변수가 된다. 산업 내에 확산된 기술은 5가지 힘에 잠재적으로 영향을 미칠 수 있으며, 산업의 매력도를 증가 또는 감소시킨다. 그러므로 기술이 특정 기업에 대하여 경쟁적 우위를 제공하지는 못해도 산업 내 모든 기업의 이익 잠재력에 영향을 미칠 수 있다. 반대로 특정 기업의 경쟁우위를 개선하였던 기술적 변화가 경쟁자에 의해 모방되면서 산업구조를 더 악화시킬 수도 있다. 즉, 산업구조에 대한 기술적 변화의 잠재적 영향력이 의미하는 바는 기업이 기술전략을 설정함에 있어서 산업구조에 대한 영향을 고려해야만 한다는 점이다.[59]

(1) 기술과 공급자의 협상력

기술의 변화는 강력한 공급자 집단이나 새로 등장한 공급자로부터 구매를 해야 하는 필요성을 증가 또는 감소시킴으로써 기업과 공급자 간의 협상관계를 변화시킨다. 예를 들면, 지붕을 마감하는 건축자재 사업에서 고무를 소재로 한 지붕 건축자재의 출현은 기존의 아스팔트 공급자를 대체하면서 보다 강력한 합성수지 공급자의 등장을 초래하였다. 또한 기술변화는 대체 가능한 원자재의 범위를 확대시킴으로써 공급자에 대한 협상력을 강화시키기도 하였다. 예를 들면, 알루미늄 깡통의 제관 기술 개발에 의하여 깡통 제조기업은 철과 알루미늄 공급자 간의 치열한 경쟁 속에서 공급자에 대한 협상력을 강화하였다. 이와 같이 기업의 기술에 대한 투자는 공급자의 보유기술에 대하여 기업의 지식을 심화, 확대시킴으로써 특정 공급자에 대한 의존도를 낮추고 협상력을 높일 수도 있다.

(2) 기술과 구매자의 협상력

기술변화는 기업과 구매자 간의 협상관계를 변화시킬 수 있으며, 특히 제품 차별화나 교체비용을 형성하는 데 기반이 되는 기술은 구매자의 협상력을 결정하는 중요한 수단이 된다. 구매자는 핵심적인 협상력 강화수단이라 할 수 있는 후방통합을 추구할 수 있는데, 이 때 기술변화는 후방통합의 용이성 정도를 결정한다. 예컨대 컴퓨터 서비스산업에 있어서 기술변화에 따른 컴퓨터 하드웨어 가격의 급격한 하락은 시분할 장치를 판매하는 기업의 능력에 심각한 영향을 미쳤는데 그것은 구매자들이 가격 하락으로 인하여 자기 자신의 기계를 소유할 수 있게 되었기 때문이다.

(3) 기술과 대체재의 위협

산업구조에 대한 기술의 영향 중에 가장 일반적인 현상으로 받아들여지는 것이 대체재에 대한 효과이다. 대체재의 위협은 서로 경합하고 있는 제품의 상대적 가치와 기존의 제품에서 다른 제품으로 전환하는데 따른 교체비용의 함수라 할 수 있다. 기술변화는 전혀 새로운 제품을 창출해 내거나 기존의 제품을 대체할 수 있는 제품 또는 용도를 개발하는 기능을 수행하는데, 플라스틱이나 나무를 대체하는 탄소섬유의 등장, 기존의 타자기에 대한 워드프로세서의 개발, 전통적인 오븐을 대체하는 마이크로웨이브 오븐의 개발을 예로 들 수 있다. 요컨대 대체재를 개발하는 기술은 가격에 대한 상대가치와 교체비용에 영향을 주며, 상호 대체성이 높은 제품을 생산하는 산업에서 가격에 대한 상대가치를 높이려는 기술경쟁은 대체과정의 핵심을 이룬다.

(4) 기술과 새로운 진입자의 위협

기술변화는 진입장벽의 강력한 결정변수가 될 수 있는데 거의 모든 가치활동에 대하여 규모의 경제를 높이거나 낮춤으로써 이를 달성할 수 있다. 예를 들면, 유연성이 높은 생산 시스템의 설계는 규모의 경제를 낮추는 효과가 있다. 기술변화는 또한 신제품의 개발을 촉진시키거나 제품개발에 소요되는 투자규모를 증가시킴으로써 규모의 경제를 높이기도 한다. 저원가 생산설계와 같은 기술은 원가의 절대액을 감소시킴으로써 우위요소를 창출하기도 하며 산업에서 경쟁에 소요되는 자본의 양을 변화시키기도 한다. 예를 들면, 묶음 생산 공정에서 연속 생산 공정으로 변환시키는 기술변화는 미국의 옥수수 제분업에서 옥수수 녹말과 콘 시럽을 생산하는 데 필요한 자본의 양을 증가시켜 진입장벽의 높이를 변화시켰다.

기술변화는 제품 차별화 방식에도 중요한 역할을 하고 있다. 예를 들면, 에어로졸 포장기술의 개발은 그동안 제품의 특성에 따라 차별화를 추구해온 포장업자의 능력을 거의 무력화시키면서 제품포장을 표준화시켰다. 기술변화는 교체비용을 높이거나 낮출 수 있는데 경쟁자가 다른 기술을 선택할 경우 구매자는 공급업자를 변경할 때 종업원의 재훈련이 필요하거나 기존 설비에 대한 재투자가 요구될 수 있기 때문에 부담을 안게 된다. 이외에도 기술변화는 기존의 유통경로를 우회하는 새로운 경로를 제공하거나 특정 유통경로에 대한 산업의 의존성을 높임으로써 유통구조에 영향을 준다.

(5) 기술과 기존 경쟁자들 간의 경쟁

기술은 원가구조와 가격정책에 영향을 미침으로써 기존 경쟁자들 간에 존재하는 경쟁관계의 기반과 특성을 변화시킬 수 있다. 예를 들면, 앞에서 언급된 미국의 옥수수 제분업의 경우 연속 생산 공정기술의 도입은 고정비를 상승시켰으며 산업 내의 경쟁관계를 확대시켰다. 조선산업에서도 유사한 예를 찾을 수 있는데 조선기술 발전에 의한 거대한 유조선의 출현은 고정비의 증가와 함께 원가단위당 부가가치를 증대시켰다. 제품 차별화 및 교체비용에 대한 기술의 역할도 기존 경쟁자들 간의 경쟁관계에 중요한 영향을 미친다.

경쟁관계에 대한 기술의 또 다른 잠재적 영향력은 철수장벽을 통하여 나타난다. 예를 들면, 유통산업에서 자재취급의 자동화는 설비를 특정 자재에 대하여 전문화시킴으로써 철수장벽을 높이게 된다. 이러한 현상은 과거에는 다목적이었던 설비가 전문화되고 자본집약적 설비가 됨으로써 나타나는 것이다.

흔히 기술변화는 산업구조를 개선시킨다고 인식하고 있으나 앞에서 살펴 본 바와 같이 산업구조를 악화시키기도 한다. 기술변화가 산업 매력도에 미치는 영향은 5가지 힘에 대한 관계에 의존한다. 만약 기술변화가 진입장벽을 높이거나 강력한 공급자를 제거하거나 대체재를 없앤다면, 기술변화는 산업의 수익성을 개선하게 된다. 그러나 기술변화가 구매자의 협상력을 강화시키거나 진입장벽을 낮추게 되면 산업 매력도를 떨어뜨릴 것이다.

기술변화가 산업구조에 미치는 역할은 혁신을 고려 중인 기업에게 잠재적인 의문을 제기한다. 어떤 기업의 경쟁우위를 강화시킨 기술혁신이 다른 경쟁자에 의해서 모방될 경우 결국은 산업구조를 붕괴시킬 수 있기 때문이다. 따라서 기업은 기술전략을 수립하거나 기술투자를 할 때 기술변화가 기업경쟁력과 기술변화에 미치는 긍정적·부정적 영향을 모두 고려해야 한다.

기술변화가 산업구조에 어떻게 영향을 미치는지, 한 예로서 〈그림 3.3〉은 인터넷 기술이 산업구조에 미치는 영향[14]을 보여 준다.

그림 3.3 인터넷이 산업구조에 미치는 영향

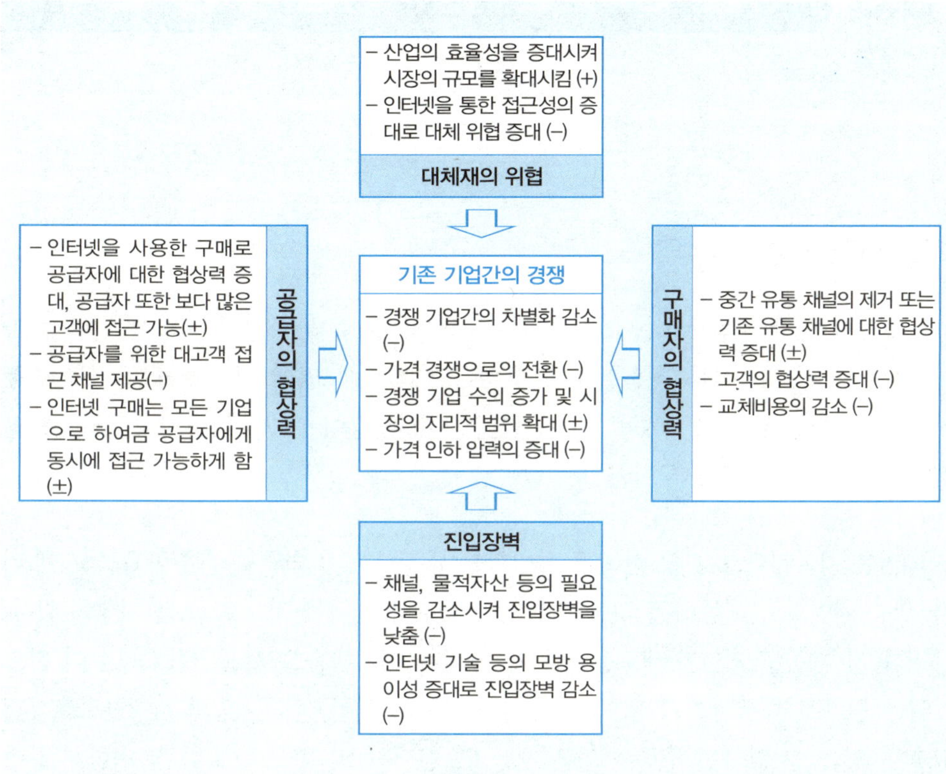

3.3 기술 선도 전략과 기술 추종 전략

기술전략과 경쟁우위

기업은 기술에 대한 관심을 증대시키며 수익성 향상 및 새로운 시장을 위한 돌파구로써 기술전략에 점점 더 관심을 갖고 있다. 기술 선도자가 되느냐 또는 기술 추종자가 되느냐의 의사결정은 〈표 3.1〉에 나타난 바와 같이 원가우위 또는 차별화를 달성하는 전략적 의사결정의 일환일 수 있다.

기업은 기본적으로 기술 선도를 차별화를 달성하는 방법으로 간주함과 동시에 기술 추종 기업으로 행동하는 것을 저원가를 성취하기 위한 것으로 보는 경향이 있다. 그러나 기술 선도 기업이 새로운 저원가 공정기술을 처음으로 도입한 경우, 이 선도 기업은 원가우위 생산자가 되며 만일 기술 추종 기업이 선도 기업의 시행착오로부터 교훈을 얻을 수 있다면 추종 기업은 제품기술을 구매자의 요구에 더 잘 적합시킬 수 있으므로 오히려 추종 기업이 차별화를 달성할 수 있다. 산업에는 여러 가지 기술이 관련되어 있고, 여러 가지 형태의 경쟁우위가 추구되고 있기 때문에 한 산업 내에는 하나 이상의 기술 선도 기업이 존재할 수 있다.[59]

표 3.1 기술전략과 경쟁우위

	기술 선도	기술 추종
원가우위	• 저렴한 제품설계 선도 • 학습효과 선취 • 가치활동을 저렴한 원가로 수행하는 방법 강구	• 선도자의 경험을 습득함으로써 가치활동이나 제품원가를 낮춤 • 모방을 통한 연구개발 비용절감
차별화	• 구매가치를 증진시키는 독특한 제품 개발 • 구매자 가치를 증대시키는 가치활동 혁신	• 선도자의 경험으로부터 구매자 욕구에 보다 밀접한 생산 시스템 혹은 배달 시스템 개발

중요한 기술에 대하여 기술 선도 기업이 되느냐, 기술 추종 기업이 되느냐 하는 선택은 다음과 같은 세 가지 요소에 달려 있다.

- 기술우위의 지속 가능성
- 초기 진입자 이익
- 초기 진입자 불이익

(1) 기술우위의 지속 가능성

기술 선도 전략은 경쟁자가 기술을 복제하기 어렵거나, 또는 기업이 경쟁자가 추격할 수 없도록 빠르게 혁신을 수행할 수 있는 경우에 특히 선호된다. 기술은 확산되는 경향이 있으므로 기술 선도자는 이동하는 표적으로 존재하는 것이 경쟁상 필요하기 때문에 두 번째 조건은 특히 중요하다. 그런데 기술의 선도가 지속될 수 없다면, 기술 추종 기업에 비해 기술 선도의 유지에 비용이 많이 들기 때문에 초기의 기술 선도가 초기 진입자로서의 이익으로 전환될 때만 기술 선도 전략이 정당화될 수 있다.

기술 선도의 지속 가능성은 다음의 4가지 요소의 함수로 볼 수 있다.

- 기술변화의 원천—기술 선도의 지속성은 그 기술이 산업 내부에서 개발되었는지 또는 외부로부터 도입되었는지의 여부에 크게 의존한다. 기술의 중요한 원천이 산업 외부에 존재하는 경우, 기술 선도를 유지하기가 일반적으로 어렵다.
- 기술개발 활동에서의 지속적인 원가우위 또는 차별화 우위의 존재여부 — 기업이 기술개발을 수행하면서 원가우위 또는 차별화 우위를 갖고 있을 때 기술적 선도성은 지속될 가능성이 높다.
- 기술적 숙련도 — 경쟁자에 비하여 특유의 기술적 숙련도를 축적한 기업은 상당한 연구개발 인력, 설비, 경영체계를 갖춘 기업에 비하여 오히려 기술적 우위를 유지할 가능성이 높다. 기술적 숙련은 경영체제, 기업문화, 조직구조와 체제, 과학인력과 관련된 기업 평판 및 기타 요소들에 의해 영향을 받는다.
- 기술 확산 속도—연구개발 활동에 의한 원가우위나 우수한 기술능력이 경쟁자에 의해 쉽게 모방될 수 있다면 기존의 투자와 관심은 헛된 노력이 되기 쉽다.

(2) 초기 진입자 이익

기술 선도 전략은 초기 진입자 이익이 존재할 때 유용성이 높아진다. 이것은 기술격차를 다른 형태의 경쟁적 우위로 전환시킴으로써 다른 기업과 기술격차가 좁혀졌을 때에도 우위를 지속시켜 준다. 초기 진입자 이익의 중요한 유형은 다음과 같다.

- 명성
- 선점
- 교체비용
- 경로선택
- 독점적 학습곡선
- 설비, 원자재 또는 희소자원에 대한 접근 용이성
- 표준의 설정
- 제도적 장벽
- 초기의 이익

(3) 초기 진입자 불이익

선발 기업은 초기 진입에 따른 이익 뿐만 아니라 불이익에도 직면하게 된다. 선발 기업의 불이익은 크게 두 가지 원인에서 비롯되는데 개척비용과 상황변화에 따른 위험이다.

- 개척비용
- 수요의 불확실성
- 구매자 요구의 변화
- 초기 기술에 대한 투자의 고착화와 요소비용
- 기술의 단절
- 낮은 비용에 의한 모방

3.4 기술전략 수립시 고려사항

기업 전략과 연계

하루가 멀다하고 기술이 빠르게 변하고 진화하는 요즘, 기술을 제품에 적용하는 것 뿐만 아니라 기술 자체를 사업의 경쟁력 강화를 위한 직접적인 도구로 활용하려는 움직임이 활발해짐에 따라 적합한 기술전략을 수립하고 추진하는 것은 기업 생존의 필수역량이 되고 있다.[70] 적합한 기술전략이란 기업전략에 적합해야 하며 기업에 큰 경쟁우위를 가져다 줄 수 있어야 한다. 그러므로 잠재적인 기술적 변화에 대해서 다양한 형태의 검증 작업이 요구된다. 검증 작업에서 문제가 발생한다면 아주 인상적인 기술적 성취라고 해도 더 이상 추구하지 말아야 하는 것이다.

본 절에서는 기술이 매우 신속하게 변화하고 이용 가능한 기술의 종류가 많기 때문에 기술을 선택하고 이를 기업전략과 연계시켜 경쟁우위를 창출키 위해 고려해야 할 다음과 같은 사항들[67]을 짚어 보고자 한다.

(1) 경쟁우위로서의 기술

신기술은 어떤 형태든 경쟁우위를 창조하여야 한다. 이때 경쟁우위는 고객에 대한 제품의 가치를 높이는 것일 수도 있고, 제품을 시장에 공급하는 데 필요한 원가의 절감이 될 수도 있다. 신기술을 이용하여 가치를 높이고 원가를 절감할 수 있는 잠재력은 실로 막대하다. 가장 명백한 원가 절감 전략은 노동력과 자재의 직접 원가를 줄이는 것이다. 아직까지도 인건비 절감이 대다수 자동화 프로젝트의 정당화 논리에 이용되고 있으나, 이제 인건비는 총비용의 10~15%에 불과한 작은 요인이 되었다. 그러므로 신기술의 진정한 가치를 이해하기 위해서는 원가 이외의 요인을 고려해야만 할 것이다.

예로서 자기공명장치(MRI)를 생각해 보자. MRI는 X-선이나 방사선을 쓰지 않고

심장과 간을 진단할 수 있는데, MRI를 이용하면 스캐닝 시간이 45분에서 20분으로 줄어들어 동일한 시간 내에 보다 많은 환자를 진단할 수 있으며, 이에 따라 환자당 비용도 절감되고 환자의 편안감도 높아진다.

물론 신기술도 단점이 있다. 투자비용이 장애가 될 수도 있을 것이다. 특히 광범위한 기존설비의 교체를 포함하는 복잡하고 값이 비싼 자동화 프로젝트의 경우에 문제가 된다. 이러한 투자는 또한 수요와 단위당 이익의 불확실성으로 인해 위험할 수도 있다. 신기술에는 보이지 않은 비용도 있을 수 있다. 새로운 장비를 유지하고 운전하기 위해 보다 숙련된 종업원이 필요할 수도 있으며, 종업원들이 변화에 저항하거나 직장을 잃게 되고 사기가 저하될 수도 있다. 그러므로 경영자는 기술 선택에 있어서의 다양한 혜택과 비용을 고려해야만 하는 것이다.

(2) 경쟁 우선 순위와의 적합성

기술적 변화가 원가, 품질, 시간, 유연성이라는 경쟁 우선 순위를 달성하는데 도움이 될 지를 검증하는 것도 중요하다. 기술적 변화는 이러한 우선 순위, 특히 관심의 대상인 제품 및 서비스의 우선 순위 한 가지 이상에 긍정적인 효과를 가져야 하고, 경쟁자의 모방을 방지할 수 있어야 한다.

모든 화물을 하룻밤 내에, 그리고 제 시간에 반드시 수송한다고 약속하는 FedEx를 예로 들어보면, 바코드 기술을 이용하여 화물 처리 사이클 전체를 추적하는 역량을 갖추었으며 이는 경쟁업체들이 그 시기에는 모방하지 못한 역량이 되었던 것이다. 이와 같이 바코드 기술과 보유 항공기들을 결합함으로써 FedEx의 운영 부문은 회사의 전략적 지향점을 지원할 수 있었고 막대한 시장을 확보할 수 있었다. 경쟁자들이 시간이라는 측면에서는 FedEx의 차별화 전략을 쉽게 따라잡을 수 없었기 때문이다.

(3) 핵심 경쟁성

현재 전략을 지원하는 전략적 적합성을 확보하는 것만으로는 충분하지 않다. 신기술은 새로운 전략의 기반을 구성하고 장기적인 개선을 이끌어 낼 수 있는 새로운 생산역량을 구축할 수 있기 때문이다. 그러므로 새로운 생산역량을 도입할 때는 과거를 보존하는 것이 아니라 미래를 창조하여야 하는 것이다. 이를 위해서는 일련의 핵심 경쟁성을 개발하고 변화하는 기회에 기업이 쉽게 적용할 수 있도록 하는 기술을 개발해야 한다. 이러한 역량은 다양한 생산 숙련도의 조정과 기술적 변화의 물결 속에서의 통합을 가능하게 한다. 시설이나 장비와 달리 이러한 경쟁성과 기술은 이용하면서 줄어드는 것이 아니고 점점 더 커지면서 강력해진다. 이러한 기반 위에 차세대 제품 및 공정이 개발되며, 이는 아웃소싱하거나 OEM 업체를 통해 획득할 수 없는 것이 된다.

예를 들면, 3M은 세균배양, 코팅, 접착제라는 핵심 경쟁성과 기술을 통해 포스트잇, 자기테이프, 사진필름, 압력에 민감한 테이프, 연마제 같은 다양한 제품들을 이끌어 낼 수 있었다. 이러한 다양한 역량은 접착 테이프에 관련된 몇 가지 핵심 경쟁성으로부터 이끌어진 것이다. 이러한 핵심 경쟁성의 필요성은 제조업 뿐 아니라 서비스업에서도 매우 중요하다. 시티코프는 세계 시장에 24시간 참여할 수 있도록 하는 시스템을 구축함으로써 경쟁자에 앞서 나갔다. 이 회사는 시스템이라는 핵심 경쟁성을 다른 금융기관으로부터의 차별화 수단으로 이용한 것이다.

그러므로 경영진은 회사의 핵심기술이 무엇인지 정의하여야 하는데, 이는 회사의 성패에 결정적인 영향을 미치기 때문에 내부적으로 개발하여야만 하는 것이다. 이러한 핵심기술은 외부에서 쉽게 구매하여 내부의 시스템에 접목시킬 수 있는 것이 아니다. 일반적으로 회사의 핵심기술이 광범위해지면 신규 진입자에 대한 취약성이 줄어든다. 그러나 자원의 제약을 감안할 때 내부에서 개발할 수 있는 기술에는 한계가 있게 마련이다. 따라서 경영진은 공급사슬에 걸친 기술을 분석하여 가장 강력한 경쟁우위를 지원하는 기술을 찾아내야만 하는 것이다.

(4) 선도 기업 여부에 대한 고려

기술전략에 있어서 어떤 기술을 선택할 것인가와 마찬가지로 그 신기술을 언제 적용할 것인가도 중요한 문제이다. 앞에서 이미 살펴보았듯이, 기술 선도 전략과 기술 추종 전략에는 각각의 장단점이 있으므로, 경영자는 기업의 기술적 위치, 시장 상황, 상업적 성장 가능성 등을 종합적으로 고려하여 전략을 수립하여야 한다.

(5) 경제적 정당화

기술을 선택하는 검증작업을 마치면 그 내용을 재무적 분석에 반영하여 새로운 기술에 대한 투자가 경제적으로 정당화될 수 있는지를 검토하여야 한다. 이를 위해서는 신기술로부터 기대하는 바가 무엇인지를 명확하게 정의하고 이에 따른 비용과 성과 목표를 계량화하여야 한다. 또한 화폐의 시간적 가치를 감안하여 투자로부터의 세후 현금흐름이 비용을 상쇄하는지를 보아야 한다. 순현가법이나 내부수익률법, 회수기간법 같은 전통적인 기법을 통해 재무적 효과를 추정할 수도 있다. 경제적 정당화는 일단 재무적 분석기법에서 출발하지만, 재무적 지표만으로는 불충분하며 비계량적, 비가시적 요인들(예를 들면, 정성적인 판단)을 함께 고려하여야 한다.

(6) 와해성 기술

와해성 기술은 기존 기술을 지속적으로 개량하는 존속성 기술과는 대조적으로 주력시장이 요구하는 성능과는 전혀 다른 차별화된 요소로 새로운 고객의 기대에 대응하면서 신시장이나 하위 틈새시장의 요구를 충족시키는 기술을 말한다. 즉 와해성 기술은 다음과 같은 특성을 갖는다.

- 기존 고객이나 현재의 제품에 대해서는 가치를 갖지 못하는 성능 특성을 갖는 기술
- 기존 고객이나 미래의 고객이 가치를 두는 성능 특성에서는 아직 매우 열악하나, 현재의 기술을 능가하는데 많은 시간이 걸리지 않는 기술

예를 들면, 메인 프레임 컴퓨터에 대응한 PC, 진공관에 대응한 트랜지스터, 8인치에 대응한 5.25인치 드라이브 등은 와해성 기술에 해당한다. 와해성 기술이 하나씩 도입될 때마다 현재의 고객이 요구하는 기술을 개발한 업체들은 하나씩 시장으로부터 사라질 위협을 받게 된다. S&P 500대 기업의 평균 존속연수를 연구한 맥킨지 컨설팅 보고서에 따르면, 향후 25년 후에 생존할 기업은 오늘날 주요 기업의 3분의 1에 불과할 것으로 전망되고 있다. 이는 기존 시장영역 내 추가적인 수요 창출이 한계에 다다랐기 때문에, 선도기업도 기존 기술 및 제품의 점진적인 개선에 치중하는 존속성 기술혁신만으로는 시장 지위는 물론이고 생존마저 위협받게 될 것임을 의미한다.[4]

아날로그 방식의 CRT TV에 집착하다가 PDP와 LCD TV의 협공에 전자 사업부문에서 급격히 위축되고 있는 소니가 좋은 예이다.[28] 소니는 트리니트론이라는 컬러 텔레비전 브라운관(CRT)을 개발함으로써 전세계 디스플레이 시장을 주도했었다. 그러나 소니는 창업자인 이부카가 직접 개발한 트리니트론에 집착한 나머지 LCD를 주력으로 하는 평판 디스플레이(FPD)의 등장에 제대로 대응하지 못했다. 개선만으로도 기술적 우위가 확실한 CRT를 가지고 디지털 TV와 모니터 시장에서 충분히 경쟁력이 있다고 판단했기 때문이다. 소니가 기존 CRT 기술에 기반한 FED 기술 개발에 집중하는 사이 노트북과 컴퓨터 모니터 시장, 30인치 이상의 대형 TV 시장은 한국 업체들과 샤프가 주도하는 PDP와 LCD가 시장 표준이 되어 버렸다.

모토로라는 더 심한 경우이다. 모토로라는 고객들의 디지털 기술 전환 요구가 있었음에도 불구하고 자사의 강점인 아날로그 방식을 이용한 스타택(StarTAC) 개발에만 집착했다. 결국 주요 고객인 AT&T 등은 디지털 기술에 기반한 단말기를 착실히 준비해온 노키아 등으로부터 제품을 구입하기 시작했으며, 결국 1994년 60%의 시장점유율을 누렸던 모토로라는 불과 4년 만에 시장점유율이 34%로 하락했다. 현재 모토로라는 디지털 기술의 게임 룰에 적응한 삼성전자, LG전자 등의 후발주자에게 세계 2위의 위상마저 위협 받고 있다.

기존 시장에서 경쟁해오던 선도기업들이 와해성 기술의 중요성을 모르거나 간과해서 와해성 기술혁신자로서 성공하지 못한 것은 아니다. 그들은 다음과 같은 이유로 알고도 당해왔다.

- 와해성 혁신에 의한 시장의 초기 규모가 작다는 점 — 와해성 기술에 의해 만들어지는 초기 매출규모가 작기 때문에 아무리 성장성이나 수익 가능성이 있어도 작은 규모의 시장을 공략하기 위한 조직자원 투입은 우선순위에서 밀려남
- 지금껏 축적해온 자사의 핵심역량을 지속적으로 발전시키는 것이 훨씬 수월하기 때문 — 핵심역량과 상대적으로 괴리가 있는 새로운 개발역량의 한계에 직면하기 쉬울 뿐더러, 자칫 기존의 핵심역량마저 파괴해 버릴 수 있는 와해성 기술의 선택을 주저하게 만듦
- 와해성 기술혁신의 실행 과정에 나타나는 조직 내 반발 — 현재 조직 내 주요 멤버들이 자신들의 위치를 위협하게 될 수 있는 와해성 기술과 관련된 투자 및 자

원 배분 등의 의사결정에 커다란 영향력을 행사하여 와해성 기술의 실행을 저해

이러한 난관들을 극복하고 새로운 시장 지배자로서의 와해성 기술혁신자로 거듭나고자 하는 기업은 다음의 사항을 우선 실천과제로 삼아야 할 것이다.

- 사업영역을 보다 넓게 재정의 - 컴퓨터 하드웨어의 대표적 기업이었던 IBM이 21세기로 진입하면서 IT솔루션 중심의 소프트웨어 기업으로 변모·세계 최고의 화학기업인 듀퐁이 최근 자사는 더 이상 화학기업이 아니며 나노 기술의 신세계를 열어갈 기업이 되겠다고 선언
- 다양하고 조그마한 시도를 장려 - 대표적인 혁신기업 3M이 만약 자동차 왁스 사업이 실패했다고 해서 직원들을 해고시키거나 곤경에 몰아넣었다면 아마 스카치 테이프나 포스트잇을 발명해 내지 못했을 것임
- 독립조직으로 시작 - 레이저젯 프린터 시장이 선도기업이었던 HP는 잉크젯 기술이 시장에 도입되자, 레이저젯 프린터 시장이 잠식될 것을 우려, 본사의 프린터 사업부와 완전히 독립적인 잉크젯 사업부를 구축하고 독자적인 권한을 부여하여 두 개의 사업부를 시장에서 서로 경쟁시켰음. 그 결과 레이저젯 프린터를 고수익성의 기업용 프린터 시장으로 이동시키고, 잉크젯 프린터를 개인용 프린터 시장으로 진입시키는 데 성공
- 네트워크를 확대 - 전세계 이동통신분야에서 선두를 달리는 노키아는 와해성 기술혁신자로 거듭나기 위해 노키아 벤처조직이라는 독립조직을 만들어 운영. 이 벤처조직은 자체 연구에만 머무르는 것이 아니며, 삼성전자 등 글로벌 기업과의 협력관계는 물론이고, 핀란드 울루테크노폴리스, 스웨덴 시스타, 미국 실리콘밸리 등 전세계 클러스터 내 벤처기업들과도 협력 관계를 구축.

Microsoft

마이크로소프트는 혁신적 신기술에 대해 적극적이며, 공격적으로 투자하는 대표적인 기업이다. 마이크로소프트는 초기 윈도우라는 컴퓨터 운영체제 프로그램에 집중하고 있었고 이 프로그램 하나만으로도 매우 매력적인 시장을 갖고 있었다. 하지만 문서 작성 프로그램이라는 신기술이 등장함에 따라 여기에 집중적인 투자를 통해 MS Word, MS Powerpoint, MS Excel, MS Accessory 등의 선도적 기술을 개발하였고, 이제 시장에서는 독점적인 지위를 누리고 있다. 이와 더불어 1990년대 초반이후 Netscape가 인터넷 환경하에서의 브라우저 시장을 석권하자 마이크로소프트의 대응은 매우 신속하였는데, 이것은 기존 인터넷과 관련된 모든 프로젝트를 일시 중단하고 모든 연구 인력과 자원을 브라우저의 개발에 투입함으로써 최단기간에 후발 진입자가 선발 진입자를 능가하는 대표적인 예가 되었다.

Charles Schwab

찰스 스왑은 혁신적 신기술을 통한 새로운 사업이 기존 사업을 흡수함으로써 시너지 효과를 가장 크게 발휘한 대표적인 기업이다. 찰스 스왑은 오프라인상에서 투자 중개 서비스를 하는 전통적인 기업이었으나, 인터넷을 통한 온라인 투자 중개 서비스를 담당하는 Charles E. Schwab을 출범시키고 난 후 기업의 사업중심이 역전되었다. 온라인상에서의 중개 수수료는 기본 거래당 약 30달러로 오프라인상의 수수료인 65달러에 비해 절반도 되지 않는다. 초기에는 오프라인의 거래 중개는 개인별 차별 서비스가 가능하다는 점으로 인해 이 두 가지 가격 시스템이 동시에 운영이 가능하였지만, 이후 온라인 서비스의 질이 향상되고 오프라인과의 서비스에 질적 차이가 점점 감소됨에 따라 고객들의 불만이 점점 증가하였다. 이 불만을 해소하기 위해 찰스 스왑은 오프라인의 수수료를 온라인의 수수료와 동일하게 책정하는 파격적인 가격 정책을 세웠으며, 전 사업의 중심을 온라인 중개 서비스로 옮기게 되었다.

[출처 : 참고문헌 72 참조]

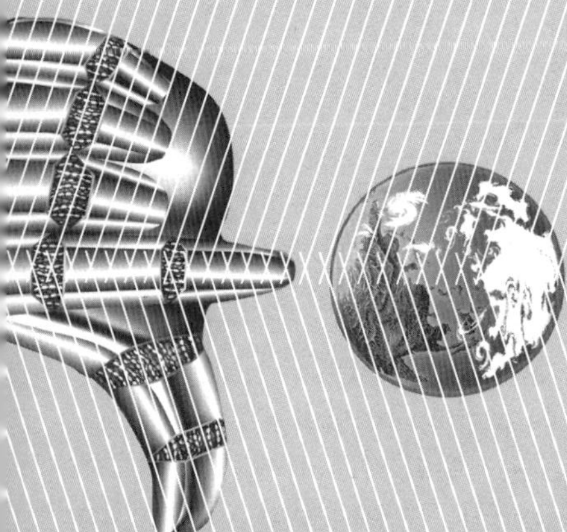

Part 4

기술혁신

4.1 기술혁신에 대한 기본이해

4.2 기술혁신의 원천

4.3 기술혁신의 유형

4.4 기술혁신 모형

4.5 기업의 기술혁신 전략

●●●

파이넥스 공법

지난 100여년간 가장 경쟁력 있는 제철 공법으로 애용되어 온 용광로 공법은 적지 않은 단점을 갖고 있다. 무엇보다 철광석과 유연탄을 용광로에 넣기 전에 미리 덩어리 형태로 가공해야 하는 것이 최대 단점으로 꼽힌다. 용광로 안에서 유연탄을 연소시키며 철광석을 환원시키기 위해선 용광로 밑에서 강한 열풍을 불어 넣어 줘야 하는데 가루 형태의 원료를 사용하게 되면 열풍에 의해 원료가 날아가 버리고 통풍도 안 돼 연소율이 떨어지기 때문이다. 용광로 공법은 철광석을 덩어리 형태로 만드는 소결 공장이나 유연탄을 코크스 덩어리로 가공하는 화성 공장이 필요하다. 투자비 부담이 높은 것도 문제지만 이 과정에서 황산화물이나 질소산화물, 분진 등 환경 오염 물질도 많이 발생한다. 1980년대 후반 세계 메이저 철강업체들이 용광로 공법을 대체할 21세기형 최첨단 철강 기술 개발 경쟁에 나선 이유가 여기에 있다.

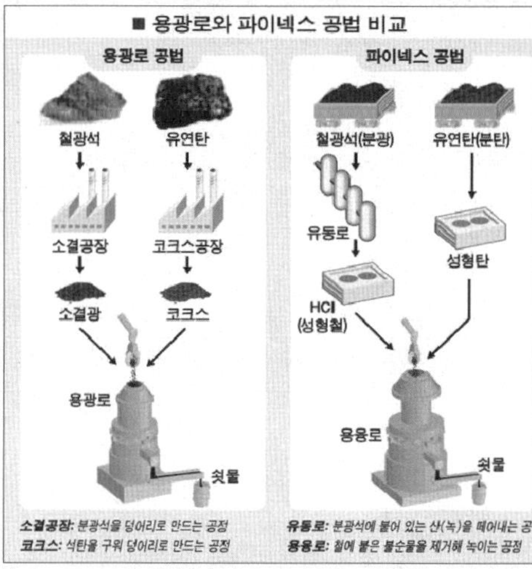

새로운 아이디어는 한 때 26가지나 제안됐다. 이 중 포스코가 파이넥스 공법으로 가장 먼저 대규모 상용화에 성공했다. 파이넥스는 가루 형태의 철광석을 유동로에 투입, 환원반응으로 철 성분을 분리해 낸 뒤 용융로에서 유연탄과 녹여 최종 쇳물을 만든다. 가루 철광석을 유동로내에 띄워 바로 환원하는 '유동환원조업기술'이 핵심이다. 파이넥스라는 말도 가루를 뜻하는 파인에서 비롯됐다. 파이넥스는 fine(가루)과 reaction(ex·공법)의 합성어로 포스코가 만들어낸 신조어다. 쉽게 말해 자연상태의 철광석과 석탄 가루로 쇳물을 만드는 기술이다.

공정별 투자비/제조원가

	용광로	파이넥스
생산능력 (만톤/년)	300만톤 1기	150만톤 2기
투 자 비	100	80
제조원가	100	85

환경오염물질 배출량

	용광로	파이넥스
SOx	100%	3%
NOx	100%	1%
비산먼지	100%	28%

포스코에 따르면 파이넥스 설비 투자비용은 같은 규모의 용광로 설비 대비 80%에 불과하다. 또 값싼 원료의 활용 덕분에 제조원가는 85%로 내려간다 (표 참조). 동시에 황산화물(SOx)과 질산화물(NOx)의 배출량은 각각 3%와 1%밖에 안 된다. 비산먼지의 양도 28% 수준이다. 즉, 파이넥스 공법은 고로 대비 설비 투자비는 20%, 제조 원가는 15%나 절감할 수 있어 꿈의 제철 기술로 불린다. 환경오염 물질도 고로에 비해 크게 줄일 수 있어 친환경 기술로 각광받고 있다. 덩어리 형태로 잘 뭉쳐지는 고점결성 유연탄은 세계 석탄 매장량의 15%에 불과해 원료 고갈 위협에 직면한 상태다. 이안 크리스마스 국제철강협회(IISI) 사무총장은 "파이넥스는 세계 철강산업에 막강한 영향력을 발휘할 것"이라며 "포스코가 현재는 물론 미래에도 세계 철강 업계를 선도하는 경쟁력을 확보했다"고 평가했다.

[출처 : 이데일리 & 한국아이닷컴, 2007]

4.1 기술혁신에 대한 기본이해

기술혁신의 개념

기술혁신의 중요성이 강조되는 이유는 기업이 치열한 경쟁시장에서 자신의 위치를 성공적으로 확고히 잡는데 기술혁신이 중요한 요인들 중의 하나이기 때문이다. 광범위한 산업에서 기업들은 최근 5년 동안 개발된 제품들에게 매출과 이익의 1/3 이상을 의존하고 있다. 예를 들면, 3M의 경우에는 지난 5년 동안 개발된 제품들로부터의 매출이 최고 45퍼센트를 차지하고 있다.

심화되는 기업들 간의 경쟁은 차별화된 제품과 서비스를 생산하기 위한 끊임없는 혁신을 하도록 기업들에게 압력을 가하고 있다. 새로운 제품을 내놓는 것은 기업들의 이윤을 지키도록 도와주는 반면에 프로세스의 혁신에 투자하는 것은 기업의 비용을 줄여 주는데 도움을 준다. 또한 정보기술의 진보도 혁신의 속도를 증가시키는데 일조를 하고 있다. 컴퓨터를 이용한 디자인과 컴퓨터를 이용한 제조는 기업이 새로운 제품을 디자인하고 만드는 것을 더 쉽고 빠르게 하고 있으며, 유연생산기술은 생산의 최소 단위를 작게 하여 경제적으로 만들고 규모의 경제의 필요성을 감소시키고 있다. 이러한 기술혁신들은 기업으로 하여금 세밀하게 정의된 소비자 그룹들의 필요를 충족시켜주는 다양한 제품들을 개발하고 생산하게 해줌으로써 경쟁기업들과 차별화를 가능하게 해준다.

이렇듯 중요성이 강조되는 기업의 기술혁신에 대한 성공률을 높이기 위해서는 기술혁신에 관한 깊은 이해와 기술혁신 전략을 정교하게 수립하고 실행하는 프로세스가 필요하다. 기술혁신을 처음으로 주의 깊게 관찰한 학자는 슘페터였다.[30] 그는 기술혁신을 공정, 시장, 재료 및 조직 등 생산수단의 새로운 결합을 통하여 신제품이나 서비스를 생산하고 마케팅 및 판매하는 일련의 현상으로 정의하였다. 슘페터의 주장에 의하면 기술혁신은 시대에 따라 불규칙하게 발생하며, 한번 일어나기 시작하면 마치 메뚜기 떼처럼 왕성하게 군집을 형성하면서 경제활동에 크나큰 영향을 미친다고 하였다.

또 다른 기술혁신의 정의로는 과거의 정태적 균형을 창조적으로 파괴하여 새로운 균형을 이룩하게 함으로써 결과적으로는 생산성을 높여주거나 비용을 줄여주거나 수익을 증대시켜주는 모든 아이디어나 방법을 뜻한다. 이는 불연속적인 신결합이다. 이 정의는 새로운 방법, 새로운 균형, 새로운 결합을 추구하지만 그 결과로 반드시 생산성이나 비용, 수익 등의 다양한 측면에서 이익이 수반되어야 한다는 것을 의미한다.

다른 관점에서 시장, 제품, 불확실성 등 대상에 따라 규정된 기술혁신에 대한 정의[23]로 살펴보면 다음과 같이 정리 할 수 있다. 기술혁신은 발명이나 기존의 기술을 개량하여 생산성과 능률성을 향상시키고, 기존의 시장을 더 확대하거나 새로운 시장을 창출하는 과정이다. 또한 기술혁신은 공정, 시장, 재료 및 조직 등 생산수단의 새로운 결합을 통하여 신제품이나 서비스를 생산하고 판매하는 일련의 현상이다. 그리고 기술혁신이란 기술, 시장, 자원 및 조직의 불확실성을 줄여나가는 과정이며, 이들 불확실성에의 대응은 혁신의 성공 가능성을 개선하는데 필수적이다.

한편 기술혁신은 좁은 관점과 넓은 관점에서 파악되기도 한다. 좁은 관점에서는 새로운 제품, 공정 등이 처음 상업적으로 사용 혹은 거래되는 것을 의미하며, 이는 상업적·경제적 관점에서 기술혁신을 파악하는 것이다. 반면, 넓은 관점에서의 기술혁신은 새로운 제품 혹은 공정의 창조, 개발, 사용 그리고 확산(이전) 등의 전과정을 포함하는 것으로서 시간적·공간적 관점으로의 확장을 의미하는 것이다.

간단히 기술혁신의 정의를 살펴보았지만, 기술혁신과 유사한 의미를 갖는 용어도 많다. 〈표 4.1〉는 기술혁신과 관련이 있는 용어들을 간략하게 정리하여 보여주고 있다.

표 4.1 기술혁신과 관련된 용어

용어	의미
발명	– 지식을 창의적으로 활용하여 특수한 재화나 공정을 창출해내는 활동으로서 기술혁신에 비해 훨씬 더 좁은 의미 – 혁신과 발명은 모두 새로운 것을 의미하고 있지만, 일반적으로 발명이라 하면 실제적인 사용여부, 즉 실용화 여부와는 상관없이 절대적으로 새로운 것을 의미하며, 혁신은 실용화가 전제로 된 상대적, 주관적 의미로서의 새로운 것을 의미. 따라서 발명은 그것이 생산시스템이나 서비스의 제공에 도입, 사용되어질 때 비로소 혁신이라고 할 수 있음.[39]
발견	아직 알려져 있지 않은 것을 최초로 찾아내는 일
개발	발명의 결과를 상품화하는 과정을 의미
모방	신상품이 출현하여 시장에서 성공할 경우, 타 기업의 모방현상이 나타남
기술변화	기존 제품을 새로운 생산방식으로 만들거나, 마케팅이나 경영관리에 있어서 새로운 방법의 사용과 같은 기술의 발전을 의미
기술진보	어떠한 지식 자체의 새로운 발전을 의미
기술이전	어떤 집단이나 제도에 의해 개발된 체계적이고 합리적인 지식이 다른 집단이나 제도에 의해 체화되는 것으로서 흔히 실제적 생산에 관한 것을 의미
기술확산	모방과 같은 부정적 의미가 아니라 혁신되어 나타난 신기술이 전 산업 부문에 확대 보급되는 것을 의미

기술혁신 과정의 특성

기술혁신이 일어나는 과정을 추적하여 살펴보면 다음과 같은 몇 가지 특성들[30]이 발견됨을 알 수 있다.

(1) 누적적 과정

기술혁신은 누적적 과정의 산물이다. 대부분의 기술혁신은 소규모 개선이 장기간 동안 누적하여 급진적 혁신이 일어나는 특성을 보인다. 기술혁신이 누적적이라는 것은 기술이 곧 지식이므로 지식의 부가적 속성으로 설명된다. 처음에는 단순한 기술적 지식을 학습하다가 점차 복잡한 기술지식을 흡수할 수 있는 능력을 갖게 된다. 흡수능력이 향상되면 지식 학습량이 증가적으로 늘어나게 되고, 나중에는 더 큰 폭의 기술변화를 창출해내게 되는 것이다.

기술혁신 과정에서의 누적적 특성은 경험학습에 의한 피드백 메카니즘에 의하여 일어난다. 생산 활동을 지속적으로 영위하는 기업은 기술적 지식을 조직에 체화하고, 매출과 이윤 증대 목표를 달성하기 위하여 기능과 경영능력을 끊임없이 향상하게 된다. 이 과정에서 기술적 지식은 시행착오를 통하거나 혹은 외부 환경의 변화에 적응하기 위하여 조직에 피드백되고, 조직은 새로운 변화를 추구하게 된다.

(2) 연속적 과정

기술혁신의 진화적 특성이나 누적적 특성은 달리 말하면 연속적 과정이다. 즉, 기술혁신은 일정 기간에 걸친 일련의 행위로 구성된 연속적 과정의 산물이라는 것이다. 기술을 혁신하기 위해서는 설계와 재설계 과정을 거쳐 수많은 소규모 개선과 변경을 반복해야 한다. 새로운 생산방법을 채용하는 경우에도 공정의 설계, 재설계를 통해 소규모 개선과 변경을 연속적으로 실행하게 되는 과정이다.

기술혁신이 연속적 과정이라는 것은 여러 기술혁신 이론 모형에 표현되어 있다. 앞으로 살펴보겠지만 어떤 기술혁신 모형은 기술혁신이 시제품 개발 → 제품혁신 → 공정혁신의 연속적 과정임을 나타내 보였고, 또 다른 모형은 개도국에서의 기술혁신이 외국기술의 획득 → 소화 → 개선 → 신기술 창출이라는 연속적 과정을 통해서 일어남을 나타내 보였다. 또한 기술혁신을 가져오는 연구개발의 과정도 기초연구 → 응용연구 → 개발연구 → 상업화라는 연속적 과정을 거치는 것으로 이해되고 있다. 기술혁신의 범위를 넓게 잡아 관찰할 경우 이런 연속적 과정은 일반적으로 관찰되고 있다.

(3) 불균형적 과정

기술혁신이 불균형적 과정이라는 것은 기술이 연속적으로 혁신되기 때문에 기술 측면에서의 균형은 존재하지 않는다는 것이다. 기술의 혁신은 그것이 크든 작든 기존 기술시스템을 파괴하는 것을 의미한다. 트랜지스터 기술시스템의 출현이 진공관 기술시스템을 대체한 것처럼 기존 기술을 철저하게 파괴한다. 기술이 한번 혁신되고 나면 신기술은 과거 상태 혹은 과거의 기술시스템으로 돌아가지 않는 비가역성을 가지고 있다. 즉, 기술시스템 균형이 혁신에 의하여 한번 파괴된 이후에는 다시 과거의 균형으로 복귀하지 않는다는 것이다.

어느 유형의 기술을 보더라도 끊임없이 새로운 기술이 개발됨으로써 세월이 지나도 균형상태에 도달할 기미는 나타나지 않고 있다. 기술혁신이 계속되면서 끝이 어딘지 알 수 없는 상황이 지속되고 있다. 이것은 아마 새로운 것을 창조하고 싶은 인간의 욕망이 그치지 않는 한 기술혁신도 중지되지 않을 것이며, 기술시스템의 균형은 존재하지 않을 것이라는 것을 의미할 것이다.

(4) 제도적 과정

기술혁신의 과정을 사회적 측면에서 관찰하게 되면 제도적 과정임을 알 수 있다. 기술혁신을 최종적으로 성공시키는 자는 개인이나 기업이지만 그 과정을 면밀하게 살펴보면 공공 연구기관, 연구대학, 소비자 등 여러 혁신 주체들이 일정한 역할을 수행한 것을 파악하게 된다. 기술혁신의 주체와 이들 간에는 패턴화된 관행, 문화, 교류 등 제도적 요인이 존재하고 있음을 발견하게 되는데, 바로 이것이 기술혁신의 과정을 제도적 과정으로 특징짓게 된다.

기업이 기술혁신을 하기 위해서 필요한 지식이나 자원을 모두 독자적으로 공급한다는 것은 사실상 불가능한 일이다. 우선 대학에서 양성한 인력을 채용하여야 할 것이고 연구개발을 추진하기 위해서는 금융자본, 연구시설 및 과학기술정보 등을 획득해야 하는데 이를 위해서는 외부 기관의 도움을 받지 않을 수 없게 된다. 그리고 기술혁신의 결과를 상업화하기 위해서는 이윤을 얻을 만한 충분한 규모의 시장이 필요하고, 높은 품질을 요구하는 까다로운 소비자도 필요하다. 기술혁신을 위한 장기계획을 수립하고 조직적이고 체계적으로 추진하기 위한 정부의 산업정책이나 과학기술정책도 중요한 역할을 수행한다.

기술혁신의 결과 창출된 신기술이 특허법에 의해 보호받는 것도 제도적 과정에 포함된다. 특허법이 사회적으로 얼마나 엄격하게 지켜지고 있는가 또는 특허기간이 얼마나 길게 보호되는가 등 신기술의 보호정도가 기술혁신에 크나큰 영향을 미치게 된다. 특허기간이 길어질수록 모방으로 인한 사회후생의 증대는 감소하겠지만, 기술혁신에 대한 동기부여는 더욱 크게 자극받게 될 것이다. 산업계에서 널리 활용될 수 있는 기초연구는 민간보다는 정부가 직접 지원하여 연구결과를 널리 활용할 수 있도록 하는 제도가 갖추어져 있느냐의 여부도 기술혁신에 중요한 영향을 미친다.

기술혁신 패러다임

기술혁신이 일어나는 과정을 장기적인 관점에서 살펴보면, 기술혁신을 점진적 기술혁신과 급진적 기술혁신으로 구분할 수 있다. 점진적 기술혁신과 급진적 기술혁신에 대해서는 앞으로 상세히 설명하겠지만, 점진적 및 급진적인 기술혁신이 반복적으로 이행해 가는 과정에서 하나의 독특한 현상이 일어난다. 기술의 돌파라 할 수 있는 급진적 기술혁신이 일어난 이후에는 점진적 기술혁신이 마치 메뚜기 떼처럼 군집을 이루어 일어나는 현상이 바로 그것이다. 기술혁신이 특정 기술의 내용을 중심으로 군집을 이루어 나타나는 이러한 현상을 '기술혁신 패러다임'이라고 부른다. 여기서는 기술혁신 패러다임의 몇 가지 특성[30]을 살펴보고자 한다.

(1) 규칙성의 존재

기술혁신 패러다임은 시장 조건의 변동에 대한 단순한 대응으로 형성되는 것이 아니라 기술 자체가 갖는 내부 규칙성에 의하여 일정한 패턴을 가진다.

예를 들면, 현재 가장 대표적인 메모리 소자로 자리매김하고 있는 DRAM의 기술혁신은 메모리 용량 확대라는 기술궤적 하에서 꾸준하게 이루어졌다. DRAM이 자기코어 메모리를 대신하여 본격적으로 메인 메모리로 사용되기 시작한 것은 1K bit 제품이 시장에 등장했던 1971년경이며, 그 이후 DRAM은 대략 3년에 4배의 비율로 대용량화가 진행되어 2000년에는 64M, 128M bit DRAM이 시장의 주류를 형성하였으며, 256M bit DRAM이 일부 선발업체로부터 양산화되기 시작하였다. 또한 학회에서는 4G bit DRAM이 발표되고 있으며, 〈그림 4.1〉은 이러한 DRAM의 기술발전 추이를 보여주고 있다.

그림 4.1 DRAM의 대용량화 추이

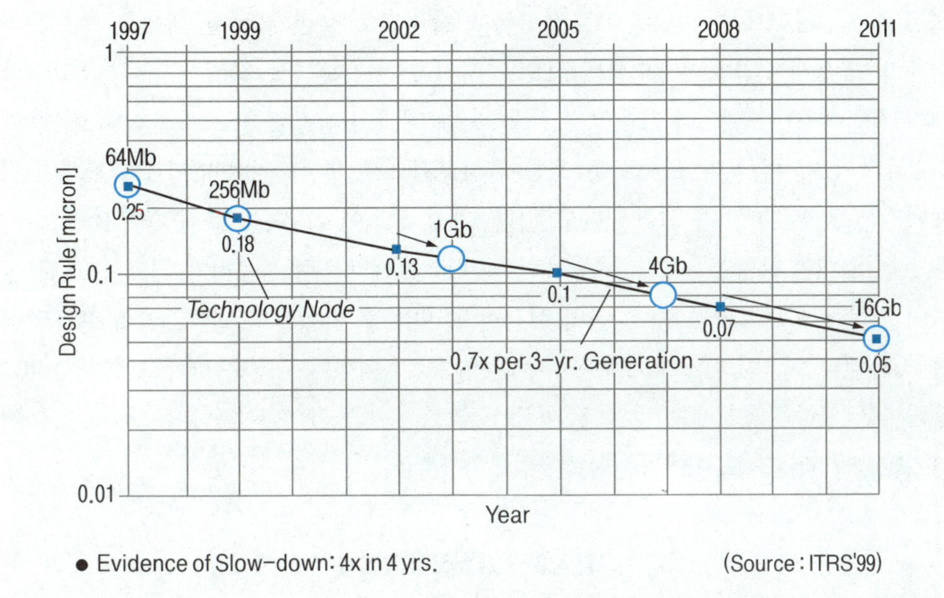

기술혁신 패러다임이 갖는 이 같은 특성은 연구개발에 있어서 매우 중요한 점을 시사한다. 즉, 연구개발의 목표를 설정하는데 있어서 기존의 기술혁신 패러다임과 궤적을 무시하고 전혀 다른 기술목표를 설정하여 연구개발을 추진한다면 성공 가능성이 아주 희박해진다는 것을 암시해 준다.

(2) 불확실성의 감소

기술혁신의 결과를 사전에 예측하기란 매우 힘들고 불확실성이 매우 높다는 것은 널리 알려진 사실이다. 하지만 기술혁신 패러다임이 자리잡았다면 특정 기술이 기술적인 측면에서 그 타당성이 검증되었다는 것을 의미한다. 또한 정도의 차이는 있겠지만 특정 기술이 시장성에서도 그 타당성을 인정받고 있다는 것을 시사한다. 따라서 기술혁신 패러다임이 확고하게 형성된 기술을 개발하는데 따르는 불확실성은 감소한 것으로 볼 수 있다.

반면에 기술혁신 패러다임이 확고하게 형성되지 않은 기술을 개발하는 데는 높은 불확실성이 뒤따른다. 대부분의 혁신적인 아이디어는 성공적인 신제품으로 이어지지 못한다. 많은 연구에 따르면 수 천 가지의 아이디어 중에 단 하나만이 성공적인 제품으로 실현된다고 한다. 많은 프로젝트는 기술적으로 실현 가능한 제품을 만드는데 실패하며, 혹시 성공하더라도 상업적으로 수익을 얻지 못하는 경우가 많다. 특허권과 벤처 자금에 관한 데이터 그리고 설문을 통해 혁신의 성공률을 조사한 연구에 따르면, 하나의 의미심장하고 새로운 제품이 성공적으로 생산되기까지 약 3,000개의 정제되지 않은 아이디어가 사용된다고 한다. 제약 산업이 이 점을 잘 설명해 주고 있다. 매 10,000개의 화합물 중 단지 한 개만이 새로운 제약으로 성공하게 되고, 이러한 성공이 시장에 이르기까지 총 12년의 시간이 걸리며 총 비용만도 대략 3억 5천만 달러가 소요된다. 〈그림 4.2〉에서 보여주는 바와 같이 혁신의 과정은 때때로 깔때기라고 생각하면 된다.[8] 초기에는 많은 잠재적인 새로운 제품 아이디어가 넓은 통로로 들어가지만 개발과정으로 이어지는 것은 극소수가 된다.

그림 4.2 기술혁신의 깔대기

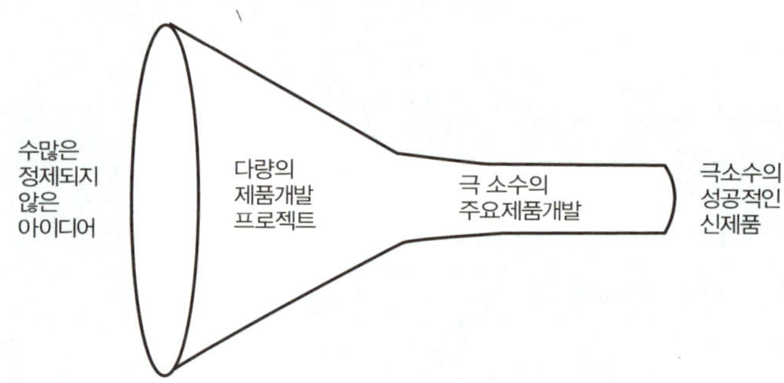

이 때문에 기업은 기술개발의 불확실성을 감소하려는 전략을 추구하게 되고, 다양한 기술경영 기법을 동원하게 된다. 기술개발의 불확실성을 줄이기 위해서는 각 기술별로 기술혁신 패러다임의 형성 여부를 검증하는 노력부터 시작해야 할 것이다.

(3) 기술적 기회의 증가

기술혁신 패러다임이 형성되면 기술적 기회가 급증하게 된다. 사실 기술혁신 패러다임 자체가 많은 기술적 기회가 불러온 현상의 하나이다. 예를 들어, CD의 경우를 살펴보면 CD가 출현하기 이전에 음악을 저장하는 수단은 카세트 테이프나 레코드

판이 전부였다. CD가 음반으로서 사용되는 급진적인 기술혁신이 일어나자 과거 카세트 테이프와 레코드판은 CD로 급속하게 대체되기 시작했고, CD 관련 기술혁신이 군집을 이루어 일어나기 시작했다. 거의 모든 PC가 CD장치를 장착하게 되었고 테이프를 사용하는 워크맨이 CD플레이어로 대체되었으며 자동차 오디오시스템도 CD로 대체되기 시작했다. 이렇게 되자 CD 관련 기술은 새로운 기술혁신 패러다임을 형성하게 되었으며 CD 관련 기술적 기회가 급속도로 증가하게 되었다. 머지 않아 CD를 대체하는 다른 기술 (예를 들면, MP3Player)이 출현하는 급진적인 변화가 일어나면 CD 관련 기술적 기회는 사라지고 새로운 기술혁신 패러다임이 출현함과 동시에 그것과 관련된 기술적 기회가 증가할 것이다.

(4) 독점성의 증가

기술은 눈에 보이지 않고 여느 물질처럼 쉽게 소유할 수 없기 때문에 기술혁신자에 의한 독점이 어려운 속성을 가지고 있다. 특히, 과학에 가까운 지식일수록 독점이 어려워져서 상업적 이익을 실현하기가 어렵다. 그 이유는 기술혁신에 필요한 지식이 공공재의 성격을 갖고 있어 보통재와는 달리 어떤 개인의 배타적인 소유권과 사용권이 인정되지 않기 때문이다. 사유재는 소유자가 분명히 있어서, 소유권자만이 해당 재화를 사용할 수 있으나 공공재는 소유권에 관계없이 많은 사람이 동시에 사용할 수 있는 특성을 갖고 있다.

기술혁신이 일어난 이후 패러다임을 형성한 다음에 기술의 독점성은 어떻게 변하게 될까? 〈그림 4.3〉은 급진적 기술혁신이 일어난 이후 이윤과 연구개발 생산성이 최대에 달하게 되고 기술혁신 비용이 최저가 된다는 것을 나타내고 있다. 〈그림 4.3〉이 시사하는 바는 기술혁신 패러다임이 형성되면 기술경쟁도 치열해지고, 신기술의 상업적 성공 가능성이 높아져서 연구개발 생산성이 자연적으로 높아지며, 소폭적인 기술혁신이 필요하기 때문에 최소한의 기술혁신 비용이 소요된다는 것이다. 이것으로 미루어 볼 때 기술혁신 패러다임이 형성된 이후에는 신기술의 독점성과 독점효과가 상승할 수 있음을 알 수 있다. 이는 또 민간기업이 대폭적이고도 급진적 기술혁신을 가져오는 기초연구보다 점진적 기술혁신을 통해서 이윤을 극대화할 수 있는 개발연구에 더 많이 투자하는 이유를 간접적으로 나타내고 있다.

그림 4.3 급진적 기술혁신 후의 기술이익의 변화

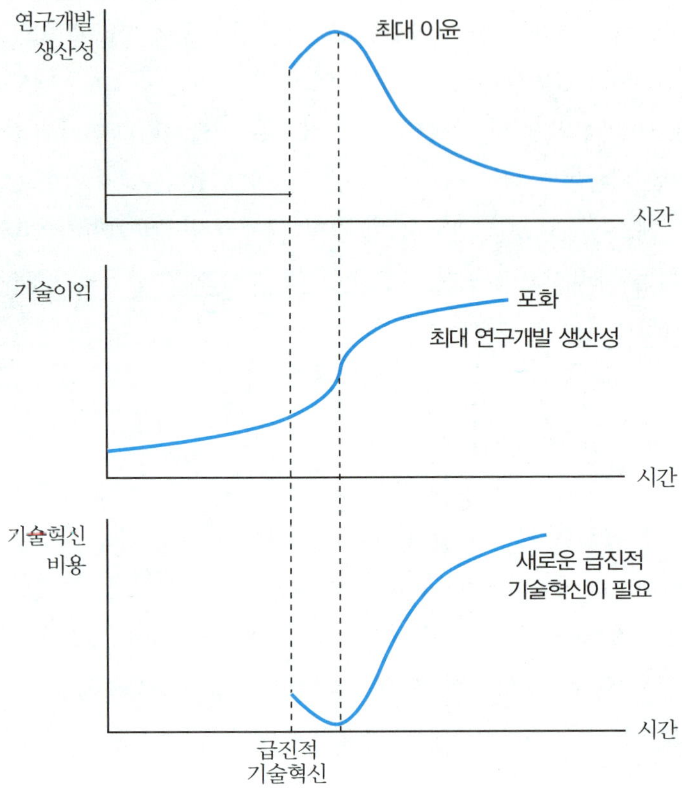

4.2 기술혁신의 원천

기술혁신의 주체

과거 20세기 이전의 기간에 성취되었던 기술혁신들을 살펴보면, 그 기술혁신들이 드물고 불규칙하게 일어났으며 누구에 의하여 이루졌는가가 비교적 잘 알려져 있다. 기술발전의 역사 속에서 이렇게 이름을 길이 남긴 혁신가들은 선견지명을 갖고 창조적이었으며 기존의 관행과 습관을 탈피하여 새로운 것을 창조하기 위하여 불굴의 노력을 경주한 것으로 여겨지고 있다. 오늘날 인류에게 무한한 효용을 가져다 준 전기는 에디슨에 의해, 산업혁명을 일으킨 계기가 되었던 증기기관은 와트에 의해, 무선통신은 마르코니에 의해, 그리고 비행기는 라이트 형제에 의해 혁신되었다. 이에 대해 슘페터는 선견지명을 갖고 매사에 창조적이며 기존의 관행과 습관을 탈피하여 새로운 것을 시도하려는 강한 동기를 갖는 기업가가 기술을 혁신한다고 주장하였다.

그러나 20세기에 들어와서 기술혁신이 헤아릴 수 없을 만큼 많이 일어나기 시작하자 그런 기술혁신이 과연 누구에 의하여 일어났는가를 알 길이 없게 되었다. 기업들도 많은 과학자를 고용하여 새로운 제품을 쉴 사이 없이 내놓았다. 기업의 규모가 커지면서 대규모 생산이 이루어지기 시작했고 생산시스템도 혁신되기 시작했다. 우연히 또는 불규칙하게 일어났던 기술혁신이 규칙적으로 그리고 계획적으로 일어나는 현상을 보이기 시작했다. 슘페터는 이런 기술혁신 추세의 변화를 이해하고 처음의 주장을 수정하여 기술혁신이 창조적이고 선견지명을 가진 혁신 기업가에 의해 일어나는 것이 아니라 거대기업에 의하여 고용된, 고도로 훈련된 과학기술자 집단에 의하여 거의 일상생활처럼 일어날 것이라고 주장하였다.

이와 같이 기술혁신을 일으키는 주체가 과거의 창조적인 소수로부터 현대에 이르러 연구개발 집단으로 변화한 것 이외에 많은 새로운 현상들이 나타나고 있다. 과거에는 제품을 생산하고 공급하는 공급자가 주로 기술을 혁신하는 것으로 알고 있었는데 사실은 기술을 사용하는 사용자가 더 많은 기술혁신을 수행하고 있다는 조사결과가 나오고 있다. 최근에는 어느 특정 기업이나 연구기관이 아니라 대학, 기업, 연구기관, 정부, 은행 등 거의 모든 경제 주체가 기술혁신에 관련된다는 연구결과가 나오고 있다.

기술주도와 수요견인[30]

(1) 기술주도

기술주도 가설은 기술혁신의 원천으로서 과학기술의 기반을 중요시하는 가설이다. 이 가설은 기술혁신의 과정에서 기술 자체의 발달과 과학적 지식의 발명과 혁신이 기업으로 하여금 신제품 발명을 가능케 하고 그 제품을 상업화함으로써 기술혁신이 일어난다고 주장한다. 즉, 기업이 이미 발명된 기초 과학 지식을 활용하여 신제품을 창출하고 상업화하기 위한 노력을 기울인다는 것이다. 그 결과 새로운 기술에 대한 기업의 혁신적인 투자가 일어나고, 새로운 생산패턴이 형성되며 이것이 이윤을 창출한다. 따라서 기초 과학과 기술 자체가 발달하는 경우 기술혁신이 활발하게 이루어진다고 파악한다. 〈그림 4.4〉는 기술주도 가설의 개념을 도식화해 보여주고 있다.

그림 4.4 기술주도 가설의 개념

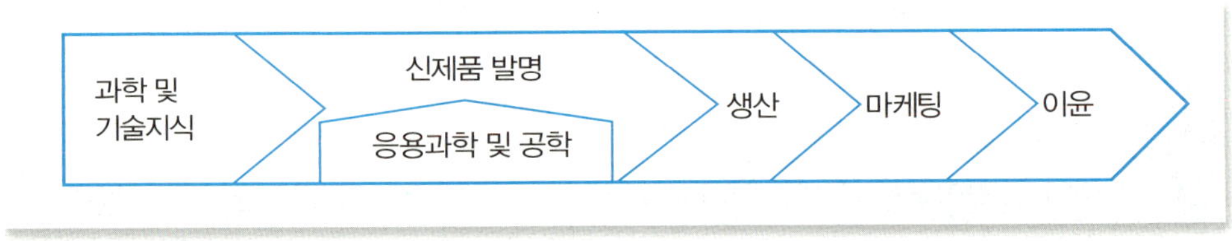

(2) 수요견인

수요견인 가설은 기술 자체의 변화가 기술혁신을 유발한다는 기술주도 가설에 대한 반론을 기초로 하여 논의를 전개한다. 즉, 기술혁신을 촉진시키는 요인은 기초과학이나 기술 자체의 발달에서 오는 것이 아니라 소비자의 요구에 따른 시장수요와 기업의 이윤 기회에서 비롯된다고 주장한다. 이 가설에서는 시장수요의 존재가 기술혁신이 일어나기 위한 필요조건이며 기술 자체는 일종의 충분조건으로 파악된다.

〈그림 4.5〉에서 도식화하여 보여주고 있는 수요견인 가설에 의하면 기업은 어떤 제품의 시장수요가 존재할 경우 그 수요의 일부는 기존 설비의 가동을 통하여 충족시키고(A), 일부는 새로운 기술 투입없이 추가설비를 갖추고 생산하여 충족시킨다(B). 그러나 시장수요의 일부는 새로운 과학적 지식을 활용하여 제품의 성능·품질을 혁신하여 판매하거나 생산설비를 혁신하고 좀더 낮은 비용으로 생산하려는 노력을 기울인다(C). 이 과정에서 과학적 지식의 역할은 그다지 중요하지 않으며 오히려 제품을 판매하는 과정에서 얻은 아이디어를 바탕으로 발명이 일어나고 특허를 획득하게 된다. 그 결과 기업은 특허를 상업화하기 위하여 투자를 실행하게 된다.

한편, 기업은 소비자와 직접 접촉하는 마케팅부서 혹은 판매부서에서 근무하는 직원이 신제품과 신기술에 대한 소비자의 구체적인 욕구를 연구자에게 제공함으로써 연구개발 활동이 시작된다. 이 연구개발 활동은 〈그림 4.5〉의 C에서 발명을 가능케 하는 직접적인 요인이다. 연구개발은 기존의 수요충족 방법들과는 전혀 다른 새로운 방식 혹은 새로운 제품을 공급하여 수요자의 욕구를 충족할 수도 있다(D). 여기서 과학적 지식은 연구개발 과정에서 활용되지만 중요한 요소로 간주되지는 않는다.

그림 4.5 수요견인 가설의 개념

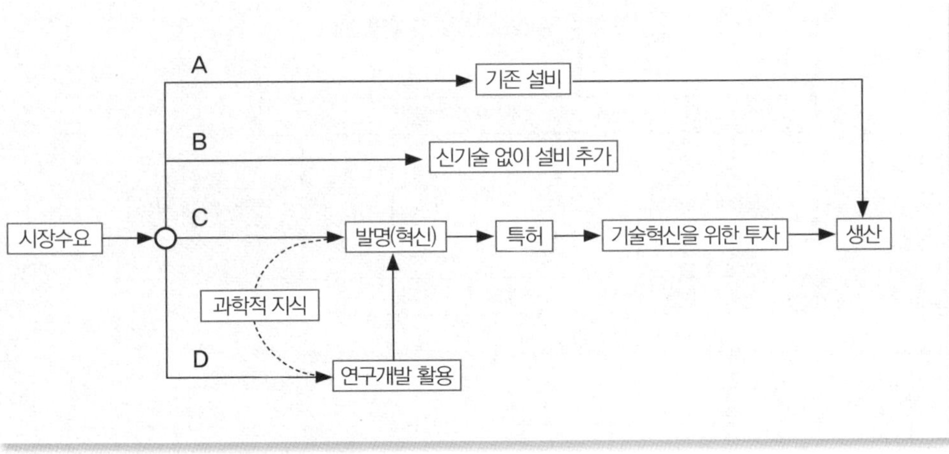

(3) 상호작용

상호작용 가설은 기술주도 가설과 수요견인 가설을 결합한 가설로서 기술혁신이 시장의 요구와 기술적 기회의 결합에 의하여 일어난다고 주장한다. 이 가설은 현실의 세계에서 기업이 시장의 요구를 충족하기 위하여 기술을 개발할 뿐만 아니라 과학 기술계 전문가들과 끊임없이 교류하고 부설 연구소를 설립하여 연구개발을 활발하게 수행하면서 과학기술 지식을 습득하고 있다는 사실을 바탕으로 수요견인과 기술주도의 양 측면을 모두 고려한다.

〈그림 4.6〉는 상호작용 가설의 개념을 보여주고 있다. 상호작용 가설에 의하면 기술혁신은 일련의 과정이면서 각 과정은 기능적으로 분리 가능한 독립적인 특성을 지닌다. 각 과정에서는 여러 조직간에 복잡한 통신망 같은 지식의 교류가 발생할 뿐만 아니라 조직 내부에서도 조직원들 사이에 복잡한 지식교류가 뒤따른다. 기술혁신의 각 단계별로 기업은 필요에 따라 시장의 요구를 고려하기도 하고, 대학이나 공공기관에서 필요한 지식을 학습하여 새로운 아이디어를 생성한다. 이 같은 복잡한 상호작용의 과정은 개발, 생산, 마케팅, 판매 등 모든 단계에서 일어나고 각 단계는 시장과도 연계된다.

그림 4.6 상호작용 가설의 개념

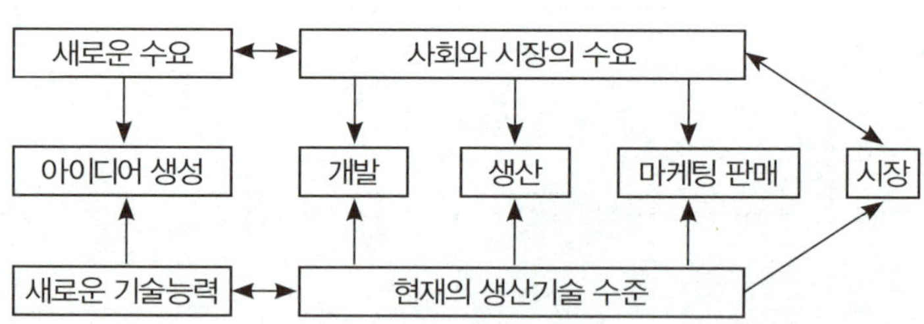

기술혁신의 궁극적인 목적은 기업의 이윤 확대와 성장이다. 이를 달성하기 위한 필요충분조건은 시장에서 성공하는 제품 개발이다. 문제는 많은 기업들이 우수한 기술이 곧 기업의 성공을 담보한다고 믿는 것이다. 예전에 볼 수 없었던 획기적인 제품이 성공한다는 자기 암시는 필연적으로 시장 요구에 대한 오해를 가져온다. 특히 최근처럼 시장 및 기술 변화 속도가 매우 빨라 기술 개발 투자의 불확실성이 높고 투자 규모가 대형인 상황에서 기술주도의 개발 방식은 실패의 충격을 크게 할 뿐이다.

듀퐁

화학 기업의 1인자이며 나일론, 셀로판 등 획기적인 제품으로 유명한 이 회사는 철보다 5배 이상의 강도를 유지하면서 무게는 5분의 1밖에 안 되는 케블라(Kevlar)라는 신소재를 5억 달러를 들여 개발하였다. 기술적으로 대성공이라 할 수 있는 이 발명은 결과적으로 듀퐁에게 막대한 손실을 입혔다. 수요처가 많을 것이라는 예상과는 달리 고객들이 이를 외면한 것이다. 주요 수요자로 분류된 타이어 회사들은 고객들이 철로 짜여진 래디얼 타이어를 선호하자 1년도 안돼 케블라 구입을 중단하고 다시 철을 사용한 것이다.

제록스의 팔로 알토 연구소

기술을 위한 기술 개발이 적절히 제품화 되지 못할 경우에는 더욱 치명적인 결과를 가져온다. 자사가 개발해 놓고 적극적으로 제품화 하지 못한 기술들이 경쟁기업들의 역량을 강화시키거나, 새로운 기업들에게 사업 기회를 주기 때문이다. 제록스의 팔로 알토 연구소(파크(PARC))의 기술 개발 사례가 대표적인 경우이다. 제록스의 복사기 사업 의존도가 너무 높은 것이 문제라고 생각한 경영진들은 신사업 기회를 발견하고 사업 다각화를 위해 1970년 파크를 설립했다. 파크는 발명의 산실이었다. 최초의 퍼스널 컴퓨터, 상용 마우스, 그래픽 유저 인터페이스(GUI), 레이저 프린팅, 이더넷, 클라이언트·서버 아키텍처, 객체지향적 프로그래밍 등 컴퓨터 관련 분야에서 괄목할 만한 연구 성과를 만들어 냈다. 그러나 이 모든 기술들은 제품화 되지 못하고 연구 실적으로만 남았다.

반면 애플의 스티브 잡스는 그래픽 유저 인터페이스 초기 버전을 보고 재빠르게 상품화 했으며 레이저 프린팅 기술은 HP 등에 의해 상품화 되었다. 제록스가 파크 연구실적을 활용하지 못한 실책은 '허술한 미래 관리 : 제록스 어떻게 PC를 발명하고, 어떻게 버렸나(Fumbling The Future: How Xerox Invented, Then Ignored, the First Personal Computer)'라는 책이 나올 정도로 조롱의 대상이 되었으며, 복사기 산업의 이 거인은 이제 종이가 점점 사라지는 세상에서 물속에 잠기지 않기 위해 고군분투하고 있다.

[출처 : 참고문헌 28 참조]

4.3 기술혁신의 유형

급진적 기술혁신과 점진적 기술혁신

기술혁신이 급진적인가 또는 점진적인가 하는 분류는 기술혁신의 속도에 초점을 맞춘 유형 분류라 할 수 있다. 급진적 기술혁신은 혁신의 속도가 매우 빠른 혁신을 나타내며 점진적 기술혁신은 혁신의 속도가 상대적으로 느린 혁신을 나타낸다. 〈표 4.2〉는 급진적 기술혁신과 점진적 기술혁신에 대한 비교를 보여주고 있다. 급진적 기술혁신은 기존의 기술시스템이 다른 기술시스템으로 전환되는 근본적인 변화를 의미하고 새로운 경쟁 법칙이나 표준을 제시하면서 이루어지는 기술혁신으로서 비연속적 혁신이다. 반면에 점진적 기술혁신은 기술시스템의 근본적인 변화가 아닌 기존 기술시스템의 개선, 혹은 급진적 기술혁신 이후의 보완적인 기술혁신 등 많은 수의 작은 기술변화들을 지칭하고 기존 시장에서 제시된 표준에 따르면서 이루어지는 기술혁신으로서 연속적 혁신이다.

두 유형의 기술혁신의 특징을 살펴보면 급진적 기술혁신은 기술이 과학적 지식에 바탕을 두면서 주로 기술주도에 의해 혁신되는 반면, 점진적 기술혁신은 급진적 기술혁신과는 달리 주로 생산경험을 바탕으로 한 현장 기술자들의 비공식적인 연구개발에 의해 이루어지고 기술수요측 변화에 밀접하게 연관된다는 점에서 기술주도보다는 수요견인에 의해 혁신이 이루어진다.

표 4.2 급진적 기술혁신과 점진적 기술혁신의 비교

	급진적 기술혁신	점진적 기술혁신
개념	• 기존의 기술시스템이 다른 기술시스템으로 전환되는 근본적인 변화를 의미 • 새로운 경쟁법칙이나 표준을 제시하면서 이루어지는 기술혁신으로서 비연속적 혁신	• 기술시스템의 근본적인 변화가 아닌 기존 기술시스템의 개선, 혹은 급진적인 기술혁신 이후의 보완적인 기술혁신 등 많은 수의 작은 기술변화들을 지칭 • 기존 시장에서 제시된 표준에 따르면서 이루어지는 기술혁신으로서 연속적 혁신
특징	기술이 과학적 지식에 바탕을 두면서 주로 기술주도에 의하여 혁신됨	주로 생산경험을 바탕으로 한 현장 기술자들의 비공식적인 연구개발에 의해 이루어지며 기술주도보다는 수요견인에 의해 혁신됨
예제	선반의 기계식 제어장치를 수치제어식 제어장치로 대체	수치제어장치에 적합한 베드, 공구, 모터 등 여러 부속품의 혁신

이외에도 급진적 기술혁신의 특성[72]을 좀더 살펴보면 첫째, 개념에서 알 수 있는 바와 같이 기술적 불연속성이 강하므로 기업의 입장에서는 기술적 불확실성을 크게 느끼게 된다. 기술적 불확실성은 급진적 기술혁신이 어떠한 형태로 시장에 구체화될 수 있는지, 즉 어떤 제품 및 서비스의 형태로 소비자에게 공급될 수 있는지를 기업 자신이 선택해야 한다는 것이다. 또한 다양한 급진적 기술혁신이 동시에 여러 대안으로 등장하게 될 경우 어느 기술을 택하는 것이 시장에서 표준으로 인정될 수 있는지를 단정하기 힘든다는 점도 불확실성에 포함된다고 할 것이다. 둘째, 급진적 기술혁신의 성공 가능성 또는 시장 가치가 단기적으로는 시장에서 정확히 파악하기 어렵다.

기술의 S-곡선을 이용하면 급진적 기술혁신과 점진적 기술혁신에 대한 개념을 쉽게 이해할 수 있다.[6] 〈그림 4.7〉은 급진적 기술혁신과 점진적 기술혁신에 대한 기술 S-곡선을 보여준다. 기존 기술에 대한 점진적인 개선을 통하여 이룬 시장의 확대는 획기적인 신기술 시장에 의해 쉽게 잠식당하며, 이로 인해 시간이 경과하게 되면 기존 기술은 신기술에 밀려 시장에서 사장된다. 기존 기술의 개선이 이루어진 시점(a)이 점진적 기술혁신이 이루어진 때이며, 신기술이 기존 기술의 시장을 추월한 시점(b)이 급진적 기술혁신이 가시화되는 시기라고 보면 된다.

그림 4.7 기술의 S-곡선

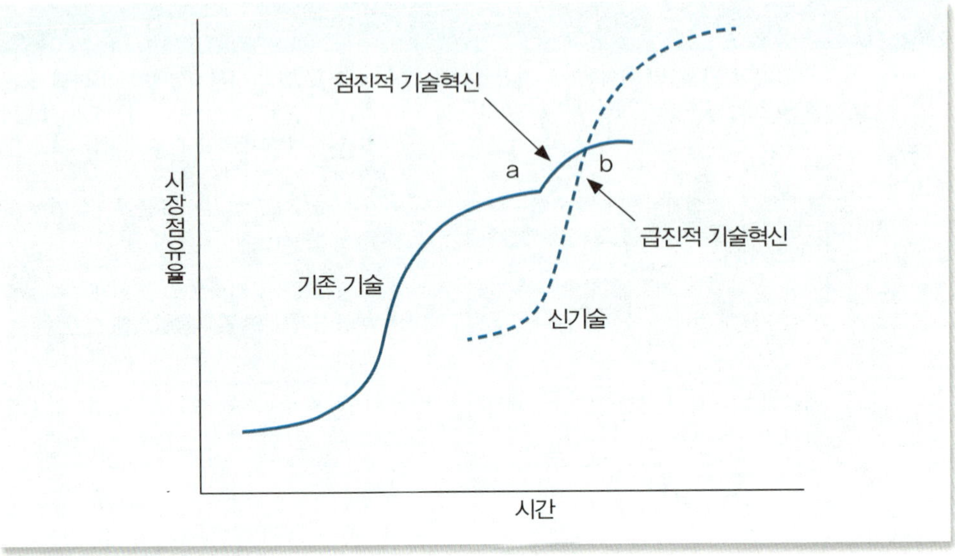

공정혁신과 제품혁신

혁신의 대상과 관련하여 기술혁신은 공정혁신과 제품혁신으로 나누어 볼 수 있다.[30] 공정혁신은 제품을 생산하는 과정에서 비용을 감소시킬 수 있는 신공정을 채택하거나 제품 품질의 변화없이 공정의 수를 감소하거나 동일한 공정 하에서도 제품의 품질을 개선할 수 있는 새로운 기법을 채용하는 등 기존 공정을 개선하는 것을 의미한다. 반면 제품혁신은 새로운 제품을 개발했거나 기존의 제품의 성능이나 기능을 향상하여 생산했다면 제품혁신이 된다. 〈표 4.3〉은 공정혁신과 제품혁신의 특징을 비교하여 보여준다.

표 4.3 공정혁신과 제품혁신의 특징 비교

기술혁신의 유형	공정혁신	제품혁신
초점	신공정 개발	신물질·신제품 개발
기술의 내용	공정 개량·개선	제품 창출
혁신의 목적	생산성 향상	신기능성 창조
최종 목표	완전 공정 개발(전환율 100%)	기능 창출 및 향상
혁신의 속도	점진적	급진적
핵심기술	공정개발 및 설계	구조·기능설계
기술보호 방법	특허·영업비밀	특허·영업비밀
기술체화 대상	주로 설비	제품자체 및 인력

공정혁신과 제품혁신이 지향하는 경제적 목표는 최종적으로 이윤 창출이지만 그것을 성취하는 방법에 있어서는 상당히 다르다. 공정혁신은 생산공정을 합리화하고 재료비와 인건비를 절약하며 단시간에 설계 상에서 지시하는 품질의 제품을 생산함으로써 생산성을 극대화하여 이윤을 높인다. 따라서 공정혁신은 제품이 안정화되었거나 표준화된 이후에 대량생산 단계에서 많이 나타나게 된다. 표준화된 제품이 시장에서 잘 팔리기 위해서는 가격 경쟁력이 핵심인데 이를 확보하는데는 공정혁신이 중요한 역할을 하게 된다.

이에 반해 제품혁신은 기존 제품과 여러 면에서 차별화된 신제품을 개발하여 시장에 내놓음으로써 새로운 시장을 얻고 매출을 늘려 이윤을 창출하는 경로를 갖는다. 제품혁신은 기존 제품의 시장 대체적 기능을 수행함과 동시에 소비자들의 구매 욕구를 자극하여 매출을 늘림으로써 기업이 영업활동을 지속적으로 영위하게 한다.

〈그림 4.8〉은 제품의 수명주기에 맞추어 기술혁신이 어떻게 일어나는지를 보여주고 있다.[38] 기업은 공정혁신만으로 이윤을 창출하는 데는 시간적으로 제약을 받게 되고, 제품혁신만으로 이윤을 창출하는 데는 공간적으로 제약을 받게 된다. 따라서 기업이 영속적으로 사업을 지속하기 위해서는 공정혁신과 제품혁신을 끊임없이 추진해야 한다.

그림 4.8 기술혁신의 전개과정

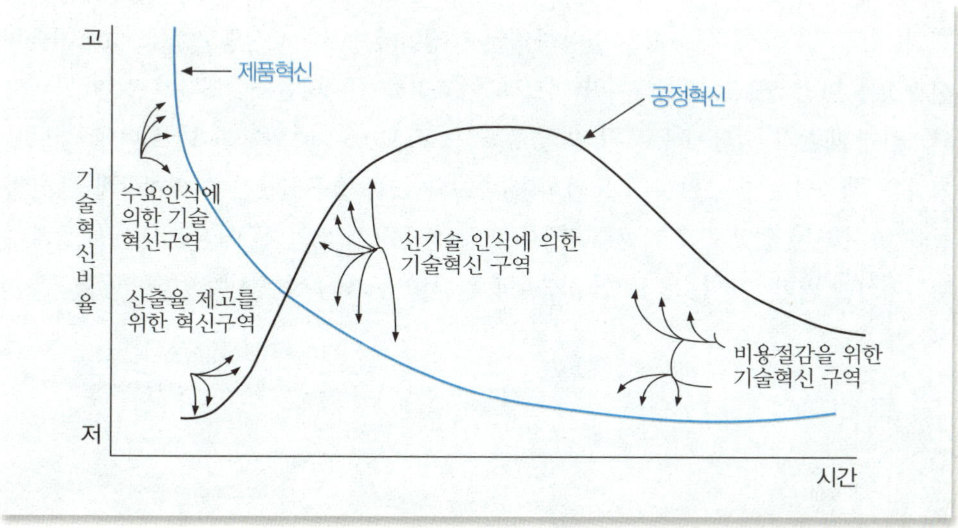

4.4 기술혁신 모형

선형모형

선형모형은 어떤 특정한 제품의 개발에 있어서 기초연구, 응용연구, 기술개발 상호 간의 관계를 설명하려고 시도한 모형으로서, 전통적으로 기술혁신의 과정을 순차적으로 설명하려는 시도로 기술경영 연구에 있어 가장 광범위한 지지를 받아왔다.[15] 〈그림 4.9〉에서 보여주는 바와 같이 선형모형은 기초연구, 응용연구 및 기술개발이 순차적 관계를 가지고 있다고 보는 이론적 모형이다.[10] 즉, 기술혁신이 있기 위하여는 먼저 기초연구가 행해져야 하고, 그 다음 그 결과를 바탕으로 응용연구가 시행된 후 구체적인 제품이나 공정을 창출하기 위한 기술개발 활동이 수행된다고 보고 있다.

기술혁신에 관한 이러한 이해와 접근은 다음과 같은 가정을 전제로 한다.[23] 첫째, 기술혁신에 관계하는 행위자들의 지식에는 위계가 존재하는데, 과학적 지식이 최상층부를 구성하는 반면, 생산과 관련된 노하우는 하층부를 구성하는 것으로 보고 있다. 둘째, 기술혁신이 이루어지는 과정은 상층에 있는 과학이 여러 단계를 거쳐 최하층의 생산 노하우에 응용되는 일방향적인 과정이다. 따라서 선형모형에 의한 기술혁신과정은 일방향으로 진행하지만 피드백를 고려하지는 않는다. 왜냐하면 연구는 자연스럽게 개발과 생산에 응용될 수 있는 것으로 보았기 때문이다. 이에 따라 새로운 지식을 창출하는 연구활동이나 과학이 중시되었고, 연구집단은 기술개발과 생산활동에 종사하는 집단보다 지식측면에서 우위를 점하게 되었다. 이러한 점에서 종래의 기술혁신에 관한 연구는 주로 연구개발에 관한 연구가 주종을 이루었다.

그림 4.9 선형모형

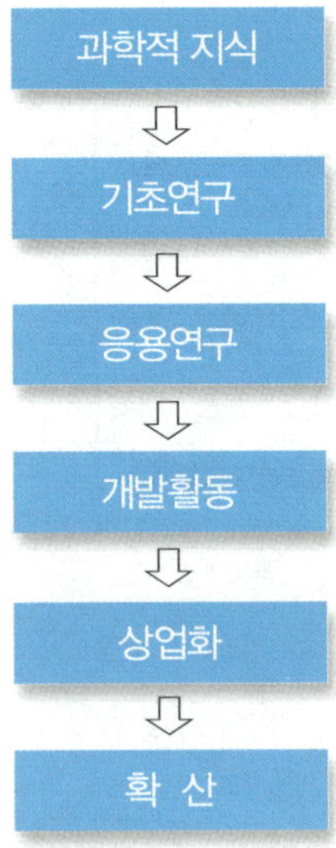

상호작용모형 또는 비선형모형

기술혁신의 상호작용모형(비선형모형)은 선형모형을 근본적으로 비판하면서 등장했다.[21] 〈그림 4.10〉에서 간략히 개념화하여 보여주고 있는 이 모형은 다음과 같이 주장한다. 기술혁신은 본질적으로 불확실하며 시행착오를 거친다. 또한 연구, 개발, 생산의 각 단계를 거치면서 많은 변화를 겪는다. 여기서 과학이나 연구는 기술혁신의 출발점이 아니다. 오히려 이들은 기술혁신과정에서 필요할 때 사용되는 자원이라고 본다. 연구, 개발과 생산분야는 기술혁신과정에서 지속적으로 상호작용을 주고 받으며 발전한다. 그리고 이들은 혁신과정에서 각기 동등한 부문으로서 활동한다.

이 모형은 특정 산업의 생산과 제조 과정에서 발생한 문제를 해결하거나 기술과 제품 사용자로부터 평가 및 피드백된 정보에 기초하여 기술을 개량함으로써 기존의 제품과 공정이 조금씩 개선되는 것으로 이해한다.[23] 상호작용모형(비선형모형)에서는 기술혁신이 단계별로 진행되어 제품화가 이루어졌을 때 혁신의 과정이 종료되는 것이 아니라 연구개발부문과 생산부문 간에 그리고 생산자와 사용자 간의 상호작용과정에서 지속적인 혁신이 시스템화하여 이루어지는 것으로 본다.

그림 4.10 상호작용모형 또는 비선형모형

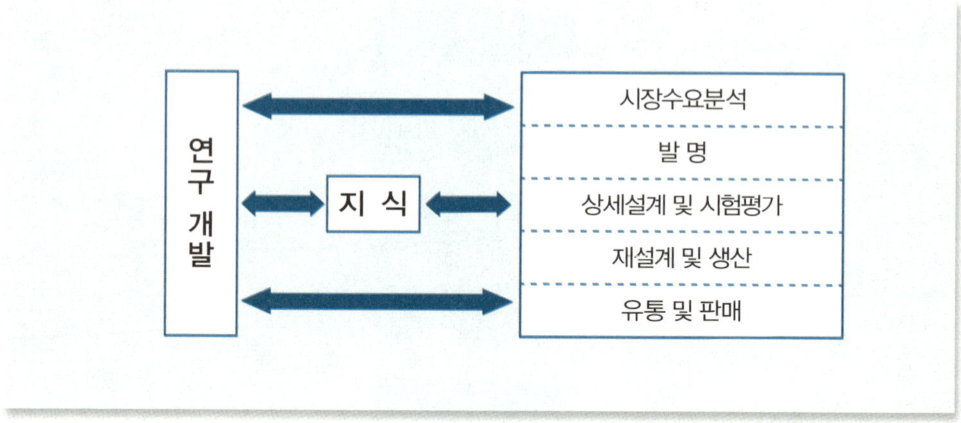

과정모형

과정모형은 어떤 연구개발 프로젝트가 새로운 아이디어의 창출에서 시작하여 실용화 단계에까지 이르는 전과정과 이 과정에 영향을 미치는 제요인을 규명하고 분석하려는 모형이다. 가장 대표적인 모형은 〈그림 4.11〉에 제시한 어터백의 과정모형이다.

이 모형은 프로젝트 수준에서의 기술혁신 과정이 아이디어 형성, 문제해결, 활용 및 확산의 3단계 과정을 거치는 것으로 되어 있다. 각 단계에서의 성공은 연구제안의 성공, 기술적 성공, 상업적 성공으로 규정할 수 있다. 즉 아이디어 형성단계의 시작은 불분명하나 끝나는 시기는 아이디어가 공식적으로 인준되는 시점이 된다. 문제해결 단계는 기술적 해결이 마무리 되어지는 시기이며 마지막 활용 및 확산 단계는 시작 시점은 분명하나 계속 활용 및 확산의 뒷부분은 분명하지 않다.[40] 〈표 4.4〉는 과정모형의 각 소과정별로 주요 특성을 요약하여 보여준다.

그림 4.11 과정모형

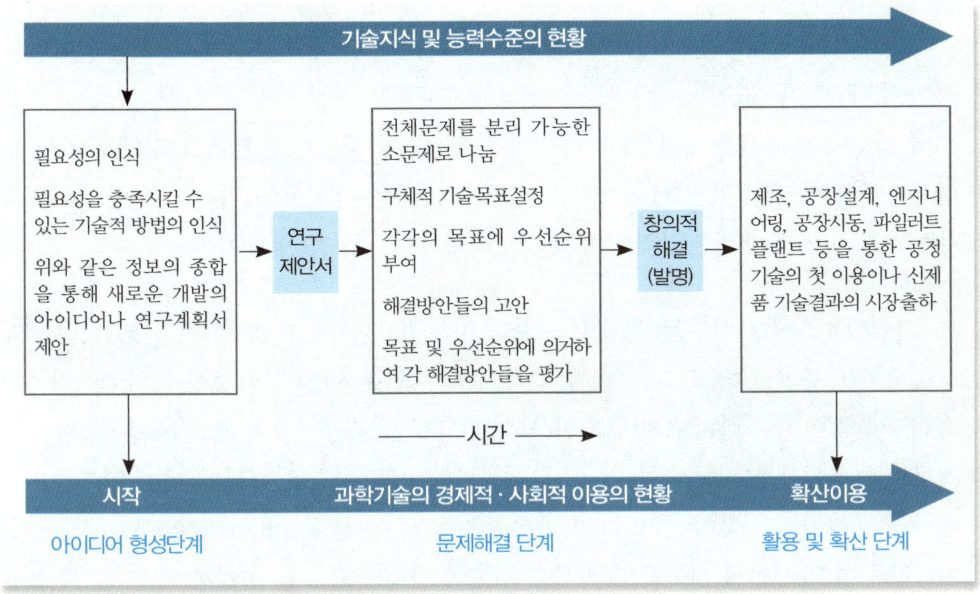

표 4.4 과정모형의 각 과정별 특성

소과정	특 성
아이디어 형성단계	질적으로 우수한 아이디어가 중요 시장수요 요인이 중요 개인적 접촉을 통한 조직 외부 정보가 중요 기술정보통이 중요
문제해결 단계	우연성 기술정보의 신속·정확·적절한 획득이 중요 기술정보통의 역할이 중요 환경적 요인
활용 및 확산 단계	경제적·기술적 측면에서의 상대적 우위성 정보의 양과 질 및 가치 등이 중요 비개인적 내부정보와 개인적 접촉에 외부 정보가 모두 중요 비공식적이고 개인적인 정보전달이 중요

동태적 모형

기술혁신은 원래 모든 기술의 변화를 포괄하는 불분명한 용어였다. 그러나 어터백과 아버나시[87]가 기술혁신의 과정을 제품혁신과 공정혁신으로 구분하여 관찰하면서부터 점차 분명해지기 시작했다. 이들은 기술혁신이 제품이나 서비스 자체로서 나타나기도 하지만 공정의 변화로서 나타나기도 한다는 사실을 파악하고 이들 두 가지 유형의 혁신을 동시에 관찰하여 기술혁신의 동태적 모형을 제시하였다.

〈그림 4.12〉에 보여주는 동태적 모형에 따르면 기업은 기술혁신의 전초단계로 시장에서 수요를 인식하고 그 수요를 충족시킬 수 있는 기술적 가능성을 타진한다. 기술적 가능성이 존재한다고 판단되면 시장 수요를 충족시키기 위한 신제품 생산을 구체적으로 실현하기 위해서 아이디어를 형성한다. 대략적으로 형성된 제품 아이디어는 점차 구체화되기 시작하여 몇 개의 작은 문제로 세분된다. 아울러 기업은 신제품 아이디어를 가지고 실세 제품을 제작하기 위하여 기술적 목표를 설정한 다음 그 목표에 적합한 제작방법을 선택하여 시제품을 설계하고 제작한다.

기업이 시제품을 제작하면서부터 제품혁신의 모습은 구체적으로 드러나기 시작한다. 새로운 제품은 많은 문제점을 갖게 되므로 계속적인 재설계와 재제작 과정이 뒤따른다. 시제품이 완성되고 본격적인 생산을 착수하는 과정에서는 기존 설비의 변경이 필요하고 공장 가동을 시작하면서부터는 생산공정에서 많은 기술문제들이 나타난다. 이 단계에서 공정은 비효율적이며 규모가 작다. 신제품이 소비자에 판매된 이후에는 고객의 불만이 제기되고, 이를 해소하기 위하여 자주 제품사양이 변경되기 때문에 전반적으로는 유동적 상황에 처하게 된다. 이 단계에서는 기술혁신은 제품혁신이 주류를 차지하게 된다.

신제품의 판매가 서서히 증가하면서부터는 제품 자체보다 생산공정에서 더 많은 기술적 문제가 발생한다. 소규모로 생산하던 설비가 고장나거나 생산 요구 물량을 소화하지 못하게 된다. 생산효율을 향상하거나 공정의 문제를 해결하는 과정에서 공정혁신이 활발하게 일어난다. 동태적 모형은 이 단계를 과도기로 보고 생산공정이 부분적으로 자동화된다고 설명한다. 그리고 이 단계는 기업이 신기술의 인식에 의하여 기술혁신이 일어나는 영역이라고 본다.

과도기가 어느 정도 지나게 되면 제품의 표준화가 진전되고 제품 사양이 안정되기 시작하여 생산량이 급증한다. 동시에 생산 비용을 절감하여 이윤을 확대하려는 움직임이 시작된다. 자동화가 체계적으로 추진되고 생산공정에서의 효율이 크게 신장된다. 고도의 생산기술이 체화된 전용설비와 자본집약적인 생산설비의 채용이 늘어나고 원자재를 체계적으로 조달하기 위하여 수직통합이 일어나거나 계열화를 도모한다. 동태적 모형은 이 영역을 경화기라고 설명한다.

기술혁신 과정을 유동기, 과도기, 경화기로 나누고 있는 동태적 모형은 변화하는 경쟁환경에 대응하여 생산 개체가 제품과 공정에 대하여 어떻게 기술과 기업전략을 개발·수립하고 수행하여 나아가는지를 규명하고 분석하는 데 유용한 모형이다.[11] 〈표 4.5〉는 동태적 모형에서 나눈 기술혁신 단계별로 혁신의 전반적 특성, 시장형태, 제품혁신, 공정혁신, 조직형태 및 규모에 따른 특징을 간략히 요약하여 보여주고 있다.

그림 4.12 동태적 모형

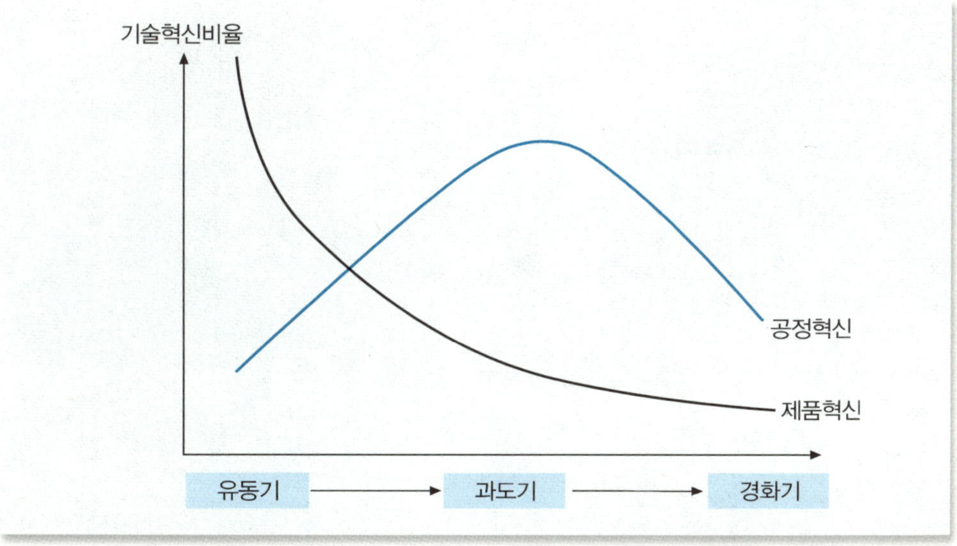

표 4.5 동태적 모형의 각 단계별 특징

	유동기	과도기	경화기
전반적 특성	제품성능경쟁	가격경쟁	혁신의 정체
시장형태	기술집약적 소규모기업에 의한 틈새시장공략	소수의 대규모기업에 의한 독과점형태	소수의 대규모기업에 의한 독과점형태
제품혁신	성능극대화	판매극대화	비용최소화
공정혁신	비조정상태	단편적 자동화	체계적 자동화
조직형태 및 규모	융통성있는 유기적 통제체제 소규모 조직	수직적 통제체제 대규모화	관료적 통제체제 대규모화

4.5 기업의 기술혁신 전략

기술혁신전략

기업 경쟁력의 기본 원천은 기술이다. 혁신 기술의 보유 유무가 기업 경영의 성패에서 더 나아가 기업의 생존 여부까지를 결정하게 되는 시대가 된 것이다. 이를 반영하듯 국내 기업들은 긴축 경영 체제에서 설비 투자는 삭감하면서도 연구개발에 대한 투자는 대폭 늘여가고 있다. 하지만 국내 기업들의 기술혁신 활동의 문제점은 새로운 시장을 창출하고 선도할 수 있는 급진적 기술혁신보다는 기존 기술 및 시장의 부분적 확대나 개선을 모색하는 창의적 모방이나 점진적 개선에 연구개발의 초점을 맞추고 있다는 것이다. 이렇게 기술혁신에 대한 국내 기업의 안이한 생각은 자칫 연구개발에 대한 투자를 고스란히 낭비하게 될 지도 모른다.

한 연구조사 기관에 의하면 과거 혁신적 신기술의 등장에 대한 기존 기업의 대응은 방어적 성향이 강하게 나타났으며, 또한 혁신적 신기술의 등장으로 기존 기업이 패망한 경우가 많다고 한다.[72] 한때 성공을 맛본 기업들이 그들의 지위에 안주하면서 급진적 기술혁신을 주도적으로 도입, 추진하지 못하면서 심화되는 기술경쟁에서 신생기업들에게 쉽게 경쟁우위를 내주게 된 것이다. 김기현[6]은 성공한 기업들에게서 급진적 기술혁신이 잘 이루어지지 못하는 이유를 다음과 같이 열거하였다.

(1) 경영자 의사결정의 어려움

보통 급진적 기술혁신 프로젝트는 10년이 넘는 장기 프로젝트이므로 경영자가 신기술의 잠재 가치에 대해 쉽게 파악할 수 없으며 오랜 시간이 지난 후 기업의 경쟁 구도나 시장 상황의 변화를 예측하기가 어렵기 때문에 자칫 잘못하면 그 동안의 투자가 헛수고가 될 수도 있기 때문이다. 또한 신기술에 대한 기회를 포착하였다 하더라도 기업의 특성상 거기에 바로 자본을 투자할 만큼 빠르게 조직의 자원을 재분배하기가 힘들다. 따라서 그들은 와해성 기술의 가치를 충분히 이해하면서도 존속성 기술의 투자를 더 선호하게 되고 또 그렇게 될 수밖에 없는 처지에 놓이게 된다.

(2) 관료주의적 조직구조와 문화

성공한 기업은 규모가 커짐에 따라 조직구조가 유연하지 못하고 계층화 되어가며 조직문화 또한 경직되어 큰 변화보다는 안정을 추구하는 특징을 가지게 된다. 이러한 관료주의적 조직구조와 문화는 혁신적 기술에 대한 아이디어나 급진적 기술혁신 자체를 방해하는 요소로 작용하게 된다.

(3) 기존의 연구개발 프로젝트와 동일시

그 동안 수많은 연구개발 프로젝트의 경험에서 터득한 기존의 연구개발 의사결정 프로세스를 맹신하고 이에 따라서 아이디어 평가, 자금 조달 등의 프로젝트 관리를 하는 경향이 있으며, 이는 기술, 시장, 자원 등 여러 가지 면에서 불확실성이 높은 급진적 기술혁신 프로젝트의 성공적 수행을 저해하는 요소로 작용할 수 있다.

(4) 급진적 혁신가의 부재

급진적 혁신가들은 보다 높은 업적을 추구하며 자신들이 직접 관리·통제하고 책임질 수 있는 업무환경을 선호한다. 그러나 성공한 기업의 규모가 커짐에 따라 기업환경은 창의적이고 혁신적인 사고 이상으로 대인관계, 규범의 존중, 꾸준한 학습 등 조직 생활에 적합한 사회적 능력을 보유하도록 요구한다. 이러한 기업환경에서는 혁신적이고 창의적인 사고를 가진 발명가는 많으나 그러한 사고를 출발로 하여 성공적인 상업화까지의 급진적 기술혁신 과정을 주도하여 추진해 나가는 혁신가는 별로 없는 듯하다.

이상과 같이 기업의 기술 개발에 혁명적인 변화를 가져오는 급진적 기술혁신이 성공한 기존 기업에서 잘 수행되지 못하는 원인을 살펴보았다. 이제 급진적 기술혁신을 촉진시킬 수 있는 방안에 대해 살펴보면 다음과 같은 면을 고려할 수 있을 것이다.

(1) 혁신을 고무하고 후원하는 기업문화 구축

경영자를 비롯한 모든 직원들이 항상 신제품과 신기술의 급진적 기술혁신에 친숙한 문화를 창출할 수 있도록 조직 구조와 제도를 정비할 필요가 있다.

(2) 창의적이고 혁신적인 인재 확보 및 양성

급진적 기술혁신을 주도해 나갈만한 인재를 영입하는 것은 조직에 창의적이고 혁신적인 분위기를 가져와 조직의 변화를 이끌어낼 수 있기 때문에 정체되고 낡은 조직에 새로운 혁신의 피를 수혈하는 것도 좋은 전략이 될 수 있다.

(3) 혁신을 위한 독립 연구조직 창설

일상적인 경영절차, 조직체제, 인사관리, 기업문화 등으로부터 독립된 조직 단위를 만든다. 혁신을 위한 독립조직은 기업의 연구개발 예산과는 독립적으로 자금을 지원받으며 기업 전체에 산재해 있는 혁신 아이디어를 포착·수집하는 등 혁신 활동을 주도적으로 해나가며 혁신 결과에 대한 책임을 진다.

(4) 자체 자원 부족 시 외부 도움 요청

급진적 기술혁신 프로젝트에 있어서 자원이라 하면 크게 자금과 역량으로 나누어 볼 수 있다. 자금이 부족한 경우에는 획기적인 기술의 상용화를 위해서 외부의 독립적인 벤처 캐피탈과의 제휴나 협정을 통하여 자금을 지원받는 방법을 고려해 볼 수 있고, 기술이나 사업역량이 부족한 경우의 대처방법으로는 외부 기업 인수, 제휴, 조인트 벤처 등을 생각할 수 있다.

뉴EF쏘나타의 후속으로 나온 신형 쏘나타(프로젝트명 NF)에 장착된 쎄타엔진 개발은 현대차 연구소의 역사에 새로운 획을 그은 획기적인 사건이다. 뛰어난 성능의 엔진을 만들었다는 의미도 있지만 자동차 선진국의 기술을 배우기 급급했던 우리나라가 다른 분야도 아닌 자동차의 핵심인 엔진기술을 미국, 일본 등에 전수한다는 점에서 높이 평가를 받을 만하다. 쎄타엔진은 미국 다임러크라이슬러와 일본 미쓰비시가 생산하는 차에 각각 70만 대, 40만 대씩 장착하기로 돼 있다. 이를 통해 현대차는 5,700만 달러의 기술 이전에 대한 로열티 수입을 챙겼다.

쎄타엔진이 처음 개발된 것은 쏘나타가 출시된 2004년에서 2년 거슬러 올라간 2002년 중반 때의 일이다. 새 엔진의 뛰어난 성능에 고무된 정몽구 회장은 당시 제휴관계를 맺고 있던 다임러크라이슬러 측에 "최근에 개발한 엔진 성능이 괜찮으니 혹시 쓸 생각이 있으면 한번 와서 보라."고 제의를 했다. 제안을 받은 다임러크라이슬러 측은 7명의 엔진 전문가들을 현대차 남양연구소로 보내 쎄타엔진의 성능을 파악하도록 했다. 이들은 쎄타엔진을 분석한 결과, 쎄타엔진의 성능을 인정했다. 곧바로 다임러크라이슬러는 이를 크라이슬러차와 미쓰비시차에 달기로 결정하고 현대차와 기술이전 계약을 체결했다.

"다임러크라이슬러의 메르세데스 벤츠의 경우 세계 최고의 명차를 만들고 있지만, 모두 후륜구동차들입니다. 그렇게 기술이 뛰어난 벤츠도 전륜차용 엔진에 대한 기술은 없거든요. 그런데 크라이슬러와 미쓰비시는 전륜차가 주력입니다. 같은 계열인 벤츠가 기술적으로 도와주려 해도 도와줄 수가 없는 것이죠. 그런 와중에 쎄타엔진이란 우수한 엔진을 보고는 곧바로 도입을 결정했던 겁니다." 남양연구소의 이현순 파워트레인연구소장의 설명이다. 사실 다임러크라이슬러가 쎄타엔진 도입을 결정할 무렵 크라이슬러와 미쓰비시는 각각 새로운 전륜차 엔진 개발 계획을 갖고 있었다. 그러나 이들이 만드는 엔진이 쎄타엔진을 능가하기 어렵다는 생각에 자체 엔진 개발 계획을 접고 쎄타엔진으로 눈을 돌렸다는 후문이다.

현대차가 어렵게 개발한 쎄타엔진 기술을 이들 기업에 공개한 데는 다 이유가 있다. 3개사가 같은 엔진을 쓰게 됨에 따라 부품공동구매가 가능해지기 때문이다. 3개사가 차를 만들면 생산량이 많아지고 그러다 보면 대량으로 부품을 구매하게 될 것이고 자연히 보다 싼 가격에 부품을 조달받을 수 있게 된다. 이 때문에 부품구매에 차질이 없도록 하기 위해 크라이슬러나 미쓰비시가 설계구조 변경을 할 때는 반드시 현대차의 허락을 받은 뒤 할 수 있도록 기술이전 계약서에 명기를 했다.

쎄타엔진은 기술적인 면 외에도 여러 가지 의미를 내포하고 있다. 우선 1990년대까지만 해도 미쓰비시를 스승으로 모시고, 기술을 배워 오던 현대차가 역으로 기술을 미쓰비시에 팔았다는 점이다. 또 하나는 지난 2004년 5월, 보유하고 있던 현대차 지분을 정리함과 동시에 현대차와의 전략적 제휴를 청산한 다임러크라이슬러 측이 쎄타엔진 기술도입 건만은 파기하지 않았다는 점이다. 이 두 가지만 봐도 쎄타엔진을 개발한 현대차의 기술 위상 변화를 충분히 확인할 수 있다. 1991년 국내 최초의 독자엔진인 알파엔진을 만든 지 10여 년 만에 현대차는 세계시장에 내놓아도 손색이 없는 엔진을 만드는 기술력을 갖추게 된 것이다.

[출처 : 참고문헌 9 참조]

Part 5

전략적 기술개발

5.1 시장지향적 연구 · 기술개발

5.2 기술개발 전략수립

5.3 연구 · 기술개발 프로젝트 관리

5.4 연구개발 조직

5.5 연구개발 리더십

세계적 바이오 기업 애보트(Abbott)와 업존(Upjohn)의 기술개발 전략 비교는 명확한 사업전략에 바탕하지 않은 기술개발 투자는 투자의 일관성이 유지되지 못하고 적정 수익성을 확보하기 어렵다는 점을 확인시켜 주고 있다.

1964년을 기점으로 볼 때 애보트와 업존은 매출, 수익싱, 제품구성 측면에시 거의 치이가 없었다. 두 회사 모두 제약 중 특히 항생제 부문에서 대부분의 매출을 올리고 있었고, 지배구조 측면에선 가족경영 형태였다. 또한 제약산업 전체에서 볼 때 차별적인 성과나 역량을 보여주지 못하는 중·하위권 기업들이었다. 그러나 1974년을 시발로 하여 애보트는 성과 측면에서 엄청난 도약을 시작했다. 1974년에서 1990년까지 애보트는 시장 평균 수익률의 4배, 업존에 비해서는 5.5배에 이르는 총투자 수익률을 기록하였다. 이들 두 기업의 성과가 이렇게 벌어진 것은 두 기업이 펼친 사업전략과 기술개발 투자의 방향성이 달랐기 때문이다.

애보트는 1964년 회사가 처해진 현실에 대한 인식을 새롭게 하고, 그에 맞는 새로운 사업기술 전략을 세웠다. 새로운 전략의 핵심은 주력 사업 부문인 제약 분야에서 세계 최고가 되겠다는 기존 전략을 포기하는 것이었다. 이미 머크(Merck)와 같은 선도 기업이 하버드, 버클리 대학 등과 함께 상당한 연구 성과물을 축적해 놓고 있었으므로, 그들을 제치고 세계 최고의 제약기업이 되겠다고 하는 것은 마치 고등학교 미식 축구팀이 프로팀을 상대로 승리를 거두겠다는 목표를 세우는 것만큼 무모한 일이라고 판단했기 때문이다. 대신 헬스케어 부문에선 애보트가 세계에서 가장 경쟁력이 있는 회사가 될 수 있는 기회가 있다는 인식을 공유했다. 특히 대형 수술 후 환자의 빠른 회복을 보조하는 건강 수액 제재와 환자의 건강상태를 미리 파악해서 처방하는 진단기기 분야가 가장 가능성이 높은 제품군으로 채택되었다. 애보트는 이 분야에 자원을 집중했고 이 두 분야에선 세계 1위 업체로 성장할 수 있었다.

반면, 업존은 머크를 누르고 제약 분야에서 세계 1위 기업이 되겠다는 기존 전략을 고집했다. 그러나, 결과는 제약 부문에서의 경영 성과가 점점 더 악화되는 것이었다. 제약 부문에서 예상했던 성과가 가시화되지 않자, 업존은 사업 분야를 플라스틱 및 화학 분야와 같은 비관련 부문까지 확장하기도 했다. 그러나 신규 확장 분야에서의 경영 성과 역시 실망스러운 것이었다. 다시 업존은 제약 분야에 집중하기로 하고 피임 등과 관련된 약품 기술에 대한 실험과 연구를 확대했다. 하지만, 결국 업존은 매출액 대비 투자 비율에 있어서 애보트의 두 배 가까운 기술개발 투자를 하고서도 이익률에 있어서는 애보트의 절반에도 미치지 못하는 경영 성과를 올리는 데 만족해야 했다. 결국 업존은 1995년 파마시아(Pharmcia)사에 합병 당하게 되었다.

[출처: 참고문헌 13 참조]

5.1 시장지향적 연구·기술개발

시장지향적 연구·기술개발의 중요성

과거에는 고객 욕구 및 기술 동향 등 경영 환경이 매우 안정적이고 공급자 중심의 시장이었기 때문에 연구개발보다는 생산부문의 역할이 매우 중요했으며, 생산성을 어떻게 하면 극대화 할 것인가가 기업 경영의 주요 이슈였다. 그러나 최근 고객 욕구 및 기술 동향 등 경영 환경의 변화 속도가 광속이라고 할 만큼 매우 빨라지고 시장이 수요자 중심으로 전환되면서 생산부문보다는 시장을 주도하는 신제품 개발 등 연구·기술개발 부문의 창의성을 어떻게 하면 극대화 할 것인가가 주요 이슈가 되고 있다. 따라서 선진 기업은 물론 대다수의 국내 기업들도 이러한 경영 환경의 흐름을 읽고 연구개발 부문의 투자수준을 매년 확대하고 있다.[49] 그러나 연구개발 투자 금액만을 늘린다고 해서 연구·기술개발 역량이 강화되고 시장을 주도하는 신제품을 개발할 수 있는 것은 아니다. 수십 억, 수백 억에서 심지어 수천 억, 수조 원에 이르는 막대한 연구개발 투자 금액을 효과적인 연구개발 경영을 통해 기업의 경쟁력 확보에 제대로 활용하는 것이 더 중요하다.

연구·기술개발 활동의 궁극적인 목적은 핵심기술 자체를 개발·확보하는 것이 아니라 확보된 핵심기술을 최대한 활용하여 시장과 고객이 원하는 제품을 효과적으로 개발·출시하여 이들에게 필요 가치를 제공하는 것이다. 실제로 첨단 제품을 끊임없이 출시하여 시장 지배력을 확고히 유지하고 있는 선진 기업들은 보유 기술력도 뛰어나다고 할 수 있지만 실상은 기술의 사업화 능력을 차별적인 핵심역량으로 보유하고 있다. 아무리 뛰어난 핵심기술을 보유하고 있는 기업이라 할지라도 이를 활용하여 시장과 고객이 원하는 제품을 적기에 개발·출시하지 못한다면 시장에서 경쟁 우위를 차지하기가 매우 어렵다. 따라서 연구·기술개발 활동에 있어서 가장 중요한 것은 고객 및 시장의 욕구를 정확히 파악하여 이를 모든 연구·기술개발 활동의 지침으로 활용하는 것이다. 더욱이 최근처럼 시장 및 기술의 변화 속도가 매우 빨라, 연구개발 투자에 대한 불확실성이 높아지고 투자 규모가 대형화 되고 있는 상태에서는 기술중심의 연구·기술개발을 지양하고 고객 및 시장 욕구를 모든 연구·기술개발 활동의 지침으로 삼는 시장지향적 연구·기술개발의 중요성이 더욱 커지고 있는 것이다.[50] 여기서 시장이라는 의미에는 고객 욕구(명시적/암묵적), 단기는 물론 중장기적인 기술의 변화 추세, 시시각각으로 변화하는 경쟁사의 동향 등이 모두 포함된다.

만약 기업이 이러한 연구·기술개발 경영 능력을 키우는 데 게을리 한다면 〈그림 5.1〉에서 보여주는 바와 같이 부가가치가 낮은 제품개발과 연구개발 성과로 나타날 것이고, 이는 매출, 이익 등 저조한 사업성과로 이어질 것이다. 그렇게 되면 선행 연구나 기술개발 활동을 수행할 수 있는 연구개발 투자(인력, 예산 등) 여력도 줄고, 연구개발 인력에 대한 보상 수준도 하락하게 된다. 결국에는 우수 인재의 확보·유지가 어렵고 연구개발 경영 수준이 더욱 하락할 가능성이 높아진다. 따라서 기업들이 연구개발 경영의 악순환 구조로부터 벗어나 기업 경쟁력을 강화하기 위해서는 시장지향적 연구·기술개발의 중요성을 인식할 필요가 있다.

그림 5.1 연구·기술개발 경영의 악순환 구조

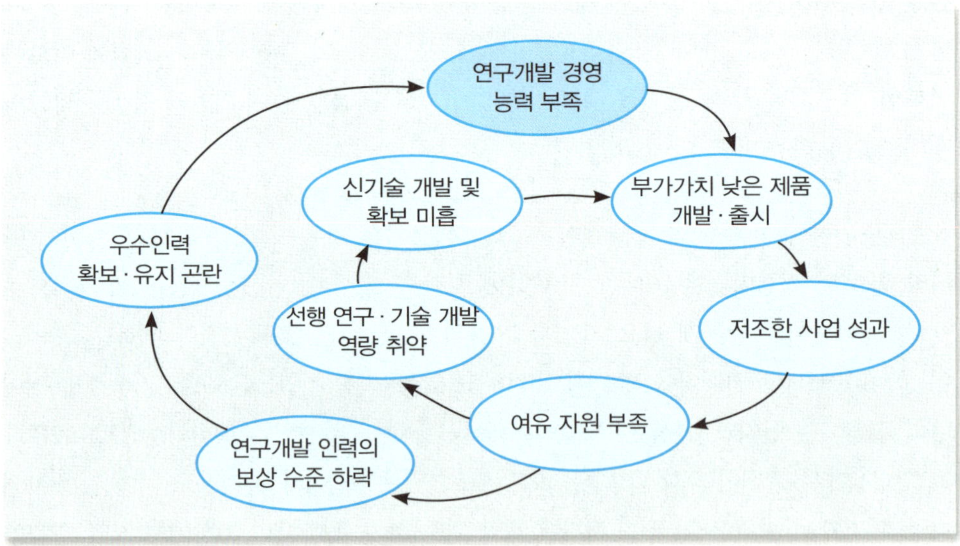

시장지향적 연구 · 기술개발의 수행 프로세스

시장지향적 연구·기술개발을 전개하는 기업들은 연구개발 수행시 목표시장 및 고객의 소리에 세심하게 귀를 기울이고 그들의 흐름 및 욕구를 정확히 파악하는 것을 가장 중요시 한다. 또한 이렇게 파악된 욕구를 제품기획에 반영하고 고객을 만족시키는 제품개발을 위해 필요한 기술은 자체 개발이나 아웃소싱 등 어떤 방법을 통해서든 확실하게 확보한다. 이러한 연구·기술개발 프로세스를 구현하기 위해 시장지향적 기업들은 고객을 파트너요, 자산으로 인식하고, 경쟁사의 동향을 정확하게 파악하여 그들이 향후에 어떤 행동을 할 것인지를 정확히 예측하고 있다. 또한 시장조사를 통찰력 확보 및 중요 의사결정의 기초 자료로 활용하며, 시장 및 고객 욕구를 가장 중요한 의사 결정의 기준으로 삼고, 내부 조직 운영시에는 실수로부터의 학습과 환경 변화에 신속·유연한 대응을 중요시 한다.[50] 이러한 시장지향적 기업과 대조를 보이는 기술중심적 기업에 대한 비교를 〈표 5.1〉에서 보여주고 있다.

표 5.1 시장지향적 기업과 기술중심적 기업의 비교

	시장지향적 기업	기술중심적 기업
연구·기술개발 프로세스	시장·고객 욕구파악 → 제품기획 및 개발 → 필요 기술개발 및 확보	필요 기술 개발 및 확보 → 제품기획 및 개발 → 시장·고객 욕구파악
고객을 바라보는 관점	파트너 관계, 자산으로 인식	상하 관계, 비용으로 인식
경쟁사 파악 수준	동향을 정확히 파악하고 있으며, 미래 행동을 정확히 예측	동향을 정확히 모르고, 미래 행동에 대한 예측 미흡
시장조사	통찰력 확보 및 중요 의사 결정의 기초 자료	조직 내부적으로 이미 결정된 사항에 대한 정당화 도구
의사결정 수준	시장 및 고객 욕구 등 조직 외부	개발자의 욕구 등 조직 내부
조직 운영방식	시장 및 고객 욕구에 따라 신속·유연하게 조직을 재구축하고, 실수로부터의 학습을 강조	기존의 관행 및 단기 성과를 중시하고, 실수의 회피를 강조

이제 시장지향적 연구·기술개발을 전개하는 기업들이 취하는 연구·기술개발 프로세스를 단계적으로 살펴본다.

(1) 시장·고객 욕구파악

이 단계는 시장지향적 연구·기술개발의 출발점으로, 고객을 감동 혹은 만족시킬 수 있는 제품을 개발하기 위해 고객욕구를 파악하는 과정이다. 기업들은 가장 먼저 고객 관련 데이터 및 정보를 수집한다. 수집된 데이터와 정보를 가지고 고객의 객관적인 신상 혹은 구매 성향 등을 이해한다. 그 다음 단계는 고객 이해를 바탕으로 고객 취향의 파악, 특성 파악 등 고객 관련 지식을 확보한다. 고객 지식이 쌓이면 고객의 명시적 욕구는 물론 잠재적 욕구를 파악하는 고객 관련 통찰력을 얻고 이를 제품개발 및 기술개발의 기준으로 삼는다. 즉, 고객에 대한 통찰력을 확보한 수준이 된다면 시장지향적 연구·기술개발을 할 수 있는 튼튼한 기반을 확보하게 되었다고 볼 수 있다.

(2) 제품기획 및 개발

고객욕구를 파악하여 제품기획 및 개발에 적용하는 원칙은 다음과 같다. 첫째는 고객에게 영향을 미치는 시장요인 및 추세를 심도있게 이해하고 이로부터 얻은 통찰력 있는 내용을 신제품 개발의 기본 방향으로 활용한다. 둘째는 관찰된 시장의 흐름으로부터 보다 구체적이고 잠재적인 고객의 욕구를 찾아낸다. 셋째는 시제품에 대한 고객의 구체적인 반응을 평가하여 제품기획 및 개발 활동에 신속하게 피드백한다. 넷째는 다양한 고객욕구 간의 우선 순위를 명확히 설정하여 이를 제품 기획 및 개발에 체계적으로 반영한다.

시장지향적 연구·기술개발을 성공적으로 전개하는 기업들은 자사의 제품이 경쟁사의 제품보다 고객에게 더 많은 가치를 주는 방향으로 제품을 기획 및 개발하도록 설정한다. 그리고 이를 기술개발로 연결시킬 때 몇 가지 원칙을 따르고 있다. 첫째는 제품기획 및 개발시 미충족된 고객 욕구를 주로 반영한다. 둘째는 기존의 경쟁사 제품이 잘 모방할 수 없는 특성을 제품기획 및 개발에 반영한다. 셋째는 도전적인 제품기획 및 개발을 설정하였으면 이를 실현하기 위한 기술을 과감한 투자와 지속적인 노력으로 반드시 확보한다.

(3) 필요 기술개발 및 확보

시장 및 고객의 욕구와 제품기획 및 개발을 충족할 수 있는 기술을 확보하기 위해서 일반적으로 다음의 3단계 과정을 거친다.

• 단계 1 : 기술 역량 평가

첫 단계는 현재 조직내 보유하고 있는 기술적 역량을 평가하는 것이다. 현재 조직이 보유하고 있는 기술은 무엇이며 그 수준과 강·약점이 무엇인지를 평가한다. 특히, 보유 기술수준에 대한 평가를 기존 고객 혹은 잠재 고객의 관점에서 매우 체계적으로 실시한다. 따라서 현재 조직내에 확보되지 않은 기술이라도 고객이 원하는 제품을 개발·확보하기 위해 필요한 기술이라면 이를 핵심기술로 지정하여 자체개발이든, 아웃소싱이든 적합한 방법으로 반드시 확보한다.

• 단계 2 : 신기술의 지속적인 모니터링

둘째 단계는 기존 기술뿐만 아니라 향후 경쟁의 법칙을 변화시킬 가능성이 있는 외부 신기술 동향이나 경쟁사의 기술능력을 지속적으로 감시하는 것이다. 메인 프레임 시장을 지배했던 IBM이 그보다 기술적으로 훨씬 쉬운 미니 컴퓨터 시장을 놓친 것이나 대형 복사기 시장을 장기간 주도하고 있었음에도 불구하고 소형 복사기 시장에서의 수익 기회를 놓친 제록스의 사례 등은 자신의 시장 지배력을 와해시킬지도 모르는 외부 신기술의 변화에 무관심하여 적절한 대응을 하지 않았기 때문이다. 이러한 교훈들을 실제로 지켜 본 기업들은 기술동향, 경쟁 기업의 전략, 고객의 욕구가 변화하면 개별 제품뿐만 아니라 사업 전체에 중대한 위협요인이 될 수 있다고 보고 이들 제반 요인에 대한 변동추이를 정확히 파악할 수 있는 감시체제를 가동하고 있다.

• 단계 3 : 기술 확보 방안 수립·평가

셋째 단계는 시장·고객 욕구파악, 차별화된 제품기획 및 개발 설정, 기술 역량 분석 및 신기술 모니터링 결과 등을 종합하여 확보해야 할 기술들의 우선 순위와 확보 수단을 명확히 설정하는 것이다. 물론 이때에 확보 수단으로는 기업 자체적으로 핵심기술을 개발·확보하는 방안과 외부 연구기관이나 기업으로부터 아웃소싱하는 방안 등을 모두 검토한다. 중요한 점은 시장 및 고객 욕구를 충족시키기 위해서라면 자체

개발이든, 아웃소싱이든 어떤 방법을 활용해서라도 반드시 필요기술을 확보한다는 것이다.

기술로드맵 활용

최근 연구개발 경영의 주요추세는 (1) 시장지향적 연구개발, (2) 효율성 높은 연구개발 투자, (3) 다양한 소싱 방법을 활용한 연구개발 등으로 요약할 수 있을 것이다.[71] 이런 환경 속에 전략의 방향도 시장 대응형 전략에서 시장 개척형 전략으로 바뀌고 있고, 전략의 성공요소로 경영자원, 조직역량보다는 비전, 전략적 의지 등이 부각되고 있다. 새로운 변화 속에 기업은 기술로드맵 수립의 혁신을 통하여 최근 나타나고 있는 연구개발의 3가지 추세에 부합되는 방향으로 연구개발 경영을 이끌어 나갈 수 있을 것으로 기대된다.

기술로드맵 수립의 혁신을 위해서는 〈표 5.2〉에서 제시하는 것과 같이 시장·고객의 욕구반영, 전사적 협업체제 구축, 장기적 계획수립 및 계속적인 업데이트 등이 실현되어야 한다. 구체적인 기술로드맵 수립과정은 〈그림 5.2〉와 같이 크게 목표시장 설정, 목표시장 공략을 위한 제품선정, 제품구현을 위해 필요한 기술결정 등 세 단계를 거쳐 수행되어야 한다.

표 5.2 국내 기술로드맵의 실태와 혁신방안

실 태		혁신 방안
주체	시장/고객에 대한 이해가 부족한 연구개발 부서중심으로 수립	연구개발 부서는 물론 시장 상황, 경영 전략을 잘 아는 마케팅, 영업 및 전략기획 부서 등을 포괄하여 전사적으로 수립
기간	단기(2~3년) 로드맵에 그침	중장기(5~10년) 로드맵 작성 필요
사후 관리	계속적 업데이트 없이 단발성에 그침	연 1~2회 이상 주기적인 업데이트 필요
기술 범위	자사 자원을 통해 확보 가능한 단순한 기술 예측에 한정	시장이 원하는 제품 개발을 위해 필요한 모든 기술에까지 확장
활용 방법	연구개발 부서의 업무 계획에 그침	전사적인 경영 비전 및 전략 공유 방법으로 활용, 부서간의 커뮤니케이션 수단으로 활용 가능

그림 5.2 기술로드맵 수립 프로세스

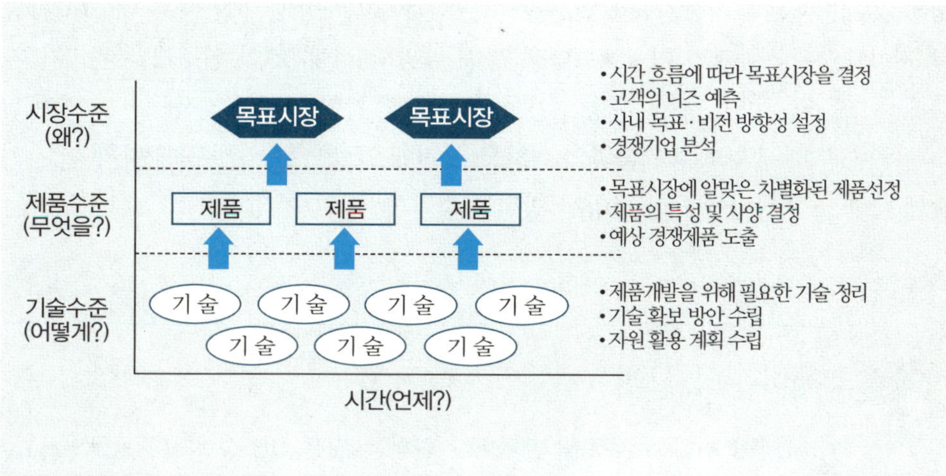

기술로드맵 수립의 첫 단계(시장수준)는 시간 흐름에 따라 목표시장을 결정하는 것이다. 시장조사를 통해 향후 5~10년간에 걸친 장기적인 고객욕구의 변화를 예측하고, 이를 고려해 목표시장을 정해야 한다. 목표시장 결정을 위해서는 사내의 목표와 비전 등 방향성 결정이 선행되어야 할뿐 아니라, 예상 경쟁업체에 대한 분석도 필요하다. 이를 위해서는 연구개발 부서 단독 작업은 불가능하고, 영업, 마케팅, 전략기획 부서와의 협업이 필수적이다. 결국 기술로드맵 작성 과정은 회사의 목표 및 비전 등 지향점을 공유하는 부수적인 효과도 있다. 또한 기술로드맵은 기술개발의 투자 우선순위 결정 등 단순한 연구개발 차원을 넘는 경영 전략적인 측면을 포함하고 있다.

다음으로 제품수준에서는 목표시장을 만족시킬 제품을 선정한다. 목표시장을 적절히 공략할 수 있는 차별화된 제품을 도출하고, 그 제품의 특성 및 사양을 결정해야 한다. 마지막으로 기술수준에서는 제품개발을 위해 필요한 기술들을 정리한다. 이러한 기술들은 자사 자원 내에서 확보 가능한 기술의 범위를 넘어서는 포괄적인 기술로드맵이어야 한다. 이러한 기술로드맵 작성 후에는 연 1~2회 정도의 주기적인 업데이트가 필수적이다. 기술로드맵에는 필요한 기술확보를 위한 전략도 포함될 수 있다. 기술로드맵을 통해 자사의 자원을 바탕으로 확보 가능한 기술과 그렇지 못한 기술을 구분하고, 이에 대한 적절한 소싱 방안 수립이 뒤따라야 한다.

혁신적 기술로드맵 수립을 통한 기술개발은 목표시장을 위한 제품 기반 하에 도출된 것이기 때문에 시장지향적 연구개발이 될 것이고 시장에 대한 빠른 대응도 가능할 것이다. 또한 중장기 기술로드맵을 통해 일관되고 체계적인 연구개발 관리가 가능해져 효율 높은 연구개발 수행이 가능할 것이다. 뿐만 아니라 제품구현을 위해 필요한 기술과 현재의 보유 기술과의 격차를 사전에 인식할 수 있게 됨에 따라 필요 기술에 대한 소싱 방안에 대한 다양한 방법을 강구할 수 있을 것이다.

에디슨의 실패

고객이 원하는 제품을 만들어야 한다는 것은 GE 설립자이자 발명가로 우리에게 잘 알려진 에디슨의 일화에서 단적으로 알 수 있다. 1868년 그는 자신이 발명한 전자식 투표 용지 카운트기가 시장에서 외면 당하는 아픔을 겪었다. 기계는 완벽하게 작동했다. 그러나 발명된 제품의 주 고객이었던 정치인들은 때로는 투표결과 개표를 고의로 지연함으로써 의사 진행을 방해하는 전략을 구사하기도 하였는데, 이런 정치인들에게 자동으로 신속하게 개표가 이루어지는 전자식 개표 기계는 별로 달가운 존재가 되지 못했다. 이후, 에디슨은 '아무리 기술적으로 뛰어난 제품이라 할지라도 고객이 원하는 제품이 아니라면 발명하지 않겠다'는 다짐을 하였다. 철저한 고객 중심의 제품 개발 철학은 오늘날 GE가 성공하게 되는 기초가 되었던 것이다. 에디슨의 일화는 시장에서 팔리지 않는 제품이라면 아무리 기술적 성능이 우수해도 시장에서 자연 도태될 수밖에 없다는 면에서 우리에게 시사하는 바가 크다.

[출처 : 참고문헌 63 참조]

5.2 기술개발 전략수립

전략수립

연구개발이나 기술개발은 기업의 중장기 경영전략의 일환으로 다루어져야 한다. 좁은 범위에서는 연구·기술개발 전략이 효과적 기술개발을 목표로 하겠지만, 넓게는 기업의 중장기 경영전략의 여러 목표를 뒷받침 하도록 연계되어야 한다. 기업의 중장기 경영전략과 연결하여 연구·기술개발 전략을 구상하고자 할 때 그 전략 내용이나 범위가 연구개발 중심이냐, 기술개발 중심이냐, 아니면 필요기술의 획득이냐가 중요한 의미를 갖게 된다. 하지만 기업차원에서는 경영활동의 내용이 무엇이든 간에 계획된 목표의 달성이 가장 중요한 것이므로 이에 필요한 기술의 획득이 기술개발 전략의 주 관심사가 된다.[45] 이때 필요한 기술획득 방법으로 자체적 연구개발, 기술도입, 합작 등 여러 가지가 고려될 수 있는데 여기서는 이들 전체를 묶어 기술개발 방법으로 취급하기로 한다.

기업의 전략수립은 〈그림 5.3〉에 제시된 기본요소들로 구성되며 이들 요소를 면밀하게 검토 분석하여야 한다. 일반적으로 전략이란 주어진 목표 또는 설정된 목표를 효과적으로 달성하기 위한 경로나 종합적 방안을 뜻하는 것이나 실제로는 목표가 주어지거나 이미 설정된 것으로 가정하는 것이 아니라 목표설정의 체계화 내지는 목표설정 방법 자체를 전략수립의 내용으로 포함하고 있다. 이와 같은 관점에서 전략수립이란 목표설정, 설정된 목표달성을 위한 수단 및 방법의 강구라고 간단히 정의할 수 있다. 물론 효과적인 목표달성을 위해서는 수단 및 방법이 고려되어야 할 것이므로 목표설정 → 수단 강구 → 목표 재조정 등의 순환관계를 갖게 된다.

그림 5.3 기업의 전략수립 기본요소

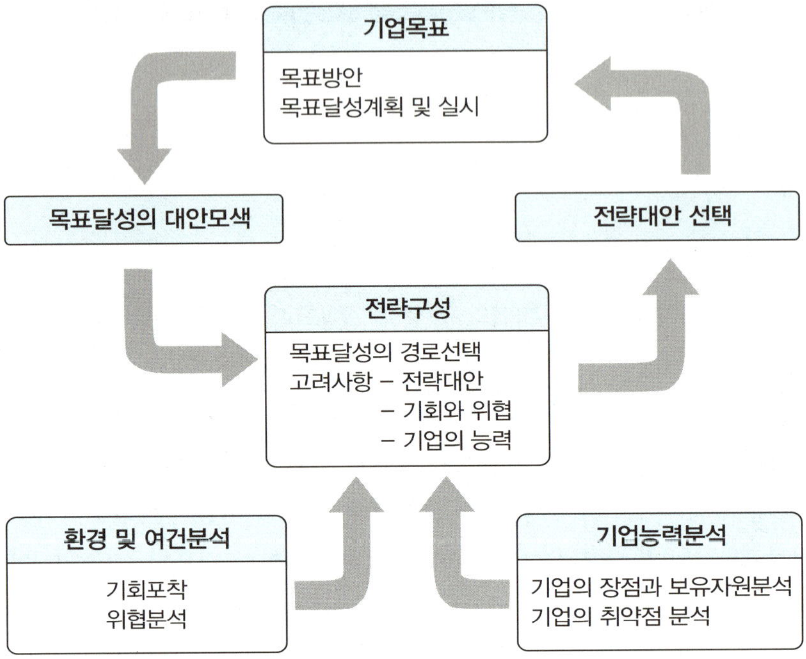

기술개발은 환경 및 기술내용의 복잡성, 목표달성의 불확실성, 연구방법의 전문성 등 때문에 목표설정 및 수단 강구에 관련된 전략수립이 매우 어렵다. 그러나 한 가지 분명한 것은 사업전략이 여타 경영기능별 전략의 근간이 되는 것처럼 기술개발전략의 모체는 기업의 전체적 전략에서 출발해야 한다는 것이다.

〈그림 5.4〉에서 보는 바와 같이 기술개발전략은 사업전략에서 출발하여 주로 신제품, 신공정에 관련된 기술개발의 기초를 제공하여 구체적 연구개발 프로젝트를 형성한다. 이와는 달리 기존제품과 기존공정에 관련된 것은 투자사업의 프로젝트가 된다. 기술개발전략은 넓은 의미에서 연구개발 프로젝트와 투자사업 프로젝트의 기술적 사항들을 모두 포함하도록 해야 한다.

기술개발전략을 수립하기 위해서는 환경분석, 필요성 또는 수요분석, 수단 및 방법의 분석 등을 통한 기술개발 목표가 잘 파악되어야 한다. 이러한 환경분석, 필요성 분석, 수단분석 등은 그 범위가 너무 방대하기 때문에 특정 시각에 초점을 맞추어 집중적 분석을 해야만 할 것이다.

그림 5.4 기술개발 전략수립

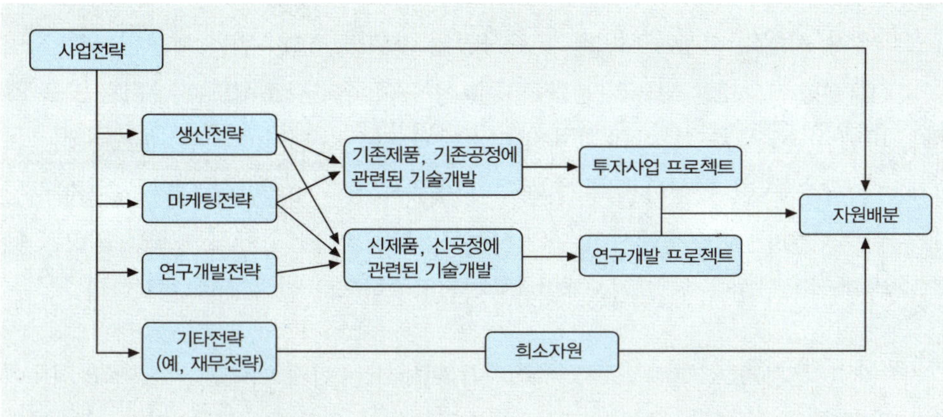

위와 같은 분석을 통해 기술개발에 필요한 자원배분이 연결되며 그와 같은 관계를 〈그림 5.5〉에 나타내었다. 기업의 기존제품 및 서비스 영역에 근거한 목표, 전략에 따라 기술개발 목표가 제시되고 이를 뒷받침하는 자원배분이 이루어진다. 이러한 기술개발 결과는 기존사업에만 연관되어 뒷받침하는 것이 아니라 신규사업의 기회를 마련하기도 하며 기술판매 등으로 연결되기도 한다.

그림 5.5 기술개발과 사업전개

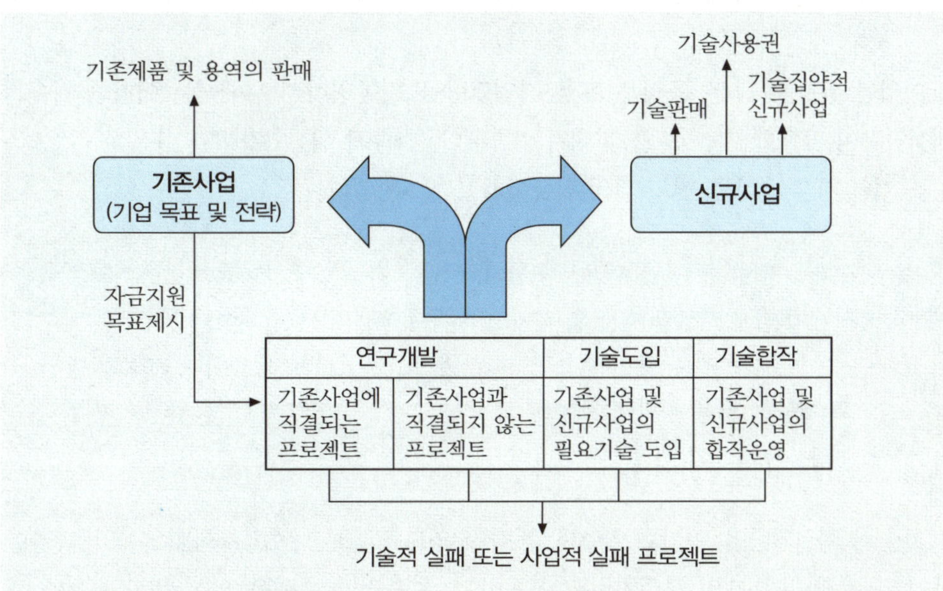

사업전략의 명확화

불확실한 사업의 미래에 대비하고 자사만의 차별적 경쟁우위를 확보한다는 사명을 고려할 때, 기술개발 기능의 전략적 중요성은 아무리 강조해도 지나치지 않을 것이다. 더구나, 해당 사업분야의 세계적 강자들과 경쟁을 벌여야 하는 요즈음에는 기술개발 역량수준 및 활성화 여부가 사업의 재무적 성과에 커다란 영향을 미치게 된다. 따라서 기업 전체 수준에서 향후의 사업 전개 방향이나 전략적 목표를 명확히 한 후, 이러한 목표달성을 위한 기술개발 투자를 적극적으로 실시해 나가야 한다.[25]

기술개발 투자가 효과적으로 이루어지기 위해서는 먼저 어떠한 기술이나 제품이 향후에 필요한 지를 파악해야 한다. 그러자면 고객의 욕구, 경쟁사의 향후 어프로치, 관련 산업계의 기술동향 등 사업환경에 대한 포괄적이고도 구체적인 분석이 수반되어야 하며, 이를 토대로 향후 자사의 경쟁전략 및 사업영역, 그리고 제품별 포지셔닝을 포함하는 전략목표를 설정해야 한다.

향후의 사업 전개 방향을 명확히 하고, 향후의 확보 필요 기술을 정의해 내기 위해서는 현재 자사가 보유하고 있는 기술적 역량을 평가해 보아야 한다. 현재 자사가 보유하고 있는 기술은 무엇이며 그 수준과 강·약점은 무엇인지를 요소 기술 단위별로 평가, 파악할 필요가 있다.

이러한 활동의 근본 목적은 향후 사업전략을 뒷받침하기 위해서는 어떠한 기술적 핵심역량이 필요한 지를 도출해 내기 위함이다. 기술적 핵심역량이란 다음과 같은 특성을 지닌 기술적 학습 및 스킬의 집합이라고 할 수 있다.

- 고객을 위한 제품 및 서비스에 있어 독특한 기능성과 차별적인 경쟁우위를 제공
- 고객에 의해 인식된 제품 및 서비스 가치에 매우 중대한 기여
- 기존의 최종 제품 및 서비스 그리고 시장에 다양하게 활용되며, 그밖의 다른 곳으로도 그 활용이 확대 가능
- 경쟁자가 모방하기 힘듦

기술적 핵심역량을 평가함으로써, 전략적 의도 및 초점을 명확화할 수 있을 뿐만 아니라, 현재 및 미래의 사업기회를 확인하고, 기술전략 수립을 위한 핵심 이슈를 도

출하며, 보다 효과적인 사업 프로세스 및 상호 보완적인 조직 운영체제를 개발할 수 있다.

제품 포트폴리오에 의한 기술개발전략

대부분의 기업은 한 가지 이상의 제품을 생산 판매하고 있다. 이런 기업이 기술개발전략을 수립하고자 할 경우, 개별 제품에 대한 분석을 실시하여 이를 체계적으로 분류한 다음 기술개발전략을 수립하여야 한다. 이때 가장 널리 알려진 기법이 보스턴 컨설팅 그룹이 개발한 제품 포트폴리오이다. 제품 포트폴리오는 개별 제품을 제품의 시장유망성과 경쟁위치에 따라 구분한다. 여기서 시장유망성은 해당 제품의 시장수요 증가율의 고저로, 경쟁위치는 시장점유율을 최근접 경쟁자와의 상대적 크기의 대소로 나타낸다.

〈그림 5.6〉은 제품 포트폴리오의 도표를 보여주고 있다. 여기서 시장유망성과 경쟁위치의 고저, 강약에 따라 각각 2등분하여 4개 구역으로 나누고 유망성이 높은 시장에서 선두적 위치를 차지하고 있는 제품은 주역제품으로, 추종적 위치에 있는 제품은 문제제품으로 분류한다. 또한 수요성장률이 둔화되거나 정체되어 있는 시장에서 선두적 위치를 차지하고 있는 제품은 황금젖소제품으로, 추종적 위치에 있는 제품은 패퇴제품으로 분류한다.

그림 5.6 제품 포트폴리오

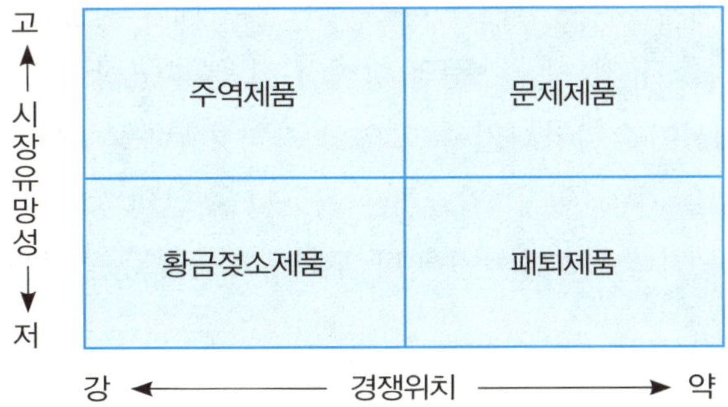

〈그림 5.7〉은 제품 포트폴리오에 근거한 기술개발전략을 제시하고 있다.[45] 여기서 주목할 사항은 시장유망성과 경쟁위치를 좀더 세분하여 각각 3등분하고 있는 것이다. 이제 각각의 경우에 알맞은 기술개발전략을 살펴보면 다음과 같다.

그림 5.7 제품 포트폴리오 분석에 의한 기술개발전략

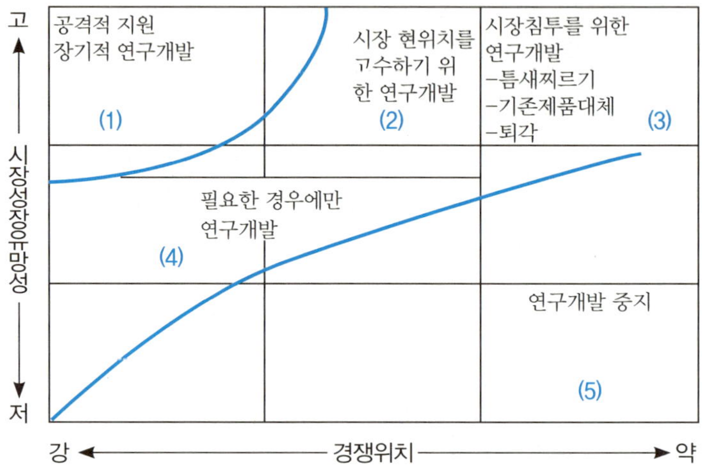

(1) 주역제품에 관련된 기술개발 활동은 현재의 선두적 위치를 지키면서 시장수요의 확장을 대비하여 적극적이고 공격적인 연구개발 및 기술개발전략을 밀고 나가도록 한다. 연구개발은 장기적 관점에서 광범위한 투자활동으로 뒷받침되어야 하며 자체역량에 의한 연구개발 활동 뿐 아니라 외부 기술채택·기술도입·위탁연구 등도 아울러 추진한다.

(2) 주역제품과 문제제품의 중간에 속하는 제품군에 대한 기술개발전략의 기조는 이들 제품의 경쟁위치를 유지하는 수준의 방어적 전략이다. 방어적 기술개발전략의 구체적 내용이 제품개선이나 다양화일 수도 있고 가격경쟁력을 높이기 위한 생산성향상에 관련된 기술개발일 수도 있다. 기술개발 목표나 수단의 동원에 있어서 이 제품군의 방어적 전략은 공격적 전략과 비슷하나 투자규모나 활동범위가 상대적으로 제한적일 뿐이다.

(3) 문제제품군의 근본적 기술개발전략은 선택적 시장침투 목표를 뒷받침하기 위한 것이다. 이 경우 전면적 신시장 진출전략은 무모한 것으로 제한된 자원을 가장 효

과적으로 활용할 수 있는 목표를 세운 다음, 이에 대한 집중적 기술개발을 수행하도록 한다. 구체적 목표설정은 특수고객, 특수시장을 대상으로 하는 틈새찌르기식의 제품개발을 겨냥하거나, 선두업체의 잘 알려진 제품을 대체할 수 있는 신제품을 개발하는데 연관시키도록 한다. 위와 같은 목표설정이 어렵고, 또한 전면적 공격전략의 승산이 적을 때에는 차라리 해당 제품의 시장퇴각을 과감히 결정하는 것도 한 가지 방책이다.

(4) 시장점유율은 높으나 수요성장성은 둔화된 황금젖소 제품군에 대한 기술개발 전략은 필요한 경우에만 최소한의 방어적 연구개발을 수행하는 것이다. 대개 이 부류의 기술개발 활동은 제품의 혁신적 개선이기 보다는 점증적 개량을 목표로 하며 특히 새로운 고객층을 대상으로 하는 제품모형 다양화에 역점을 둔다. 또한 가격경쟁이 주요 경영변수이므로 생산성 향상을 위한 공정개선이나 적은 투자규모로 이룩할 수 있는 자동화 등에도 관심을 가져야 한다.

(5) 패퇴제품에 대한 기술개발전략은 기본적으로 연구활동의 중지이다. 즉 해당제품의 생산 중지여부를 확실히 결정하되 퇴각에 따른 위험부담이 별로 없을 때는 신속한 퇴각을, 그렇지 않은 경우에는 응분의 대비책을 강구하도록 하며 당연히 이들 제품에 대한 연구개발 및 기술지원 활동은 원칙적으로 중단된다.

제품 수명주기이론에 의한 기술개발전략

제품수명주기란 〈그림 5.8〉과 같이 제품이 신제품으로 시장에 도입된 후 성장품목이 되었다가 마침내는 사양품목이 되어 시장에서 도태하게 되기까지의 시간적인 과정을 말한다.[34] 이와 같은 제품수명주기에 따라 제품의 여러 특성과 관련 전략이 어떻게 바뀌는가를 이론화시킨 것이 제품 수명주기이론이다.

그림 5.8 제품수명주기

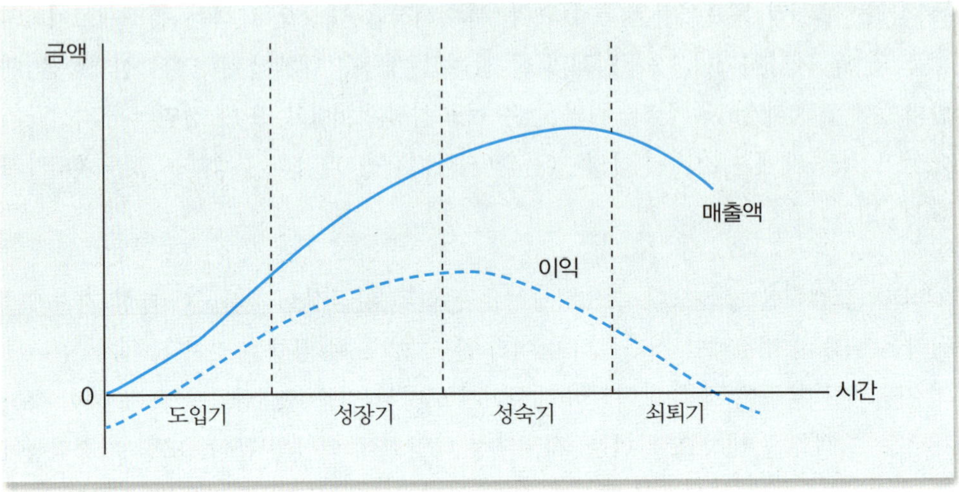

제품수명주기 단계별 전형적 전략이 〈그림 5.9〉에 제시되어 있다. 이러한 단계별 전략에 맞추어 다음과 같은 기술개발전략이 구성되어야 효과적 기업발전이 가능할 것이다.

- 도입기에는 자체적 연구개발, 특히 신제품에 관련된 연구활동에 집중
- 성장기에는 신제품의 연구개발보다는 엔지니어링 활동에 집중. 엔지니어링 활동은 제품의 개선, 공정의 체계화 내지는 자동화, 표준제품의 설계 등에 역점
- 성숙기에는 대량생산기술에 힘을 기울이게 되어 거의 완벽한 체계적 공정기술을 발전시키게 되며 가격경쟁력을 갖추기 위한 온갖 노력이 경주
- 쇠퇴기에는 혁신정체기가 되어 기술적 요소는 그 중요성을 잃게 되며 새로운 혁신적 대체품이 나올 때까지 기업은 마케팅, 유통, 재무적 전략에 의해 치열한 가격경쟁을 벌임

그림 5.9 제품수명주기 단계별 전략

<table>
<tr><td colspan="2" rowspan="2"></td><td colspan="4">상대적 경쟁위치</td></tr>
<tr><td>강함</td><td>보통</td><td>약함</td><td>퇴각(?)</td></tr>
<tr><td rowspan="4">제품수명주기단계</td><td>도입기</td><td colspan="3">시장점유율 증가전략</td><td rowspan="2">다각화전략
또는
청산전략</td></tr>
<tr><td>성장기</td><td colspan="2">성장전략</td><td></td></tr>
<tr><td>성숙기</td><td colspan="2">고이익전략</td><td>특수시장
집중화전략</td><td>투자철회
전략</td></tr>
<tr><td>쇠퇴기</td><td colspan="2">투자감소전략</td><td></td><td></td></tr>
</table>

5.3 연구·기술개발 프로젝트 관리

프로젝트 관리

연구개발 경영의 성공은 궁극적으로 개개 연구·기술개발 프로젝트의 성패로 좌우되므로 전체적인 관점에서 연구개발 경영이 성공적으로 수행되기 위해 개별적인 연구·기술개발 프로젝트 관리의 중요성이 강조된다. 개개 프로젝트의 성공에 가장 중요한 요소는 어떤 내용의 성격을 갖는 프로젝트를 선정 수행하느냐 하는 목표설정의 적합성이다.[42] 적합한 목표를 갖는 프로젝트를 선정하기 위해서는 전체적 연구개발 경영 관점에서 개개 프로젝트를 평가하여야 한다. 가끔 개개 프로젝트의 통제·관리 기법이 연구개발 경영에서 강조되기도 하지만, 관리기법이란 좋은 목표가 주어진 상황에서 훌륭한 몫을 할 것이나 그렇지 못한 경우에는 과정상으로는 기여를 하더라도 전체적인 연구개발 경영에는 큰 공헌을 하지 못한다. 따라서 연구개발 경영은 연구·기술개발 프로젝트 관리를 개별차원에서 뿐만 아니라 전체적인 연구개발 경영 관점에 비추어 고려해야 한다.

일반적으로 프로젝트 관리에서는 다음과 같은 특성을 고려한다.

- 프로젝트의 목표 : 기대효과
- 일정 : 소요기간 및 필요시기
- 비용 : 프로젝트 전체 비용과 내용별 비용
- 복잡도 : 기술적 필요사항과 수준
- 프로젝트 임무수행의 과업별 규모와 내용
- 프로젝트 수행의 소요자원 (소요인원과 비용)
- 조직구조와 프로젝트구조
- 정보관리와 통제시스템

프로젝트 수행과정은 프로젝트 계획단계에서 목표, 구체적 수행내용, 전략 등을 설정한 다음 이에 관련된 절차와 기술을 정해 놓고 다음 예비적 설계와 예상되는 문제점을 사전에 점검한다. 수행단계로 넘어와서는 진행 결과를 지속적으로 파악하여 그 진행 결과를 사전에 정해둔 진도나 질적 성취도와 차이가 있는가를 비교하여 차이가 있든지 문제점이 있으면 수정 작업을 실시한다. 수정 내용은 목표 자체일 수도 있고 절차나 진도 등이 될 수도 있다. 〈그림 5.10〉은 이들 과정과 내용을 요약해서 나타낸다.

그림 5.10 프로젝트 수행과정과 주요내용

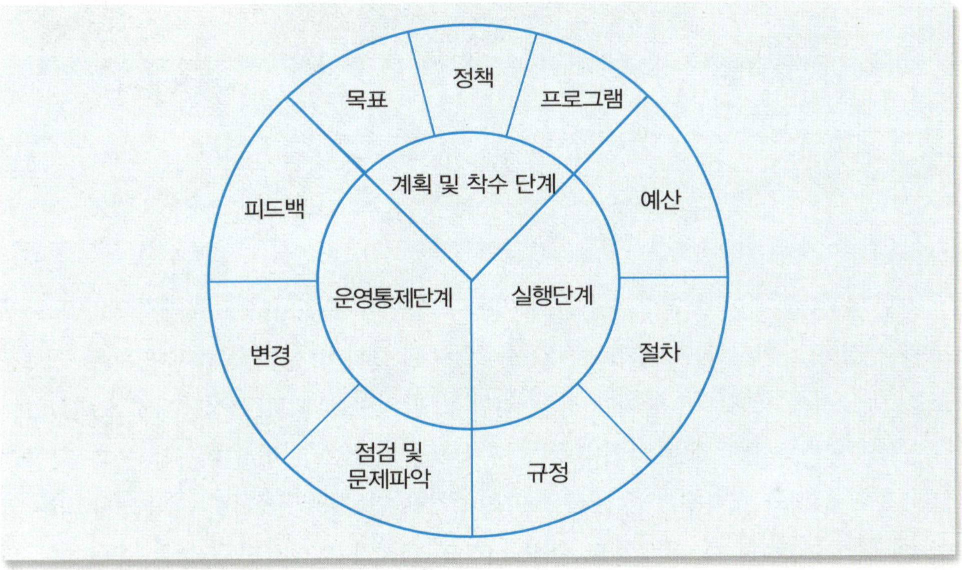

프로젝트 평가

프로젝트를 평가하는 작업은 기업의 연구개발 활동을 상업적 성공으로 연결시키기 위한 핵심적인 요소이다. 평가를 통해 기업이 달성하고자 하는 근본 목적은 실행 성과의 점검을 통해 계획 및 목표 수립시의 문제는 무엇이었고, 성과 실현에 영향을 미친 여러 가지 요인을 분석하여 실행 대안이 얼마나 효과적이었는지를 확인하는 것이다.[1] 또 문제점을 해결·개선하기 위한 방안을 모색하고 이에 기초하여 차기의 계획을 수립하는 피드백이야말로 평가의 본질적인 목적이 된다.

프로젝트 평가는 일반적으로 〈그림 5.11〉에서 보여주는 바와 같이 선정·진행 및 완료·추적 등의 세 단계에 걸쳐 진행된다.[49]

그림 5.11 프로젝트 평가의 목적 및 내용

단계	선정 발의 → 검토 → 계획	진행 및 완료 설계심사 → 특성심사 → 품평회 → 양산이관	추적
목적	- 사업 및 연구개발 전략에 부합되는 프로젝트 선정 - 프로젝트 우선 순위에 따른 전략적 자원 배분	- 기능간 협력 체제 강화를 통한 프로젝트의 성과 제고 - 연구개발 책임자 및 인력의 연봉 결정을 위한 기초 자료로 활용	- 피트백을 통한 향후 유사 프로젝트 기획의 기초 자료로 활용
내용	- 시장성, 기술성, 경제성 등에 대한 검토 - 위험과 수익평가	- 수행 단계별로 프로젝트의 효율적 수행여부 및 결과에 대해 평가 - 프로젝트 환경변화 검토	- 프로젝트 결과의 실제 기술·사업 기여도 평가 - 개별 프로젝트 성공·실패 요인 파악

(1) 프로젝트 선정 평가

제한된 자원 속에서 연구개발 프로젝트가 성공하기 위해서는 효과적으로 프로젝트를 선정하고 선정한 프로젝트를 효율적으로 수행해야 한다. 즉, 제대로 된 프로젝트를 발굴하여 제대로 수행해야 하는 것이다. 만일 프로젝트 선정단계에서 내실있는 운영을 하지 못하면 개발 투입 자원 불충분 및 개발 프로세스 미정착 등과 맞물려 프로젝트 수행의 효과성과 효율성을 약화시키고 연구개발 성과를 제약하게 되는 일이 발생할 수 있다. 즉, 프로젝트 선정·기각의 단계가 부실하면 불충분·불균형 등의 자원배분 문제가 야기된다. 이러한 결과 핵심 프로젝트에 자원을 집중 투입하지 못하게 되고 프로젝트는 단기 중심의 최소한의 필요 활동의 수행에 그친다. 이는 충분한 시장조사 등 중요한 업무와 필요 정보 축적을 하지 못하고 결국 다시 선정·기각 결정의 어려움으로 이어지는 악순환의 사이클에 빠지게 된다.[48] 이러한 악순환을 〈그림 5.12〉에서 보여준다.

그림 5.12 연구개발 성과 제약의 악순환 사이클

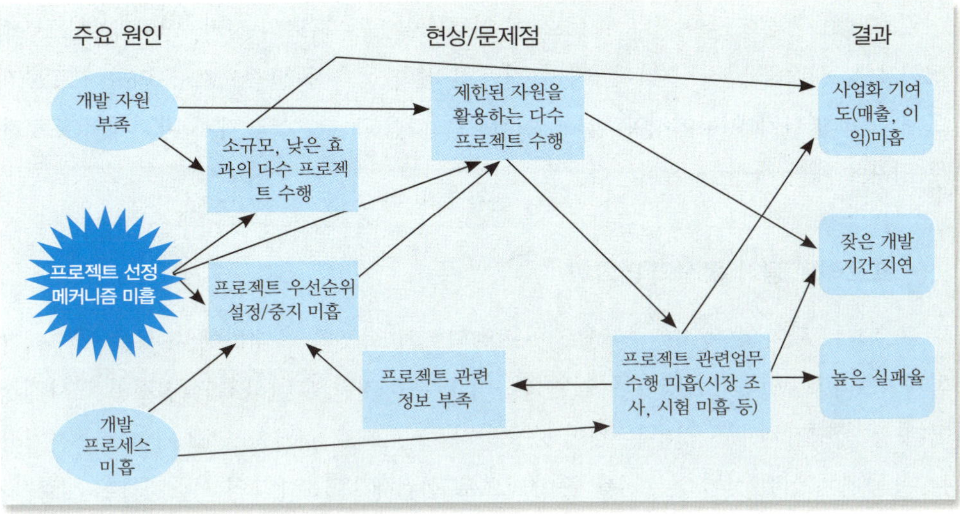

프로젝트 선정 평가는 기술전략을 개별 프로젝트로 구현하기 위한 연결 역할을 수행하는 연구개발 기획분야의 핵심전략으로서 그 중요성이 매우 높다. 그러나 선정단계는 프로젝트 관리의 선행 단계로서 불확실성이 가장 높으므로 프로젝트와 관련된 신뢰성 있는 정보를 체계적으로 수집하고 축적하는 작업이 먼저 선행되어야 할 것이다. 따라서 현실적으로는 프로젝트 선정 평가에 앞서 개별 프로젝트의 진행·완료 평가를 통해 관련 정보를 축적함으로써 선정 평가를 제대로 수행할 수 있는 역량을 강화해야 하며, 또한 기능간 연계 활동과 선정 평가 역량을 보유한 전문가 육성 및 이들을 적극적으로 지원할 수 있는 연구개발 관리부서의 강화가 중요하다.

프로젝트 선정 평가 내용은 기대효과와 제약조건 관점에서 결정한다. 예를 들어, 기대효과의 경우에는 시장성, 경제성, 기술성 등을 고려하고 제약조건의 경우에는 경쟁 현황, 개발 난이도, 요구자원 등을 고려한다. 또한 프로젝트 선정 평가 내용은 기술개발, 제품개발 등 평가 대상에 따라 차별적으로 적용하는 것이 타당하다. 예를 들어, 기술개발 프로젝트는 기술성(기술 축적 효과, 기술 파급 효과 등)을, 신제품 개발 프로젝트는 시장성(사업·기술 전략과의 연계성, 고객 욕구 적합성, 시장 규모·성장성 등)을, 그리고 개량·개선 제품개발 프로젝트는 경제성(매출, 경상 이익, 투자 효율성 등)을 중요시 한다.

(2) 프로젝트 진행 및 완료 평가

프로젝트가 진행 중이거나 완료 시에 연구개발 프로젝트의 성과, 연구개발 프로젝트의 시작 시점과 달라진 상황, 자사 전략의 변화 등을 종합적으로 고려하여 프로젝트에 대한 평가가 이루어져야 한다. 여기서는 다음과 같은 몇 가지 관점에서 프로젝트 평가에 대한 사항을 살펴본다.

• 프로젝트 평가 목적의 명확화

프로젝트 평가의 목적은 무엇보다 프로젝트의 성공률 극대화에 초점을 맞추어야 한다. 그리고 프로젝트 평가를 일원화하여 단순하지만 유연하고 실질적인 의사결정이 가능한 평가체제를 갖추는 것이 중요하다. 프로젝트 평가를 위해 기업에서 진행하는 활동에는 어떤 것이 있는지를 종합적으로 점검해 보고 각각의 시스템들이 서로 목적을 달리 한 채 운영되지는 않는지 유기적 구성도 측면에서 제기되는 문제점을 살펴보아야 한다.

• 프로젝트 평가의 대상 및 유형 구분

프로젝트 평가의 목적을 명확히 한 후에는 프로젝트 평가의 대상을 구분해야 한다. 이를 위해서는 먼저 프로젝트의 성격에 따라 그 유형을 구분하는 작업이 선행되어야 한다. 프로젝트의 유형 구분이 중요한 이유는 프로젝트의 유형별로 프로젝트 평가 여부를 결정하는 것 뿐 아니라, 평가 시기·항목·방식·주체 등이 달라지기 때문이다. 일례로 프로젝트를 몇 가지 유형으로 구분해 보면 다음과 같이 구분이 가능하다.

- 기초 탐색연구 영역 – 장기적인 기술 표준의 동향을 파악하고 기술의 예측·실현 가능성을 타진함으로써 미래 사업기회를 발굴하며 세계 최초 수준의 프로젝트를 수행하는 전략 선도형 과제들이 포함됨
- 기술개발 영역 – 핵심 플랫폼 기술을 확보하기 위한 프로젝트로서 여기에는 제품개발에 연관된 요소 기술이나 설계 및 분석 기술 등 핵심역량을 확보 또는 강화하기 위한 과제들이 포함됨
- 제품개발 영역 – 사업화 가능성을 타진하기 위한 프로젝트, 신개념의 기술과 규격이 적용된 신제품 개발 프로젝트와 용도의 확대 및 편리성 향상을 위해 신기

능을 적용하거나 제품 및 생산 라인의 개량·개선을 통해 품질향상·공정개선 및 원가절감을 추구하는 개량·개선 제품개발 프로젝트로 구분

• **프로젝트 평가자 및 평가항목**

프로젝트 평가자는 연구개발 프로젝트를 둘러싼 기능 부서들의 협업체제를 강화하기 위해 다양한 부서들의 참여를 유도하여 다기능팀으로 구성하는 것이 바람직하다. 프로젝트의 성격에 따라 필요한 부서를 참여시켜 다기능팀을 구성하고 평가항목도 프로젝트 유형별로 차별화시킨다.

- 기초 탐색연구나 기술개발 프로젝트 : 주로 연구개발 부문이 주축이 되어 CTO 등을 참여시켜 미래의 전사 기술전략을 선도하거나 핵심 기반 기술을 육성할 수 있는 방향으로 평가의 중심을 맞춤. 평가항목은 주로 기업의 전략성·시장성·기술성을 위주로 하고, QCD(Quality·Cost·Delivery) 관점에서 설계된 목표 달성도 측면에서는 주로 품질측면에 초점을 맞춤
- 신제품 개발이나 개량·개선 제품개발 프로젝트 : 시장지향적 연구개발 개념이 중요하므로 사업부 기획팀은 물론이고 마케팅/영업·생산·구매·Technical Service 부서 등을 평가팀에 참여시킴. 평가항목은 시장성·사업성·양산성 등의 측면에 초점을 맞추고, 목표 달성도 측면에서는 상대적으로 비용이나 시간에 큰 비중을 줌

• **프로젝트 평가시기**

선진 기업들은 기초 아이디어에서 출발하여 상업화까지 프로젝트를 몇 개의 단계로 구분하고 각 단계를 넘어갈 때마다 관문을 통과해야 하는 단계별 관문화(Stage-Gate) 시스템을 운용하여 각 단계마다 엄격한 선별과정을 거쳐 가능성이 희박하거나 전략적으로 부적절한 프로젝트를 제거하고 있다. 프로젝트의 평가시기는 프로젝트 유형에 따라 차별적으로 적용하는 것이 중요하다.

- 기초 탐색연구나 기술개발 프로젝트 : 단계별 관문화 시스템에서 설정한 단계와 관문이 뚜렷하지 않으므로, 프로젝트 리더와 연구소장이 합의한 시기에 따라 유연하게 평가
- 신제품 개발이나 개량·개선 제품개발 프로젝트 : 기초연구 → 타당성 조사 → 개

발→시험적용 (Pilot Test)→사업화 등의 단계를 보다 명확히 설정하고, 각 단계별로 다기능팀의 평가 의견을 반영하여 프로젝트의 진행 및 수정 여부를 결정

• **프로젝트 평가방식**

많은 경우에 평가 항목별로 사전에 점수와 가중치를 설정하여 평가점수를 산출하고 이 누적점수에 기초하여 순위와 등급을 매기는 점수형·서열형 방식으로 프로젝트를 평가하고 있다. 그러나 이와 같은 방식은 사전에 설정된 평가 항목 이외의 요인은 고려할 수없어 환경변화에 능동적으로 대처할 수없고 평가자의 재량권이 제약되어 책임 회피적이거나 소극적인 평가에 그칠 가능성이 높아진다. 이와 같은 문제점에서 벗어나기 위해서는 고정화된 배점체계에서 벗어나 평가 항목별로 가중치나 우선 순위 등을 고려하여 종합적인 관점에서 평가 등급을 부여하는 방식으로 바뀌어야 한다. 또한 평가에 대한 근거 역시 서술식으로 보다 강화해야 하며 이를 통해 관련자간 논의·피드백이 활성화되어야 평가의 취지를 제대로 살릴 수 있을 것이다.

(3) 프로젝트 추적 평가

프로젝트 추적 평가는 프로젝트 결과인 실제 기술 및 사업 기여도 평가를 통해 프로젝트 성공·실패 유무를 판단하고 성공·실패의 주요요인을 정확히 파악하여 피드백을 통한 향후 유사 프로젝트 기획의 기초자료로 활용할 수 있다. 평가항목으로는 매출 기여도·경상이익률 등 사업 기여도와 특허성과·기술축적정도·기술파급효과 등 기술 기여도 그리고 사업 전략과의 적합성·개발목표의 적절성·개발기간의 적절성·인력 및 예산 투입 등 실행의 적절성·기술이관 및 사업화 등 성공·실패 요인으로 구성할 수 있다. 또한 평가시기로는 제품개발 프로젝트는 프로젝트의 종료 후 1~5년 후까지 사업 기여도와 성공·실패 요인을 중심으로 매년 말에 평가하고 기술개발 프로젝트는 관련 후속 제품개발 프로젝트의 완료시점까지 기술 기여도와 성공·실패 요인을 중심으로 매년 말에 평가한다.

5.4 연구개발 조직

연구 · 기술개발 활동

연구·기술개발 활동은 일반적으로 제품기획, 제품개발, 양산지원, 고객대응 등 크게 4단계로 구분할 수 있다.[53] 그리고 높은 연구·기술개발 성과를 창출하기 위해서는 〈그림 5.13〉에 제시된 바와 같이 각 단계별 활동들이 제 기능을 발휘해야 하며 각 활동 단계들이 일관성을 갖고 유기적으로 연계되어야 한다. 예를 들어, 제품기획 단계에서는 시장·고객 욕구와 내부 연구·기술개발 역량을 체계적으로 반영한 제품기획을 통해 시장성을 조기에 확보해야 한다. 제품개발 단계에서는 관련 개발 부문간 유기적인 협력·조정을 통해 고객 욕구에 맞는 제품을 적기에 개발해야 한다. 양산지원 단계에서는 연구·기술개발 부문의 체계적인 양산지원과 생산 부문의 양산 문제에 대

그림 5.13 **연구·기술개발 활동**

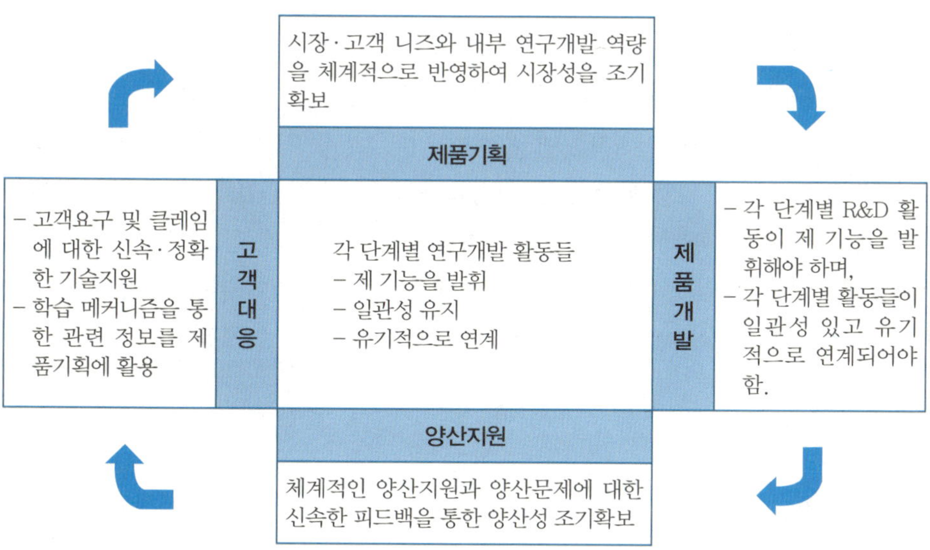

한 신속한 피드백을 통해 양산성을 조기에 확보해야 한다. 마지막으로 고객대응 단계에서는 고객 요구 및 클레임에 대한 신속·정확한 기술지원과 학습 메커니즘을 통해 관련 정보를 제품 기획·개발 등에 체계적으로 활용해야 한다.

이와 같이 높은 연구·기술개발 성과를 창출하기 위해서 연구·기술개발 활동이 바람직한 모습을 띄어야 하겠지만 그와 못지않게 관련 부문과 긴밀하고 원활한 유대관계를 유지하는 것이 필수적이다.[7] 연구·기술개발 역량의 극대화는 연구소만 잘 한다고 해서 이루어지는 것이 아니다. 연구소의 기술개발 역량이 아무리 뛰어나다 할지라도 생산, 영업 등 관련 부문의 역량이 뒤떨어지거나 이들의 원활한 협조가 뒷받침되지 않으면 연구·기술개발의 성공을 보장하기란 어렵기 때문이다.

(1) 생산 부문과의 연계

성공적인 연구·기술개발이란 뛰어난 연구개발 제품이 양산에 들어가서도 안정적으로 생산되어야 한다는 것을 의미한다. 따라서 연구개발 부문은 양산으로 이관된 제품이 안정적으로 생산될 수 있도록 체계적 지원을 하여야 하고 생산 부문은 연구개발 부문에 양산 상의 문제를 조기에 피드백해 주어야 한다.

(2) 영업 부문과의 연계

고객의 요구를 고려하지 않거나 시장의 흐름에 부합되지 않는 신제품 개발은 그것이 아무리 훌륭한 제품이라 할지라도 상업적인 성공을 보장하기 어렵다. 따라서 신제품의 목표와 우선순위를 결정하는데 있어 연구개발과 영업, 두 부문의 협력은 필수적이라 할 수 있다. 즉, 영업 부문은 고객의 요구사항, 경쟁사 전략 및 시장 동향에 관한 정보를 연구개발 부문에 제공해야 하며 연구개발 부문은 영업 부문에 자사의 기술역량과 수준을 정확히 전달해 주어야 한다. 또한, 기술적인 부분에 대해서는 영업 부문과 함께 직접 고객 지원 활동도 수행해야 한다.

연구 · 기술개발 활동의 유형

지속적으로 사업에 기여하는 성과를 창출하는 연구개발 부문이 되기 위해서는 연구개발 부문 자체의 내부 역량 뿐만 아니라 영업, 생산 등 사업 부문과 유기적인 협력이 동시에 원활히 이루어져야 한다. 연구개발 내부역량과 사업부문과의 연계 차원에서 연구·기술개발 활동을 분류[55]하면 〈그림 5.14〉에서와 같이 유형화할 수 있다.

그림 5.14 연구·기술개발 활동의 유형

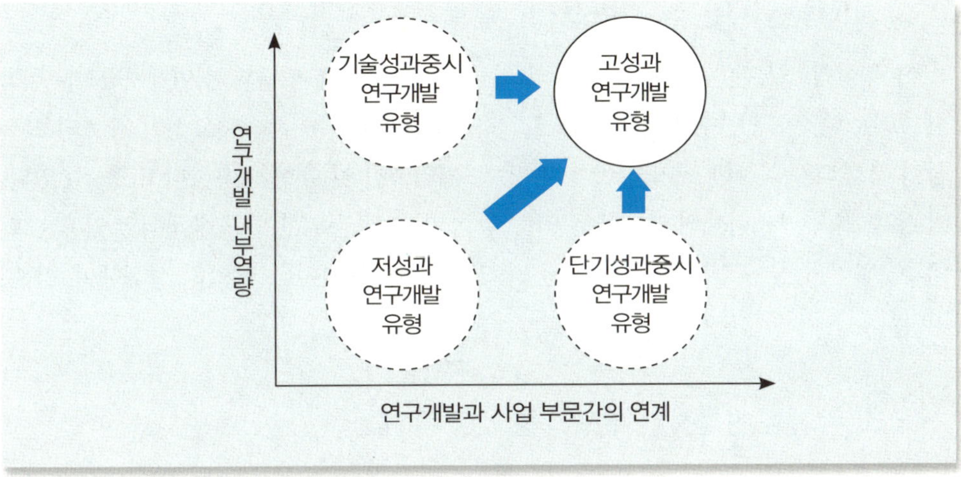

(1) 단기 성과를 중시하는 연구·기술개발 유형

이 유형의 경우에는 연구개발 부문과 영업, 생산 등 사업 부문과의 협력은 좋은 편이나 연구개발 부문의 내부역량이 취약한 형태이다. 이러한 유형의 경우에는 단기적으로 가시적인 성과를 창출할 수는 있으나 중장기적인 성과 창출 측면에서는 문제가 나타날 수 있다. 또한 연구개발 부문의 사기가 저하되고 우수 인력들이 유출되어 연구개발 부문이 급격히 와해될 가능성이 있는 유형이다. 이 유형은 제품의 수명주기가 짧고 기술의 변화 속도가 빠른 전기·전자 분야에서 많이 나타나는 경향이 있다.

(2) 기술 성과를 중시하는 연구·기술개발 유형

이 유형의 경우에는 연구개발 부문의 역량은 어느 정도 확보하고 있으나 영업, 생산 등 사업 부문과의 연계가 취약한 형태이다. 이러한 유형의 경우에는 연구개발 부문이 블랙 박스화되어 사업 부문으로부터 연구개발 부문이 무엇을 하고 있는지 잘모르겠다는 불만과 보다 사업 지향적인 연구개발 활동을 해달라는 강한 도전을 받을 수 있다. 이 유형은 제품의 수명주기가 길고 기술의 변화 속도가 점진적인 화학 분야에서 많이 나타나는 경향이 있다. 그러나 최근 화학과 전자산업 분야 간에 경계가 모호해지고 있고 기술도 융합해 가면서 기술 성과를 중시하는 연구·기술개발 유형은 한계에 직면하고 있다.

(3) 저 성과를 내는 연구·기술개발 유형

이 유형의 경우는 연구개발 부문의 자체 역량과 사업 부문과의 연계가 모두 취약한 형태이다. 아직 연구개발 역사가 일천하고 연구개발 부문의 중요성이 강조되고 위상이 강화되기 시작한 지가 얼마 되지 않은 기업들이 이 유형에 속한다고 볼 수 있다. 이 유형에 속한 기업들의 경우에는 역량 강화의 우선 순위를 연구개발 내부역량 강화에 둘 것인지, 연구개발과 사업 부문간 연계에 둘 것인지를 명확히 설정해야 할 것이다.

(4) 고 성과를 창출하는 연구·기술개발 유형

앞의 (1), (2), (3)의 유형에 속하는 기업들이 현재의 문제점을 극복하고 궁극적으로 고 성과를 창출하기 위해서는 크게 3가지 차원에서 노력이 이루어져야 한다. 첫째는 연구개발 부문에 대한 지속적인 투자(인력, 예산 등) 확대가 이루어져야 한다. 둘째는 사업 지향적인 연구개발 활동을 강화할 수 있는 방향으로 연구개발 조직이 구축·운영되어야 한다. 셋째는 사업 부문과 연구개발 부문간 유기적인 연계를 강화하기 위한 평가 시스템, 다기능팀, 프로젝트 평가시스템 등 연결 메커니즘들을 체계적으로 구축하여 효과적으로 실행해야 한다.

연구개발 조직의 유형

연구개발 조직의 역할은 현 사업지원 역할과 미래 준비 역할 등 크게 2가지로 구분할 수 있다. 사업지원 역할의 예로서는 단기 사업 성과 제고를 위한 고객 욕구에 대응하는 단기 제품개발, 양산 안정화 지원 등을 들 수 있으며, 미래 준비 역할의 예로서는 중장기적인 사업 경쟁력 강화를 위한 핵심기술 및 제품개발, 신사업 발굴·창출 등을 들 수 있다. 위의 2가지 역할은 기업의 지속적인 성장·발전을 위해서 모두 중요하며 연구개발 조직은 2가지 역할을 어느 한 쪽에 치우침 없이 균형있게 충실히 수행해야 한다.

연구개발 조직구조의 대안으로는 〈그림 5.15〉와 같이 크게 중앙 집중형, 분권형, 혼합형의 3가지를 들 수 있다.[1, 55]

그림 5.15 연구개발 조직구조

	구 조	장 점	단 점
중앙집중형	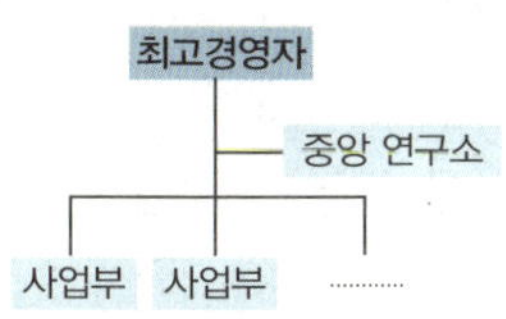	-연구개발 커뮤니티를 통해 아이디어 자극 및 노하우의 공유 -지식경영을 통해 연구인력간 시너지 극대화 -개별 프로젝트간에도 고객의 니즈를 유기적으로 반영할 수 있는 접점 모색 가능	-사업부 기능 부서와의 원활한 연계가 어려움 -고객의 니즈가 프로젝트에 제대로 반영되지 못할 가능성 상존 -기술중심의 연구개발로 전략해 버릴 위험
분권형	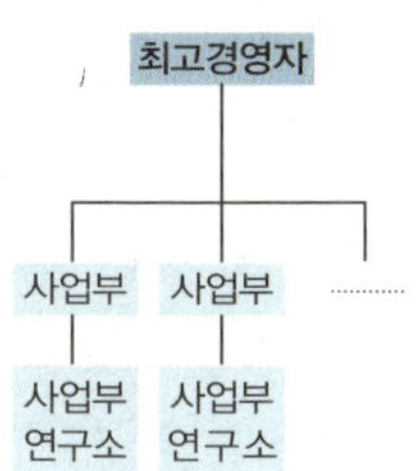	-시장 지향형 연구개발 구현에 적합 -개별 사업부 내의 신사업 발굴에 유리 -사업부와의 활발한 의사소통으로 인해 기능간 연계의 강화 가능	-단기적 재무성과에 영향을 미치는 제품개발 및 개량·개선 프로젝트 위의 운영 -미래의 새로운 비즈니스 도메인이 될 수 있는 프로젝트의 추진이 어려움 -다수 사업부와 관련된 프로젝트의 경우 신속한 의사결정과 유기적인 협력에 제약
혼합형	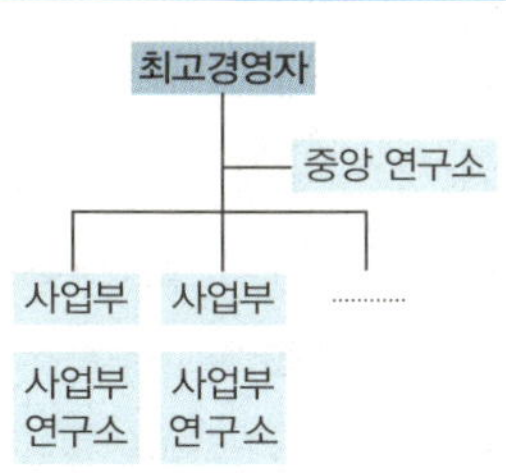	-기존 사업 도메인 이외의 신사업 발굴이나 사업부간 퓨전 과제추진에 적합 -전사적 기초·기반기술의 역량 강화에 유리	-인력 미 예산이 많이소요 -사업부 연구소와 중앙연구소 간에 눈에 보이지 않는 갈등요소 잠재

(1) 중앙 집중형 연구개발 조직

이것은 현 사업지원 역할과 미래 준비 역할을 사업 부문과 독립된 한 곳에서 함께 수행하는 중앙 집중형 연구개발 조직 형태이다. 이러한 조직은 인력, 예산 등 연구개발 자원의 효율적인 운영이 가능하고 연구개발 부문간 기술적 시너지 추구, 전문성 확보 등이 용이하다는 장점이 있다. 반면 연구개발과 사업 부문간 조직이 분리되어 있기 때문에 사업과 연구개발 부문간 원활한 연계가 어려울 수 있고, 이럴 경우 고객 요구가 프로젝트에 제대로 반영되지 못하여 연구를 위한 연구만이 이루어져 시장지향적 연구개발 대신 기술중심적인 연구개발로 전락해 버릴 수 있는 가능성을 배제할 수 없다는 단점도 내포하고 있다.

(2) 분권형 연구개발 조직

이것은 현 사업지원 역할과 미래 준비 역할을 사업 부문과 연구개발 부문에서 각각 나누어 수행하는 분권형 연구개발 조직 형태이다. 이러한 조직은 연구개발과 사업 부문간 유기적인 연계가 가능하고 연구개발 성과와 프로세스가 투명하게 관리될 수 있다는 장점이 있다. 반면 전사차원의 집중 육성 사업에 대한 투자 재원 확보의 어려움, 연구개발 자원(인력, 예산)의 중복 투자 등 비효율적인 자원 운영이 발생할 수 있다는 단점이 있다. 또한 미래 준비 역할을 하는 연구개발 부문과 현 사업지원 역할을 수행하는 사업 부문내 연구개발 부문간 기술적 시너지 추구나 연구개발 인력의 전문성 확보 등이 어려워질 수 있다.

(3) 혼합형 연구개발 조직

이것은 사업 및 조직 특성을 반영하여 성장기 사업이나 안정적인 연구개발 조직 운영이 필요한 경우에는 현 사업지원 역할과 미래 준비 역할을 연구개발 부문에서 중앙집중형 형태로 모두 수행하고, 성숙기 사업이나 연구개발 조직에 자극을 줄 필요가 있는 경우에는 현 사업지원 역할과 미래 준비 역할을 사업 부문과 연구개발 부문에서 각각 분리하여 수행하는 혼합형 연구개발 조직 형태이다. 이러한 조직 형태는 앞의 두 가지 조직 형태를 혼합한 형태이기 때문에 잘 운영된다면 앞의 두 조직의 장점을 모두 누리면서 단점을 최소화 할 수 있다. 그러나 만약 운영이 제대로 되지 않는다면 장점은 거의 나타나지 않고 앞의 두 조직에서 나타날 수 있는 단점이 모두 나타나 총체적인 문제점을 파생시킬 수 있다.

5.5 연구개발 리더십

연구개발 리더별 역할

요즈음처럼 급격하고 빠른 환경변화가 일상화된 시대에는 어떤 정형화된 연구개발 시스템이나 제도만으로는 기업이 결코 성공적인 연구개발 경영을 할 수 없다. 보다 근원적인 경쟁력의 원천은 연구원들이 가지고 있는 눈에 보이지 않는 암묵적인 지식, 통찰력 등으로부터 나오며 이러한 무형자산의 핵심에는 연구개발 경영층 및 중간 관리층의 리더십이 자리잡고 있다.

연구개발 리더는 크게 최고경영자(CEO), 최고기술경영자(CTO), 연구소장, 프로젝트 리더, 실장 등으로 나눌 수 있다.[51] 이들의 주요 역할이 무엇인지를 간단히 살펴보면 다음과 같다.

(1) 최고경영자

최고경영자는 기업의 현재 및 미래의 사업전개를 위해 연구개발 부문에 어떠한 역할을 기대하고 이를 어떻게 활용할 것인지를 명확히 설정하고 연구개발 관련 조직 책임자들에게 사명 및 역할을 부여해야 한다. 또한 최고경영자는 연구개발 부문에 대한 기대 및 사명, 연구개발 운영의 기본 원칙 등이 연구개발 현장에 제대로 구현될 수 있도록 조직내 여건을 조성하고 현장 중심 경영을 실천해야 한다. 즉, 최고경영자는 연구개발 활동의 최종 의사결정자라는 책임의식과 주도성을 가지고 연구개발 현장의 활동에 관심을 기울이고 챙겨 나가야 한다.

(2) 최고기술경영자

최고기술경영자인 CTO는 전사적 차원의 연구개발 최고 수장으로서 선행 및 공통 기술개발에 대한 총책임을 지고, 또한 전사 기술전략 수립 및 갱신 등 기술 최고 스탭으로서의 역할을 수행한다. CTO의 역할에 대해서는 뒷부분에서 좀더 상세하게 다룬다.

(3) 연구소장

연구소장은 개발 부문의 총책임자로서 담당 연구소의 연구개발 전략수립에 대한 총괄적인 책임을 지는 전략가로서의 역할과 연구개발 활동이 원활히 진행되도록 자원확보 및 조직차원에서 적극 지원하는 후원자로서의 역할을 수행하고 있다. 전략가이든 후원자이든 이 두 가지 역할 수행을 통해 연구개발 리더십을 제대로 발휘하기 위해서는 최고경영층을 비롯한 전체 조직 구성원과 동일한 교감을 형성하는 것이 매우 중요하다.

(4) 프로젝트 리더 및 실장

기술 혹은 제품개발 프로젝트에 대한 성과 책임자로서의 역할을 수행하는 프로젝트 리더의 리더십 발휘도 매우 중요하다. 프로젝트 리더는 프로젝트 팀원인 연구개발 인력들에게 명확한 사명과 비전, 그리고 프로젝트의 목표를 제시하고 그들의 활동을 통합하고 동기부여함으로써 소기의 목표를 달성하는 리더십을 발휘해야 한다. 한편 실장의 경우에는 담당 기술분야의 수장으로서 산하 기술인력의 배치·육성, 담당 기술의 체계적인 관리·육성 등 자원관리자로서의 역할을 충실히 수행해야 한다.

연구개발 리더십 발휘를 위한 필요역량

연구개발 리더들이 어떤 철학과 소신을 갖고 연구개발 활동을 실행하느냐에 따라 연구개발 활동의 생산성이 상당 부분 판가름 나기 때문에 연구개발 리더들의 리더십 발휘의 중요성은 아무리 강조해도 지나치지 않다.[53] 따라서 연구개발 부문의 조직구조나 관리시스템 등 하드웨어적인 요인의 개선에도 신경을 써야 하지만 연구개발 리더십 제고를 위해 연구개발 리더들이 솔선수범하여 리더십 발휘 정도를 점검할 필요가 있다.

- 첫째, CEO, CTO, 연구소장, 프로젝트 리더, 실장 등 연구개발 리더 간 역할 분담이 명확히 되어 있으며 상호간에 커뮤니케이션이 원활히 이루어지고 있는가를 점검해 보아야 한다.
- 둘째, 연구개발 인력들이 신바람 나게 일할 수 있도록 적극적으로 후원하고 성장 기회를 부여하며 일선 연구개발 현장의 살아 있는 의견·제안을 연구개발 경영활동에 지속적으로 반영하는 등 연구개발 리더의 주요 역할을 충실히 수행했는가를 자문해 보아야 한다.
- 셋째, 연구개발 리더는 연구개발 부문에 대한 관리 포인트를 명확히 설정하고 관련 조직간에 역할이 모호해지지 않도록 조정자로서의 역할을 충실히 수행하였는가를 점검해 보아야 한다.

좀더 구체적으로 성공적인 연구개발 리더가 갖추어야 할 필요역량[51]을 살펴보면 다음과 같이 (1) 먼저 보고 먼저 생각하는 능력, (2) 과감한 결단과 지속적인 실행능력, (3) 사람을 키우는 능력, (4) 탁월한 성품 등 4가지로 요약할 수 있다.

(1) 먼저 보고 먼저 생각하는 능력

이 역량은 연구개발의 전략적인 포지션을 명확히 설정하고 연구개발 조직의 장래 비전을 제시하는 것으로서 특히, 최고경영자나 연구소장 등 연구개발 경영층에게 매우 중요하게 요구되는 덕목이다. 이 역량은 조직 내·외부 변화의 흐름을 정확히 파악하여 앞으로 어떤 연구개발 조직이 되어야 하며 어떻게 될 수 있는가를 미리 조망하고 이끌어 가는 것에 그 본질이 있다. 기본적으로 이 역량은 사업, 기술, 시장에 대한 폭 넓은 지식과 불확실하고 복잡한 상황 속에서도 변화의 흐름을 파악할 수 있는 통찰력에서 나온다.

(2) 과감한 결단과 지속적인 실행능력

이 역량은 요즘과 같이 기업 환경이 어려운 시기에 연구소의 구조조정을 비롯 연구개발 조직의 체질을 변혁해 나가는 데 연구개발 리더들이 반드시 갖추어야 할 덕목이다. 이 역량을 발휘하기 위해서는 개혁 추진의 반대자들을 설득하고 실행에 옮길 수 있는 용기와 소신이 있어야 한다.

(3) 사람을 키우는 능력

유능한 연구개발 리더는 미래의 사업 및 기술개발에 중요한 역할을 수행할 핵심 인재를 길러내고 이들이 활약할 수 있는 조직적 토양을 구축한다. 자신의 재임 중에는 성공적으로 조직을 이끌었더라도 미래의 리더들을 제대로 키우지 못했다면 성공한 연구개발 리더라고 할 수 없다.

(4) 탁월한 성품

지금까지 논의한 내용들은 기술역량 요건들이었다. 그러나 이러한 요건에 선행하는 보다 기본적이고 중요한 리더의 요건이 있는데 이것이 바로 탁월한 성품이다. 기업에 필요한 연구개발 리더는 높은 수준의 지식과 스킬을 보유한 똑똑함 뿐만 아니라 무엇이 옳고 그른지, 타인과는 어떻게 윈-윈을 추구해야 하는지 등 기본적인 태도나 성품을 겸비한 건강한 사람이어야 한다. 건강한 리더들은 어떤 위기 상황에서도 흔들리지 않으며 오히려 위기를 조직 및 개인 성장의 기회로 여기고 더욱 맡은바 책임의 완수에 최선을 다한다.

CTO의 역할

기술변화가 빠르고 기업간 경쟁이 격화되는 경영환경에서 사업방식이 고객관점으로 빠르게 변화하고 있기 때문에 연구개발도 고객관점에서 접근하는 가치 창출형으로 바뀌어야 한다. 가치 창출형 연구개발을 강조하는 환경에서 최고기술경영자인 CTO의 미션은 기술과 시장의 연계를 강화하여 돈이 되는 연구개발을 하도록 하는 것이다. CTO는 기술 논리에 매몰되지 않고 시장의 관점에서 연구개발을 바라보는 시장지향적 리더, 사업과 연구개발의 시너지를 극대화할 수 있는 도전자 등 중간자적 입장에서 다양한 부문의 이해를 조정할 수 있어야 한다.

이러한 관점에서 CTO에게 요구되는 역할[66]은 다음과 같이 정리해볼 수 있다 〈그림 5.16 참조〉.

- **퓨처리스트(Futurist)로서 연구개발에 대한 비전을 제시해야 한다.**
  CTO의 가장 기본적인 역할은 기술부문에서의 비전을 제시하는 것이다. CTO는 전사차원의 사업전략을 수립함에 있어 중장기 연구개발 방향과 부합될 수 있도록 지원해야 한다. 그리고 사업에 필요한 기술을 정의하고 이를 확보하기 위한 방안을 추진하는 것도 CTO의 역할이다.

- **기업의 내·외부 고객과 연구개발 간 의사소통자(Communicator)가 되어야 한다.**
  제품, 서비스, 사업에서의 컨버전스가 심화되는 등 시장이 급변하고 있는 상황에서 내·외부 고객과의 원활한 커뮤니케이션은 돈이 되는 연구개발의 중요한 수단이 된다. 기업 내부적으로 연구자와 비즈니스맨은 서로 다른 언어를 사용하고 서로 다른 방식으로 사고하기 때문에 CTO는 비즈니스 리더와 연구자 사이의 통역가가 되어야 한다. 기업 내부뿐 아니라 경쟁사, 학계 등 외부 고객의 니즈를 읽거나 파트너십을 강화하는 연결 고리 역할도 해야 한다.

- **게이트 키퍼(Gate Keeper)로서 프로젝트의 진행 여부에 대한 의사결정자 역할을 해야 한다.**
  프로젝트의 긴급성, 중요도, 사업가치는 사업환경의 불확실성 증대, 경쟁 강도 심화 등으로 인해 고정되어 있는 것이 아니라 가변적인 경우가 많다. 따라서 연구개발 프로젝트에 대한 지속적 모니터링과 적절한 시점에서의 객관적인 의사결정을 통해 프로젝트 진행 여부를 분명히 함으로써 연구개발에 대한 투자 효율성을 극대화해야 한다.

- **CTO는 인큐베이터(Incubator)로서 지속적으로 신성장 동력을 발굴하고 추진해야 한다.**
  새로운 성장 동력 발굴에 대한 기업들의 요구는 크지만 사업부 수준에서 이를 찾고 실행에 옮기기는 쉽지 않다. CTO는 개별 사업부와 연관된 연구개발에서 생각하기 어렵거나 역량이 부족한 새로운 영역의 비즈니스 개발 및 장기적이고 위험도가 큰 신규 사업을 주도할 수 있어야 한다.

- **무형자산에 대한 관리자(Asset Manager) 역할을 수행해야 한다.**
  CTO는 자사가 보유한 지적재산권의 효율적 관리를 통해 자사의 시장 지배력을 강화하고 수익 창출을 극대화해야 한다. 보유 기술의 융·복합화 가능성 탐색, 자사 기술의 경쟁력 업그레이드를 위한 기술도입 등 무형자산에 대한 적극적인 활용 및 관리가 필요하다.

그림 5.16 CTO의 역할

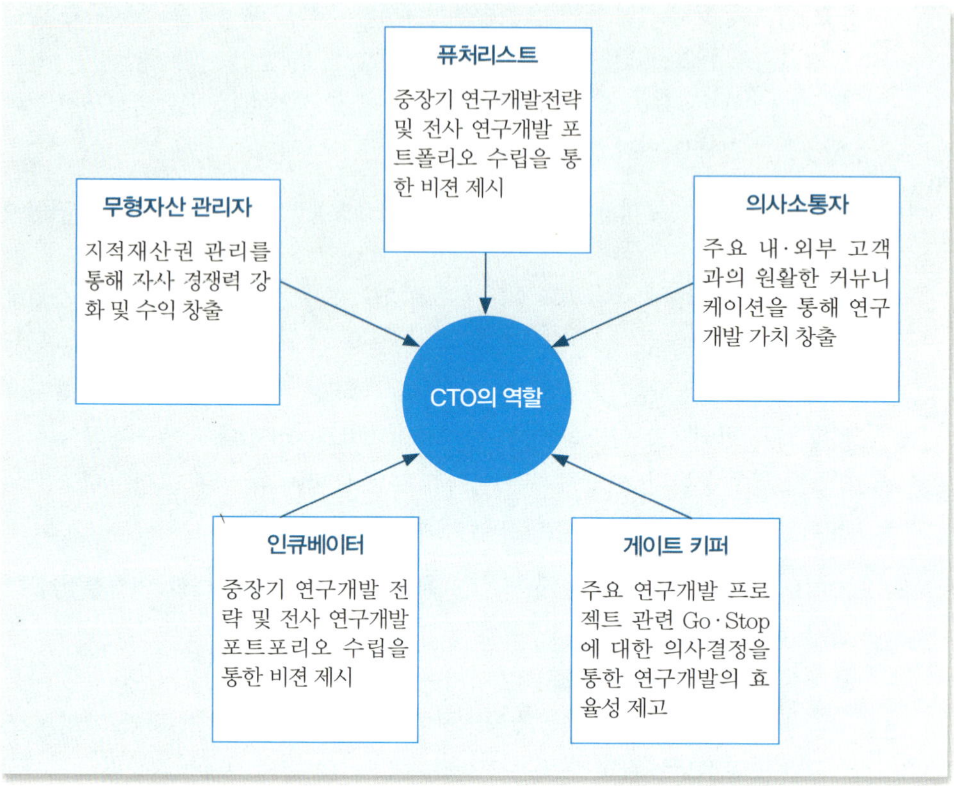

일반적으로 기업은 시장 진입기, 안정기, 확장기, 시장 지배기를 거치고 이러한 사이클을 반복하면서 지속적으로 발전한다. 기업마다 단계별 머무는 기간이 다를 것이고 어떤 기업은 고비를 넘지 못하고 중간에 사라지기도 한다. 〈그림 5.17〉과 같이 기업의 발전단계와 연구개발의 발전모습에서 공통점을 찾을 수 있고 연구개발의 세대 구분에 맞춰 연구개발을 진두 지휘하는 CTO의 역할도 달리 설정될 수 있을 것이다.

그림 5.17 기업의 성숙도, 연구개발의 진화, CTO 유형 간의 상관 관계

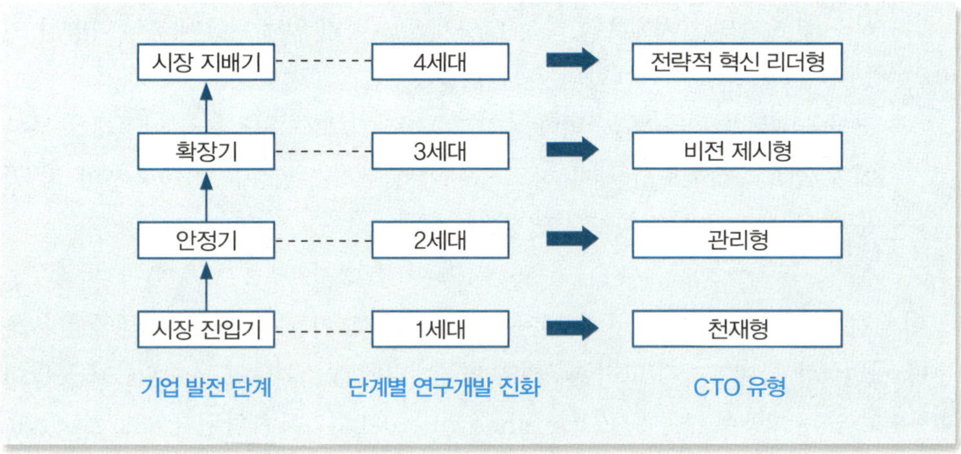

- **1 세대 연구개발**
  - 연구개발자가 중심이 되어 연구자의 지적 호기심을 충족하기 위한 연구개발 시기
  - 창업 직후 최적의 CTO 유형, 핵심기술 또는 반짝이는 아이디어에 매진

- **2 세대 연구개발**
  - 사업부 레벨에서 연구개발과 사업간 연계를 강화하는 시기
  - 사업이 본 궤도에 오르면 조직관리, 사업전략과의 연계, 연구개발 프로세스 관리 등 새로운 이슈들이 부상, CTO는 사업부 레벨에서 연구개발 부문을 운영하고 효과성보다 효율성의 관점에서 연구개발을 바라봐야 함

- **3 세대 연구개발**
  - 전사적 관점에서의 연구개발 포트폴리오 수립, 사업전략에 맞는 기술로드맵 활용 등이 반영되는 시기
  - CTO는 확실히 연구개발 관리자의 모습에서 연구개발 부문의 리더로서 탈바꿈

- **4 세대 연구개발**
  - 시장 및 고객의 가치에 부합하는 연구개발을 하기 위해 기업 내부의 다양한 기능 부문 간 통합이 극대화되는 시기
  - 코디네이터(Coordinator) 역할, CTO는 시장과 고객의 정보가 연구개발 부문에 원활히 공급되도록 해야 하고 동시에 연구개발 입장을 설득력 있게 각 기능 부문에 전달될 수 있도록 연결고리 역할

이제 해외 선진기업들의 연구개발은 이미 4세대를 넘어 외부자원의 적극적 활용을 통한 사업성과 극대화까지 고려한 5세대 연구개발에 들어섰다고도 한다. 최근 많이 회자되고 있는 개방형 기술혁신(Open Innovation)이 여기에 해당된다고 할 수 있다.

기술 경쟁력이 기업성과에 차지하는 비중이 높아지면서 CTO 역할의 중요성은 더욱 커지고 있다. 이러한 시기에 기업 경쟁력 강화에 기여하는 성공적인 CTO가 되기 위한 조건으로 장성근[54]은 다음과 같은 5가지를 제안하였다.

(1) 테크니컬 비즈니스맨으로서의 역할을 명확히 설정·공유하라

테크니컬 비즈니스맨이라 함은 사업가적 마인드를 바탕으로 관련 사업부문에 지속적인 가치를 제공하는 역할을 의미한다. 제공하는 가치에는 단기 차원의 생산 및 영업 기술지원, 개량 제품개발은 물론 중장기 차원의 신기술 개발 및 신사업 발굴 등이 모두 포함된다. 테크니컬 비즈니스맨으로서 CTO가 수행해야 할 주요 역할을 예시하면 신기술 모니터링 및 평가, 사업전략과 연계된 기술전략 수립 및 실행, 혁신적인 조직문화 창출 등이 있다.

(2) 기술지식과 사업가적 마인드를 겸비하라

CTO의 성공적인 역할 수행에 필요한 역량으로는 전문 기술·지식, 사업가적 마인드, 커뮤니케이션 능력 등 크게 3가지로 나눌 수 있다. 위의 세 가지 역량은 하나만 부족해도 CTO의 역할 수행에 부정적인 영향을 미치므로 상호 부족하거나 빠짐없이 균형 있게 확보하려는 노력이 매우 중요하다.

(3) CEO 등 고객과 신뢰관계를 구축하라

CTO가 역할을 성공적으로 수행하기 위해서는 CEO, CFO, CMO 등 타 임원과 신뢰를 형성·유지하는 것이 중요하다. 또한, CTO는 고객을 명확히 정의하고 그들을 만족시키기 위해 최선을 다해야 한다. CTO는 CEO는 물론 개발 제품의 최종 사용자, 영업, 생산, 마케팅 등 내부 관련 부문들을 모두 고객으로 인식하고 지속적으로 가치를 제공해야 한다.

(4) 연구개발이 사업에 기여하고 있음을 지속적으로 알려라

연구개발 부문의 경우는 타 부문에 비해 결과에 대한 불확실성이 높고 자원 투입과 효과가 나타나는 시기 간에 긴 간격이 존재한다. 또한 사업성과에 대한 기여도를 영업이나 생산 등 타 부문과 정확히 구분해 내는 것이 어렵기 때문에 연구개발 성과평가를 한다는 것은 쉬운 작업이 아니다. 그러나 연구개발 성과평가는 CTO가 CEO를 비롯한 사업 부문의 경영자로부터 연구개발 부문의 존재 의미를 인정 받고 신뢰를 얻기 위해서는 필수 불가결한 수단이라고 할 수 있다.

(5) 연구개발 조직과 프로세스를 개방적이고 투명하게 운영하라

CEO나 사업 부문으로부터 신뢰 받는 CTO들은 사업 부문에서 연구개발 부문의 의사결정 과정을 잘 알 수 있도록 투명한 연구개발 프로세스를 갖추고 있으며, 사업 부문 관리자들과 오해의 소지가 없는 공통 언어를 가지고 지속적인 커뮤니케이션을 하여 상호 부문간에 공감대를 형성한다.

시스코

시스코는 고객 니즈를 언제나 최대한 존중하며 자신들이 고객들보다 더 많은 것을 안다는 생각을 결코하지 않는다. 오히려 고객의 욕구를 제품개발에 체계적으로 반영하기 위한 다양한 제도들을 구축하고 있다. 첫째는 포커스 그룹 인터뷰를 정례화하여 고객들이 인터넷 사용시 제기하는 주요 문제점들을 검토하고 충족되지 못한 고객의 잠재 욕구를 파악하기 위해 노력한다. 둘째는 인터넷 제품

전시회에 대규모 인력을 파견하여 회사의 제품 이미지를 제고하는 한편, 구매 의사 결정에 열쇠를 쥐고 있는 고객사 엔지니어들과의 질의·응답 등을 통해 호의적인 관계를 형성한다. 셋째는 Networkers라는 기술자 회의를 정례적으로 개최하고 상호 자유로운 e-mail 교환을 통해 직원과 고객들이 서로 학습할 수 있는 기회를 제공한다. 넷째는 고객 지원 부서에서는 정례적으로 웹사이트 이용에 대한 고객 만족도 조사를 실시한다.

또한 시스코는 고객이 원한다면 어떻게 해서든지 필요한 기술을 확보한다. 예를 들어 고객이 어느 중소기업으로부터 Ethernet switches를 사기를 원하자, 시스코는 얼마되지 않아 그 중소기업을 매입하여 잘 나가는 주력 사업으로 성장시켰다. 시스코는 이처럼 고객의 말에 철저하게 귀를 기울이고 그들의 욕구를 찾아낸다. 그리고는 고객들을 만족시키는 데 필요한 제품 및 기술을 개발·확보한다.

모토롤라

시장지향적 연구개발의 결여는 모토롤라를 이동 전화 시장에서 몰락하게 한 가장 중요한 원인이었다. 1990년대 초부터 AT&T 등 시장과 고객들은 이동 전화 기술이 아날로그에서 디지털 기술로 바뀌게 될 것이라고 예측하고 이러한 욕구를 충족할 수 있는 전화기를 개발해 줄 것을 모토롤라에 강력하게 전달했다. 그러나 모토롤라는 이를 무시하고 보다 개선된 아날로그 방식의 전화기인 스타 택(Star TAC phone) 개발에만 집착하였다. 결국 주요 고객인 AT&T 등은 자신들의 욕구를 감지하지 못한 모토롤라를 외면하고 몇 년 전부터 디지털 기술에 기반한 전화기를 준비해 온 노키아, 에릭슨으로부터 전화기를 구입했다. 이처럼 시장의 힘을 무시한 결과 모토롤라는 1994년에 이동 전화 시장에서 60%였던 시장점유율이 1998년 34%로 크게 하락하였고 그 이후로도 회복 기미가 보이지 않고 있다.

왜 모토롤라가 시장, 고객, 경쟁사들이 지속적으로 보내는 신호를 무시했던 것일까? 가장 근본적인 원인은 이동 전화 시장에서 우리가 1위라는 자만심과 기술 및 제품 중심의 조직문화에 기인한다.

[출처 : 참고문헌 50 참조]

Part 6

기술 아웃소싱

6.1 기술 아웃소싱에 대한 이해

6.2 기술 아웃소싱의 프로세스

6.3 아웃소싱 대상기술의 선정

6.4 기술 아웃소싱 원천기관의 선정

6.5 기술 아웃소싱 방식의 선정

컴퓨터의 핵심부품 마이크로프로세서에서 세계 시장을 장악하고 있는 인텔은 신기술 획득, 마이크로프로세서 시장 확대 등의 목적으로 벤처기업과의 연구개발 네트워킹을 적극 추진하고 있다. 인텔의 벤처 네트워킹 활동은 인텔 캐피탈에 의해 수행되고 있으며 네트워킹 유형 가운데 지분투자가 주로 이루어지고 있다. 첨단업계에서 인텔의 벤처 네트워킹 투자규모는 가장 큰 것으로 알려지고 있다. 1999년 중 인텔 캐피탈은 250여개의 기업에 12억달러를 투자했으며 전체 누적 투자액은 20억달러에 이르렀다.

인텔은 초기에 자사의 주력제품인 마이크로프로세스와 관련된 분야를 중심으로 벤처기업과의 연구개발 네트워킹을 전개했으며 1990년대부터 PC기술과 관련된 분야에도 지분투자를 개시했다. 이후 인터넷 시대의 도래와 함께 서버 등 인터넷 장비와 네트워크 장비 부문으로 네트워킹 영역을 확장하였다.

인텔은 마이크로프로세서 및 장비 역량 강화를 서버를 개발하는 Torrent, 중소기업용 네트워크 장비를 개발하는 Shiva, 자바 애플리케이션을 개발하는 Weblogic 등에 투자를 단행한 바 있다. 또한 인터넷 Solution 역량 확보를 위해 영상 데이터통신을 개발하는 Pacific Convergence, 인터넷 채팅분야의 Talk City, 디지털 무선통신 솔루션은 개발하는 DSP Communication, Inc., 멀티미디어 솔루션을 개발하는 Chips & Technologies 등에 투자하였다. 최근에는 전자상거래 등 인터넷 컨텐츠 분야까지 투자를 활발히 전개하고 있다. 인텔은 온라인 장난감 판매업체인 이토이즈, 여성 온라인 네트워크인 아이빌리지, 스포츠 포털사이트인 CBS 스포츠라인 등이 주요 대상이었다. 이런 투자는 비록 연구개발과는 무관한 분야이긴 하지만 종국에는 칩의 기술발전을 유도할 수 있는 효과가 있다는 점에서 연구개발 네트워킹 활동의 보조 수단으로 간주된다.

인텔의 백화점식 연구개발 네트워킹 활동은 사업영역을 칩에서 장비분야로 확장시키고 장기적으로 인터넷의 고속, 대용량화 촉진을 통해 칩의 고성능화 및 판매 촉진을 도모하기 위한 사전 기반구축 작업이라고 평가할 수 있을 것이다.

[출처 : 참고문헌 19 참조]

6.1 기술 아웃소싱에 대한 이해

기술 아웃소싱의 추세

기술경쟁이 심화되고 기술수명주기도 급속도로 단축되고 있는 현실에서 사업수행에 필요한 모든 기술을 자체개발하기란 거의 불가능하다. 따라서 어떻게 하면 남보다 빨리 효율적으로 연구개발을 수행할 수 있는가가 주된 관심사가 되고 있다. 이를 위해 기업들은 다양한 노력을 전개하고 있다. 예를 들면, 개발에 소요되는 사이클 타임과 제품 출하 시기를 대폭적으로 줄이려는 노력, 개발비용과 복잡성을 줄이기 위한 노력, 그리고 개발 실패에 따르는 위험을 분산시키려는 노력 등이 그것이다. 여기에 기술 아웃소싱이 가장 적절한 방법으로 자리잡기 시작하고 있다.[16] 〈그림 6.1〉은 급변하는 외부환경에 적응하기 위해 기업이 취하는 새로운 연구개발 방식[29]을 보여준다.

기술 아웃소싱이란 기업이 필요한 기술을 외부기관으로부터 획득하는 것을 말한다. 즉, 기업과 기관 간에 연구개발 활동을 공유함으로써 기업 내부의 울타리를 뛰어넘어 시너지 효과를 창출한다는 것이다. 과거에는 일반적으로 새로운 제품이나 서비스, 프로세스를 지원하는 데 필요한 기술의 개발은 모두 연구개발 부서의 임무였다. 신기술의 개발은 기업의 핵심역량으로서 아웃소싱의 대상이 아니라 모두 기업 내부에서 수행해야 하는 인식이 지배적이었기 때문이다. 하지만 점차 기술개발의 속도가 빨라지고 외국의 선진 업체들과의 경쟁이 심해지면서 기술 아웃소싱에 대한 필요성이 부각되고 있다.

그림 6.1 연구개발 방식의 변화

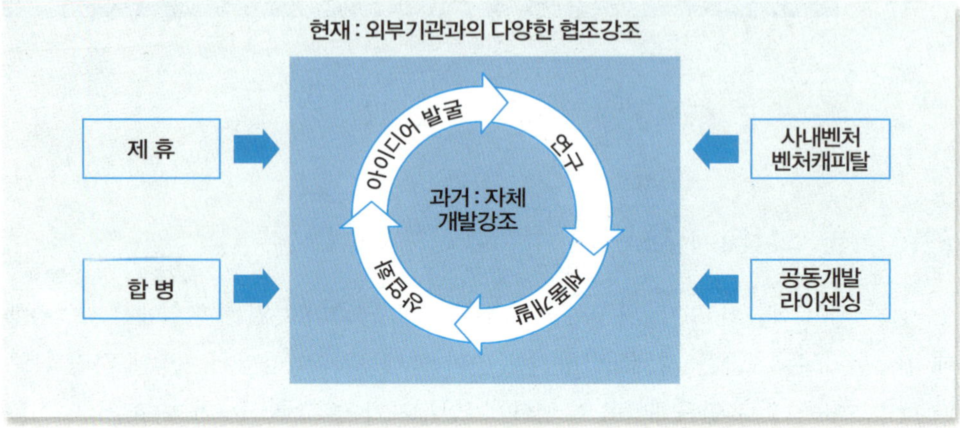

기술 아웃소싱을 활용하면 외부의 전문지식이나 시설에 대한 접근이 보다 용이하고 기술 개발 속도의 증진이나 신뢰성 개선에도 긍정적인 효과를 볼 수 있다. 그러나 부정적 효과도 있어 기밀 보호의 어려움과 지적재산권 상실에 대한 문제가 가장 큰 것으로 지적되고 있다. 이러한 부정적 효과에도 불구하고 기술 아웃소싱은 기업의 기술개발에 있어서 거스를 수 없는 커다란 흐름이 되고 있다.[16] 특히, 정보통신 및 제약 등 첨단 산업에서 이러한 추세가 두드러지고 있다. 예를 들면, R(연구), D(개발) 및 E(엔지니어링)의 구분이 모호할 뿐만 아니라 R·D·E가 통합되어 있다고 하는 제약산업의 경우, 개발 과정 초기부터 적절한 외부 기술의 획득이 필요한 것으로 알려져 있다. 머크나 갤락소 웰컴 등과 같은 선진 기업들은 자체 연구개발을 강화하는 동시에 바이오 벤처기업이나 대학은 물론 심지어 경쟁 기업과의 제휴 및 위탁을 통해 외부 기술을 획득하고 있다.

영국의 이코노미스트와 일본의 다이아몬드사의 공동조사에 따르면 유럽과 미국의 경우, 1980년대까지는 기업이 기술개발의 90%를 자체 개발하였으나 1990년대 후반에는 80% 정도를 자체 개발하며 2000년대에는 약 50%를 아웃소싱하는 것으로 나타나고 있다. 이같은 현상은 국내의 경우도 비슷하다. 실제로 과학기술정책연구원의 조사 결과, 현재 11.1%인 연구개발 부문의 기술 아웃소싱 비율이 점차 28.2%로 증가될 것으로 전망하였다. 특히 전자·정보통신이나 의료·정밀 기기와 같은 첨단 산업 분야일수록 이러한 현상이 더욱 크게 나타나고 있다.[5]

기술 아웃소싱의 이점

기업들은 기술 아웃소싱을 2가지 방법으로 접근한다. 기술 그 자체에 대한 지식을 들여오는 경우가 하나이고 기술이 체화된 제품을 들여오는 경우가 다른 하나이다.[22] 기술 아웃소싱을 통해 기업은 내부자원에만 의존하는 경우보다 더 좋은 품질의 제품을 보다 적은 비용을 가지고 보다 빨리 생산함으로써 보다 많은 가치를 창출해 낼 수 있다. 여기서 더 많은 가치를 창출한다는 것은 기존 시장에서의 시장점유율 확대나 수익성 증대를 의미할 수도 있고 새로운 시장에의 성공적 진출을 의미할 수도 있다.

기술 아웃소싱이 중요시 되는 이유를 살펴보면 아래와 같이 크게 5가지로 요약할 수 있다.

(1) 신기술의 확보

전자·정보통신과 같은 첨단 산업의 경우 신기술의 확보가 기업의 경쟁력을 좌우하는 중요한 요소로 작용한다. 그러나 아직 대부분의 많은 기업들이 이러한 첨단 기술을 모두 자체 개발할 역량을 지니고 있지 못한 실정이다. 현재 이와 같은 첨단 사업의 경우 신기술 확보를 목적으로 관련된 많은 기술들을 해외에서 아웃소싱하고 있다.

(2) 제품의 개발기간 및 시장 출시기의 단축

디지털 경영시대가 도래하면서 기술의 수명주기가 점점 짧아지고 이에 따라 신기술의 시장 출시 속도가 매우 빨라지고 있다. 모든 기술을 자체 개발한다면 자원과 역량의 한계로 인하여 기술의 시장 출시 속도는 늦어지며 이러한 기업은 급변하는 환경에 대처하지 못하고 시장에서 도태될 수 밖에 없다.

(3) 기술 개발 위험의 축소

새로운 기술을 개발하기 위해서는 오랜 시간이 소요되기 때문에 기술의 개발 착수 후 개발 도중에 그 기술이 시장에서 사장되어 기술개발이 중단되는 경우도 많이 발생한다. 기업들은 기술 아웃소싱을 활용하여 이러한 개발의 위험을 줄이고 시간과 비용을 다른 부문에 투자할 수 있게 된다.

(4) 기술 범위의 확대

아웃소싱을 통해 자사가 필요로 하는 기술기반 및 요소기술의 폭을 넓힐 수 있는 기회를 갖을 수 있다. 그런데 이러한 기회에도 불구하고 연구원 등 연구개발 관련 내부 인력들 중 일부는 자기 영역이 침해받고 할당된 연구개발 예산이 깎일 수 있다고 여겨 저항하는 경우가 발생하기도 한다. 이러한 저항을 해소하기 위해서는 외부에서 획득한 기술과 자체 개발한 기술을 연계시키고 통합하는 노력이 전제되어야 할 것이다.

(5) 표준과 규제에의 대응

몇몇 산업의 경우 반드시 지켜야할 표준과 규제가 정해져 있다. 기업들이 국제표준에 부응하기 위해서나 독특한 규제를 가하고 있는 새로운 현지시장에 들어가기 위해서는 제품의 디자인 과정에서부터 이러한 규제에 대응하는 방식을 잘 이해하고 있어야 한다. 이미 관련 표준이나 규제에 익숙해져 있는 파트너와의 협력은 이러한 이해를 증진시키는 데 도움이 된다. 몇몇 경우에 있어서 선도기업들은 새로운 기술적 표준을 창출하고 부과하는 데 협력함으로써 다른 경쟁기업의 시장 참여를 더욱 어렵게 만들고 있다.

개방형 기술혁신

최근 미국 버클리 대학의 오픈 이노베이션 센터 책임자인 체스브루 교수가 제시한 개방형 기술혁신(Open Innovation)이라는 개념이 자주 언급되고 있다. 체스브루 교수는 개방형 기술혁신을 내부 혁신을 가속하고 기술을 발전시키기 위하여 내·외부 아이디어를 모두 활용하며 가치를 창출하기 위해 내·외부의 시장경로를 모두 활용하는 것이라고 정의하고 있다. 한마디로 기업 내부의 폐쇄적인 기술혁신 시스템에서 벗어나 적극적으로 내·외부의 다양한 원천을 이용하자는 주장이다. 좀더 구체적으로 살펴보면 〈그림 6.2〉에서 개념적으로 보여주는 바와 같이 가치가 있는 아이디어 혹은 기술은 내부·외부·경쟁사에 상관없이 획득해야 하고 이를 제품개발과 연결할 때도

필요할 경우 외부의 아이디어, 인력을 활용해야 한다는 것이다.[26, 32]

그림 6.2 개방형 기술혁신의 개념

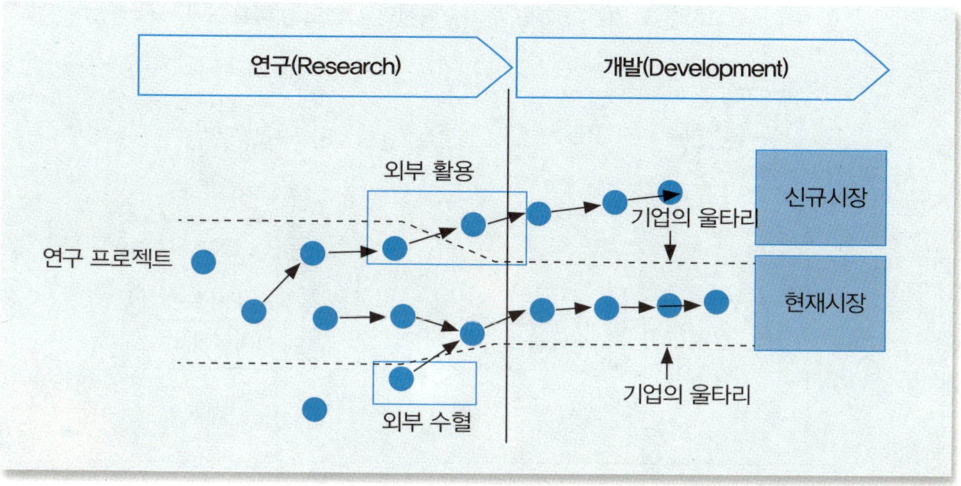

개방형 기술혁신은 과거의 내부에 국한된 연구개발에서 과감히 탈피, 외부의 기술이나 아이디어를 적극 활용하여 자사의 혁신으로 연결하는 것이라고 할 수 있다.[3] 한 기업이 자사에 필요한 모든 혁신역량을 가지고 있을 수는 없다. 현재 대부분 기업들이 경험한 아웃소싱은 한쪽 방향으로 역량이 이동하는 것이라 한다면 개방형 기술혁신은 여기에서 한걸음 더 나아가 기술이나 아이디어가 기업 내외의 경계를 넘나들며 기업의 혁신으로 이어지는 특징을 지닌다.

최근의 경영 환경 변화는 개방형 기술혁신을 더욱 강조하는 방향으로 흐르고 있다. 소비자나 고객들의 욕구 변화가 빨라지고 있고 대응에 필요한 요소 기술들은 갈수록 다양하고 복잡해지고 있다. 이에 따라 제품의 수명주기는 갈수록 짧아지고 있다. 또한 개발에 따른 비용 증가도 개방형 기술혁신의 확산에 한 몫하고 있다. 연구개발에 대한 투자가 늘어난다고 해서 곧바로 수익으로 연결되지는 않는다. 개발에 필요한 비용은 증가하고 개발 및 출시에 걸리는 기간이 짧아지는 현상으로 인해 기업들은 어떻게 하면 저렴하면서도 신속하게 필요한 기술과 아이디어를 얻을까 하는 데에 관심을 집중시키고 있다. 이러한 가운데 벤처 캐피털이 활성화되고 과학기술자들의 기업가 정신이 높아지는 등의 경제, 사회 변화는 개방형 기술혁신의 가치를 한층 높이고 있는 것으로 보인다. 〈그림 6.3〉은 환경변화에 따른 기존 사업모형과 개방형 기술혁신 사업모형의 비교를 보여주고 있다.

그림 6.3 기존과 개방형 기술혁신의 사업모형 비교

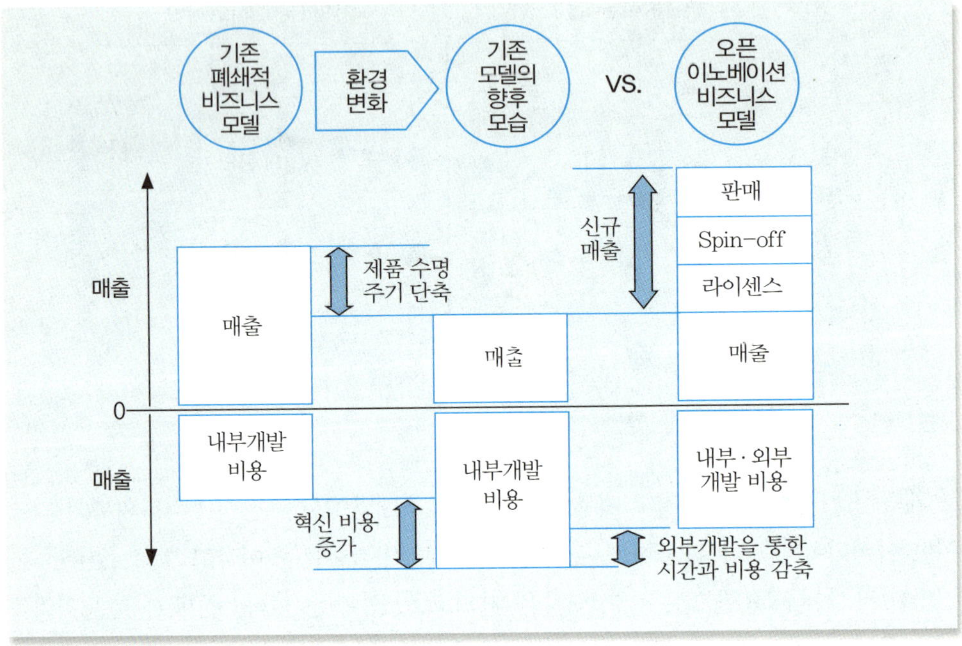

김경연[3]은 최근 선진 기업들은 어떠한 형태로 개방형 기술혁신을 추구하고 있는지 사례들을 분석한 후 다음과 같이 몇 가지 공통점을 밝혀냈다.

(1) 쌍방향 흐름에 개방

개방형 기술혁신의 가장 큰 특징은 기업 내부와 외부의 기술 및 아이디어가 쌍방향으로 흐른다는 것이다. 기업들이 자사가 보유한 기술 및 아이디어, 지적 재산권 등을 적극적으로 외부에 공유하거나 매매함으로써 수익을 창출하기도 한다. 기업 내부에서 사용하지 않는 기술이나 아이디어가 그 대상이지만 때로는 독점하기보다 공유함으로써 더 많은 부가가치를 만들어 내기도 한다.

(2) 인터넷 기반 개방형 네트워크 활용

개방형 기술혁신에 앞선 기업들의 공통점이라 한다면 기술 혹은 아이디어를 거래하는 인터넷 기반의 개방형 네트워크를 적극적으로 이용한다는 것이다. 2000년대 들어 본격적으로 이루어진 개방형 네트워크의 활용은 가시적 성과가 잘 드러나지 않아 그 가치에 대한 정확한 평가는 아직 이른 감이 있다. 하지만 이를 통해 기업들의 연구개발 방식이나 패턴이 달라지고 있음은 분명하다.

(3) 지역 거점 네트워크의 활용

글로벌 지역 거점 연구소와의 협력을 통해 해당 지역의 대학이나 연구기관 혹은 기업의 인적 자원들이 가지고 있는 기술과 아이디어를 교류, 흡수하려는 노력 또한 매우 중요하게 다루어지고 있다.

(4) 전담 조직의 활용

대부분의 기업들이 개방형 기술혁신을 효과적으로 수행하기 위하여 전담 조직을 두고 있다. 이 조직들은 기업 내·외부의 기술이나 지적재산권 등을 통제 및 모니터링하며 이를 통해 자사의 사업개발과 기술혁신을 연계, 가속시키는 역할을 한다.

한때 일회용 카메라의 대명사로 불리던 폴라로이드

이들은 디지털 카메라의 성공 가능성에 대한 확신을 가지고 있었다. 그리고 경쟁사보다 먼저 관련된 기술을 상당부분 개발하였다. 렌즈, 광학 처리, 디지털 신호, 소프트웨어, 저장 기술 등 디지털 카메라와 관련된 모든 기술을 직접 개발한 것이다. 문제는 제품이 시장에 출시된 이후에 발생했다. 단순 기술, 소프트웨어 등을 아웃소싱한 경쟁 기업에 비해 가격이 무려 3배 이상 높게 책정될 수밖에 없었다. 개발 비용에 수 억 달러를 투자했으니 이를 회수하기 위해 경쟁사보다 가격이 높을 수밖에 없었던 것이다. 만약 이들이 중요하지 않은 기술에 투자할 비용을 핵심 부품, 핵심 기술에 투자하여 뚜렷한 차별화를 가져갔다면 어땠을까? 차라리 투자한 각종 기술을 다양한 라이센스 활동을 통해 경쟁 기업들과 협력업체에 솔루션을 제공하는 기업으로 변신했다면 어땠을까? 아마 폴라로이드의 이름은 혁신의 역사 한 페이지를 여전히 장식하고 있었을 것이다.

과거 평판 디스플레이 FPD(Flat Panel Display) 분야에서 상당한 기술을 보유하고 있었던 샤프

샤프는 새로운 생산라인에 투자하면서 비용을 줄이기 위한 프로세스 단순화에 주력했다. 또한 더 큰 패널을 생산하면서 이에 따른 수율을 향상시키기 위해 제품 디자인을 수정하였다. 그런데 문제는 이러한 모든 과정이 내부에서 비밀리에 추진되었고 다른 주요 공급 네트워크와의 협력은 전혀 이루어지지 않았다는 점이다. 결국 원하던 성과를 기두지 못했고 유리 원판 공급회사인 코닝의 도움으로 가까스로 문제를 해결할 수 있었다. 처음부터 주요 부품기업과의 과감한 개방형 협력관계를 진행하였다면 좀더 빠르게 생산라인을 안정화시킬 수 있었을 것이다. 불행히도 이 문제로 6개월을 허비했고 그 6개월은 치열하게 전개되는 세대 경쟁에서 뒤처지고 남을 만한 충분한 시간이었다.

[출처 : 참고문헌 32 참조]

6.2 기술 아웃소싱의 프로세스

전략적 결정

일상적 활동 속에서 특정 기술의 단기적 아웃소싱이 필요한 경우도 있지만 일반적으로 일정 기술에 대한 아웃소싱의 결정은 보통 기술전략 수립 프로세스의 일부로 이루어진다. 기술 아웃소싱은 대개 그것이 사업성공에 대해 갖는 영향력 때문에 전략적 결정이라고 할 수 있다.[22] 올바른 결정은 중대한 이득을 가져올 수 있는 반면 잘못된 결정은 타격이 될 수 있다. 아울러 어떤 결정이라도 바꾸기는 쉽지 않다.

(1) 올바른 결정 = 이득

기업은 현명한 아웃소싱을 통해 품질의 향상, 더 빠른 시장출하 그리고 연구개발 비용의 축소 등의 효과를 얻음으로써 시장점유율을 올리고 이익마진을 개선할 수 있다. 내부 자원을 활용하는 것보다는 아웃소싱이 전략적으로 더 매력적인 곳에서 해당 기술을 확인하기 위해서는 각 기술이 사업에 대해 갖는 전략적 영향력에 대한 이해가 필요하다.

(2) 잘못된 결정 = 타격

기술을 아웃소싱하는 데 실패하면 기업 성과가 반감될 수도 있다. 때때로 외부역량은 내부 자원보다 더욱 강력할 수 있다. 만일 경쟁기업이 이러한 보다 나은 외부역량에 먼저 접근한다면 그들의 제품은 품질적으로 더 우수하고 비용적으로 보다 더 저렴해 질 수 있을 것이다. 심지어 외부 자원이 자체자원보다 더 우수하지 않을 경우에도 외부역량을 적절히 활용하지 못하고 내부 연구개발에만 의존하면 자사의 차별화 역량 구축에 자사의 투자역량을 효율적으로 투입하지 못한 결과를 초래해 일부 투자가 낭비로 이어질 수도 있다.

(3) 쉽지 않은 의사결정 변경

기술을 아웃소싱하는 대부분의 경우에 한번 결정되면 번복하기가 어렵기 때문에 신중한 결정이 요청된다. 기업이 일단 특정 기술의 자체개발을 배제하는 결정을 내린다면 해당 기술력을 내부적으로 재건하는 데에는 오랜 시간이 소요될 것이며 더구나 합리적인 시간과 비용 안에서의 재건은 기대하기 어려울 것이다.

기술 아웃소싱의 추진과정

기술 아웃소싱의 추진과정은 〈그림 6.4〉와 같이 대상 기술에 대한 사업의 필요성 및 영향력을 결정하는 것에서부터 시작해서 개발 성공 및 실패로부터의 교훈을 통해 학습하고 개선하는 것으로 끝을 맺는다. 이러한 시작과 끝은 추진과정 내내 각 단계와 상호작용을 가진다. 기술 아웃소싱 추진과정의 단계는 전략적 게임계획 수립, 기술 탐색 노력의 조직화, 탐색 및 대상 기술 발굴, 발굴된 기술의 분석 및 평가, 협상 및 계약 체결, 공동 노력 및 성과 달성 등 6단계로 구성되어 있다.[16]

(1) 전략적 게임계획 수립

기술 아웃소싱 추진과정은 전략적 게임계획을 수립하는 단계로부터 출발한다. 이 단계는 아웃소싱 절차의 전체 그림이 그려지는 단계로서 대상 기술의 범위, 획득 방법, 지원 정도는 물론 조직간 및 조직내 기능간 연계에 대한 세부 계획도 수립된다. 대상 기술의 범위나 내용은 전략적 포트폴리오 관리를 통해서 구체화될 수 있다. 여기서 전략적 게임이라고 부르는 것은 자사와 외부 제공자간의 관계가 계획 수립 내용에 따라 이 단계에서부터 승–승, 승–패, 패–승, 패–패 등 다양한 결과로 나타날 수 있기 때문이다.

(2) 기술 탐색 노력의 조직화

다음 단계에서는 기술 탐색 노력을 조직화한다. 탐색 수행의 주체를 결정하고 정보 서비스 등 필요한 지원 체제도 확립하는 단계이다.

(3) 탐색 및 대상 기술 발굴

다음은 탐색 및 대상 기술의 발굴을 수행하는 단계이다. 이 단계에서는 기업 내·외부에 있는 공식적 및 비공식적 네트워크 및 채널을 적극 활용한다.

(4) 발굴된 기술의 분석 및 평가

다음으로 발굴된 기술을 분석·평가한다. 기술적 및 상업적 이익을 평가하고 전략과의 적합성을 다시 한번 확인하는 단계가 된다. 이 단계에서부터 중요한 문제가 발생할 수 있는데 그것은 바로 NIH(Not Invented Here) 현상이다. 이를 해소하기 위해서는 앞서 언급한 추진과정의 투명성은 물론이고 외부 기술에 대한 경영진의 인식과 아웃소싱에 대한 적극적 사고가 매우 중요하다.

(5) 협상 및 계약 체결

이 단계는 외부 제공자와 협상 및 합의 도출을 통해 계약을 체결한다. 이 단계에서는 법률 및 특허 관련 이슈가 문제로 떠올라 계약 체결 과정이 지연되고 서로 좌절을 맛볼 수도 있다. 그러므로 합의 내용에는 기술적·상업적·법률적 내용과 특허 관련 내용이 반드시 포함되어야 한다. 그런데 무엇보다 중요한 것은 특허 및 협상 전문가를 외부에서 데려오는 한이 있더라도 관련 전문 역량은 반드시 내부에서 보유하고 강화해야 한다는 것이다.

(6) 공동 노력 및 성과 달성

마지막으로 양측의 공동 노력으로 기대한 성과를 달성한다. 이 단계에서는 계약 자체가 파기되는 등 문제가 가장 크게 발생하기 때문에 외부 제공자를 파트너로서 인식하고 개발 과정상의 장애와 좌절을 극복하려는 철저한 노력이 필요하다. 획득한 기술의 내부 통합에 주의를 기울여야 하며 파트너십이 비생산적으로 치닫는다면 적절한 시점에서 관계를 종료해야 더 이상의 손해가 없을 것이다.

그림 6.4 기술 아웃소싱 프로세스

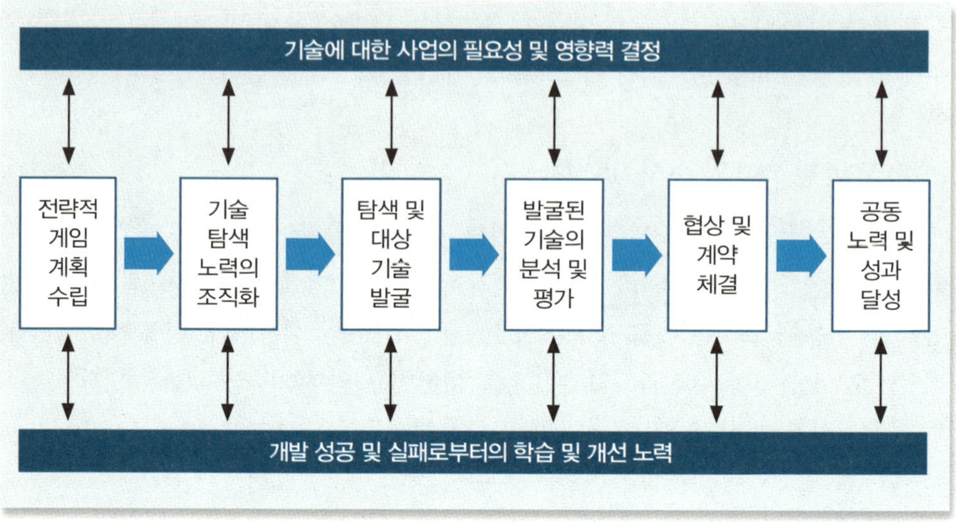

6.3 아웃소싱 대상기술의 선정

기술의 사업적 의미

모든 기술이 똑같은 가치를 갖는 것은 아니다. 기술은 기업의 경쟁능력에 미치는 영향력 측면에서 또 그 영향력이 변화하는 속도 측면에서 매우 다양하다.[22] 각 기술이 현재 및 미래의 기업 경쟁력에 미치는 영향력을 평가하는 것은 기술에 대한 사업적 필요성을 확인하는 과정으로 이루어져야 한다.

(1) 경쟁능력에 미치는 기술의 영향력

기술의 경쟁효과는 4가지 수준에서 분석될 수 있다.

- 기반기술 – 특정 사업분야에 있어서 광범위하게 활용되는 필수적 기술
- 핵심기술 – 현재 일정 산업 내에서 차별화의 기회를 제공하는 기술
- 도상기술 – 가까운 장래에 핵심기술이 될 수 있는 잠재력을 가지고 있는 기술
- 태동기술 – 차별화를 위한 잠재력을 평가하기 위해서는 아직도 더 많은 개발을 기다릴 필요가 있는 기술

핵심기술은 오늘날 경쟁 전쟁에서의 승리를 위해 가장 중요한 요소이다. 일정 산업 내에서 한 기업은 그 경쟁 기업에 대한 경쟁우위를 확보하기 위해 핵심기술을 한 두 가지 정도는 활용하고 있다고 볼 수 있다. 이런 기술들을 특히, 중핵기술이라고 할 수 있다. 기업의 중핵기술은 해당 산업내의 핵심기술 중 해당 기업만이 고유하게 소유하고 있는 기술이다. 기업들은 전략적 선택이나 또는 역사적 강점으로 인해 중핵기술을 활용할 수 있다. 아울러 기업은 항상 해당 산업 내의 핵심기술 중 한 가지에서 강점기술을 선택함으로써 중핵기술의 대열에 그것을 추가하고자 한다.

(2) 영향력의 변화 속도

기술의 경쟁효과의 변화 속도가 매우 빠를 수도 있다. 예를 들어, 한 가전회사가 매력적인 추가적 특성을 가진 제품을 출시할 수 있도록 해 주는 신기술을 개발했다고 하자. 그러면 경쟁기업들이 재빨리 그 기술을 복제하는 방법을 습득하여 동일한 특성을 가진 제품을 출시함으로써 선도기업에 의해 획득된 우위의 상당부분을 파괴할 수도 있다. 따라서 핵심기술은 빠른 속도로 성숙하여 기반기술이 될 수 있는 것이다.

획득 가능 경로의 이해

필요한 기술을 획득하는 방법에는 완전한 자체 개발에서부터 몇몇 서로 상이한 형태의 아웃소싱 등 여러 가지가 있다. 경로 선택에 대한 의사결정은 필요한 것에 대한 전체적인 이해와 각 경로별 비용, 시간 및 성공 기회의 평가에 기초하여 이루어지게 된다.

비용에 대한 평가는 완전한 자체 개발에 의한 것이든 아웃소싱에 의한 것이든 발생하게 될 주요 지출에 대한 평가를 포함해야 한다. 예를 들어, 반도체 소자에 있어서 최근의 경쟁 지위를 유지하기 위해 제조 프로세스의 갱신을 위한 막대한 투자를 계속해야만 하는 경우 이에 대한 것도 고려해야 한다. 아울러, 각각의 경로별로 예상된 개발 수준에의 도착 시점을 파악하기 위해 현재의 기술개발 현황과 투자의 각 수준별 미래 개발의 예상 속도도 평가해야 한다.

대상기술의 선정

기본적으로 핵심기술은 자체 개발하고 비핵심 기술(종속기술)은 아웃소싱해야 한다. 따라서 성공적인 기술 아웃소싱을 위해서는 명확한 기준을 바탕으로 핵심기술과 종속기술을 판별할 수 있어야 한다.[5] 여기서 핵심기술은 (1) 고객에게 가치를 제공하고, (2) 광범위한 시장에 응용될 수 있으며, (3) 차별화에 의한 경쟁력 제고가 가능하고, (4) 모방하기 어려운 기술을 말한다. 따라서 아웃소싱 대상기술을 제대로 선정하기 위해서는 해당 기술이 이러한 조건들을 만족시키는 핵심기술로 분류될 수 있는 것인지를 정확히 파악해야 한다. 이를 위해서는 외부 신기술 동향이나 경쟁사의 기술능력을 지속적으로 감시하여 파악하고 있어야 한다.

일정 기술의 아웃소싱에의 적합성을 평가하기 위해서는 각 경우가 처한 특수 환경 속에서 아웃소싱이 갖는 상대적 장점과 단점에 대한 경영적 판단이 필요하다. 〈표 6.1〉은 이러한 판단에 도움을 줄 수 있는 일련의 질문 항목을 제시하고 있다. 다음으로 자체역량이 선호될 때 조차도 아웃소싱은 여전히 필요하다. 예를 들어, 기존 자체역량이 미약하고 그것을 강화하는 데에 많은 시간이 필요한 상황이라면 아웃소싱이야말로 기술을 사업 요구에 부응할 수 있는 시간 내에 확보할 수 있는 유일한 방법이다. 〈표 6.2〉는 이러한 문제에 도움을 줄 수 있는 질문 항목을 보여준다.

표 6.1 아웃소싱 대상기술의 선택에 대한 체크리스트

질문	결론	
	YES	NO
1. 이 기술이 성능이나 비용측면에서 제품을 차별화하는 데 강력한 힘을 갖추고 있는가?	경쟁우위를 유지하기 위해 자체 개발	내부자원을 다른 곳에 효율적으로 활용키 위해 아웃소싱
2. 한때 기업에 의미 있는 차별화 요소였던 이 기술이 이제 광범위하게 활용되고 있어 차별력을 상실하고 있지는 않는가?	계속적인 자체 개발이 다른 곳에서 더 잘 활용될 수도 있는 자원의 낭비 초래	경쟁우위를 유지하기 위해 자체 개발
3. 타사에는 이미 잘 알려져 있으나 귀사에는 새로워 귀사의 기존 기술을 보완할 수 있는 또는 다른 기술이 존재하는가?	기술통합을 통해 신제품기회를 가질 수도 있고 아웃소싱을 통해 시장에 빨리 출하할 수 있기 때문에 아웃소싱	
4. 개발비용을 공유하는 것이 매력적일 정도로 차별화 기술이 매우 고가인가?	비용과 시간의 절감이 기술 지배력의 부분적 상실을 정당화할 수 있기에 부분적인 아웃소싱 실시	기술에 대한 완벽한 지배력을 가질 수 있고, 사업상의 이익이 자체개발을 정당화 할 수 있음
5. 이 기술이 귀사보다 항상 우위에 있는 외부 전문 기업으로부터 획득 가능한 기술인가?	최상의 기술에 대한 접근이 기술 지배력보다 더 중요하기 때문에 아웃소싱	자체개발, 사업상의 이익이 크기 때문에 자체 역량의 유지에 내부자원 활용을 정당화
6. 귀사에게는 새로운 이 기술이 다른 누군가에 의해 정복된 것은 아닌가?	비용과 시간 절약이 기술 지배력 유지보다는 더 중요할 수 있기 때문에 아웃소싱	자체개발, 자체역량을 확보하는 것이 타사로 하여금 자사를 위해 기술을 개발해 주도록 요청하는 것보다 더 매력적임

표 6.2 핵심기술 아웃소싱 여부에 대한 체크리스트

질 문	결 론	
	YES	NO
1. 현재 이 기술에 있어 적합한 내부역량을 가지고 있는가?	자체개발	사업상 요구를 시간 내 충족시키고 적당한 비용으로 충분한 내부역량을 개발할 수 있느냐가 관건. 만일 그렇다면 자체개발
2. 이 기술에 있어 적절한 내부역량을 계속 유지할 수 있겠는가?	자체개발	아웃소싱 고려. 자체개발이 당분간은 가능하겠지만 곧 다른 원천을 찾아야 함
3. 이 기술이 이미 외부에 잘 알려진 기술인가?	아웃소싱 고려. 자체개발할 수도 있지만 아웃소싱이 여전히 더 비용효과적임	내부자원에 의존

LS전선은 핵심기술 개발에 외부 인력을 적극 활용하기로 하는 등 개방형 기술혁신을 강화하기로 했다고 2일 밝혔다. LS전선은 이를 위해 국내 유수 연구원과 대학, 고객사와 포괄적인 협력관계를 구축하고 벤처기업에 대한 투자도 활발하게 하기로 했다. 또한 글로벌 기술 중계 업체를 적극 활용해 필요한 해외 선진 기술을 도입할 방침이다. 이 같은 글로벌 기술 중계 업체의 활용은 국내에서는 극소수의 기업만이 추진해 온 선진적인 기술 아웃소싱 방법으로 알려져 있다. 이를 통해 LS전선이 향후 아웃소싱할 핵심기술들은 유무선통신 네트워크와 자동차 전장, 전자부품, 친환경소재 분야를 중심으로 초전도 케이블, 자동차용 고전압 유니트 기술 등 약 40여건에 이른다. LS전선 기술개발본부장(CTO)은 "2010년에는 기술 아웃소싱에 대한 투자를 총 R&D 비용의 30% 이상으로 확대해 핵심기술 수준을 매년 30% 이상 향상시킬 것"이라고 밝혔다.

최근 기술의 융·복합화가 심화되고 기업 간 기술혁신과 신제품 개발 경쟁이 심화되면서 내부에서의 R&D를 중시하는 기존의 폐쇄형 기술혁신에서 벗어나 최소한의 비용과 투자로 짧은 시일 내에 가시적인 성과를 도출할 수 있는 개방형 기술혁신의 움직임이 활발해 지고 있다. P&G의 경우 제품개발 아이디어나 핵심기술을 내부 연구 인력의 200배에 이르는 150만 명의 외부 연구 인력을 활용함으로써 5년간 R&D 생산성을 60% 이상 증가시키기도 했다. LS전선은 지난해 '고휘도 반사편광필름(CLC)' 등 20여 건의 휴면 특허를 중소기업에 이전했다. 금년부터는 사내 여러 부서간에 기술개발 경험을 공유하고 연구원들의 아이디어 제안을 활성화하는 'T-포럼'을 운영하기로 하는 등 개방형 기술혁신을 다각도로 강화하고 있다.

[출처 : 데일리그리드 (www.dailygrid.net) 2008.04.02]

6.4 기술 아웃소싱 원천기관의 선정

원천기관의 유형

기술 아웃소싱의 원천기관에는 학술 연구기관, 공공 연구기관, 상업적 연구기관, 공급업체, 고객기업, 타 기업 등 여러 가지 유형이 있다.

(1) 학술 연구기관

대학의 이공계 학과나 노하우의 형태로 기술을 제공할 수 있는 고등교육기관 및 연수기관 등이 여기에 속한다. 이 기관에서 활동 중인 자원은 다음과 같다.

- 대학교수와 경험 많은 연구인력 — 이들은 자신들의 축적된 경험에 근거하여 직접적인 정보나 전문지식을 제공할 수 있고 관심 기술분야에 있어서의 연구개발 프로젝트를 수행할 수도 있다.
- 연구학생 — 이들은 관심분야에 있어서의 연구 프로젝트를 수행할 수도 있고 대학 내의 다른 인력과 전문지식을 교환할 수 있다.
- 도서관과 그외 정보센터 — 이곳은 상당한 양의 유용한 정보를 가지고 있어 직접적으로 접근할 수도 있고 대학인력을 통해 접근할 수도 있다.

이들은 신기술이나 기존 기술의 최신 경향을 파악할 수 있는 정보나 연구개발 노력의 원천으로서 매우 유용하다.

(2) 공공 연구기관

정보나 노하우 형태의 기술을 제공하는 정부 소유 또는 정부 투자연구소나 정보센터가 여기에 포함된다. 이들 기관은 고가의 전문장비에 대한 접근을 필요로 하는 기업들에게 매력적인 연구개발의 원천이다.

(3) 상업적 연구기관

이들 기관은 고객과의 계약에 근거하여 연구개발을 수행하는 민간 계약 연구개발 전문기관이다. 이들은 정보나 노하우, 그리고 신제품용 디자인과 프로세스 장비의 형태로 기술을 제공한다. 기업들은 자신들의 자원이 일시적으로 과부하 되어 있을 때라든지 자체가 내부적으로 확보할 수 없는 전문기술을 필요로 할 때 또는 장기적 문제에 대한 신선한 접근방식이 필요할 때 이러한 민간기관과의 연구개발 계약을 체결하게 된다. 민간 계약 연구개발 전문기관은 선진국에서 많이 활동중이다. 선진국의 기업총람이나 기업협회지 등을 통해 일정 지역의 조직과 제공되는 서비스에 대한 자세한 정보를 얻을 수 있다.

(4) 공급업체

부품 공급업체도 기술 제공기관으로 점점 더 많이 활용되고 있다. 대개 기술은 자료나 기술이 체화된 부품, 장비의 형태로 도입기업에게 제공된다. 도입기업들은 기술을 개발하기 위해 이들 공급업체에 의존하는 것이다. 특히 자동차 산업의 경우, 완성차업체들은 적절한 기술이 적절한 시기에 개발되도록 하기 위해 공급업체와 긴밀하게 협조하고 있다. 이것은 완성차업체와 공급업체가 장기적이고도 긴밀한 관계를 수립한다는 것을 의미한다. 기술사용업체는 자신들의 장기적 전략기획을 공급업체와 공유하며 공급업체는 기술사용업체에게 장래의 기술 가능성에 대한 자체 아이디어를 광고하게 되는 것이다.

장기적 관계가 필요 없을 때에 공급업체를 선택하는 것은 용이한 문제이다. 그러나 관련된 기술의 의미가 긴밀한 관계를 필요로 할 때 기술사용기업은 공급업체로 하여금 최첨단 기술의 장기적 제공자가 되는데 필요한 기술적, 재정적, 경영적 능력을 가지고 있는지를 자체 점검토록 요구하게 된다.

(5) 고객기업

고객기업의 하나가 때로는 가치있는 기술획득의 원천이 될 수도 있다. 이때의 기술 형태는 정보, 자료 또는 부품일 수 있다. 이러한 획득기술을 통해 기업은 고객기업이 필요로 하는 제품과 서비스를 고객기업에게 제공할 수 있게 되고 동시에 다른 고객의 욕구에 부응할 수 있는 능력을 개선할 수 있다.

(6) 타 기업

다른 회사가 단기적 협력(예를 들어, 특허를 사용할 수 있는 권리나 정보를 라이센스 협정하에 공여)이나 일종의 파트너십(예를 들어, 양측 파트너 모두가 활용할 수 있는 제품이나 프로세스의 협력적 개발)을 통해 자신들이 개발한 기술을 제공하고자 할 수도 있다. 이러한 형태에는 다음과 같은 기업들이 포함될 수 있다.

- 경쟁기업 — 양측 기업 고유의 이해관계를 보호하기 위해 사전에 적절히 주의한다면 경쟁사 간의 정보 전파나 협력적 개발은 유용할 수도 있다. 이러한 연계는 예를 들어, 통신과 반도체와 같은 산업에서 흔히 있는 일이다.
- 다른 산업의 기업 — 기술은 산업별로 다른 속도를 가지고 성숙해 간다. 따라서 한 업체가 최초로 탐색하는 필요 기술이 다른 산업에서는 이미 잘 알려진 것일 수도 있다.

원천기관의 선정

기술 아웃소싱의 원천기관에는 앞에서 살펴본 바와 같이 여러가지 유형이 있다. 원천기관을 선택할 때 다음과 같은 선정 기준을 활용하여 그 적절성을 평가한 후 자사에 가장 적합한 기관을 파트너로 선정해야 한다. 〈표 6.3〉은 기술 아웃소싱 원천기관의 적절성[5]을 보여주고 있다.

- 기술의 보유형태 — 정보의 형태냐 아니면 부품 속에 체화된 형태냐?
- 기술의 특성 — 다른 산업에서 잘 알려진 것이냐 아니면 여전히 새로운 것이냐?
- 관계의 형태 — 장기적 파트너십이냐 아니면 일시적 계약관계냐?

대상 기관을 선정한 후에는 적절한 업체를 선정해야 한다. 구체적 업체 선정 시에는 그 업체의 기술력·개발인력의 인적구성·개발경험·개발기간 및 비용 등 기술적인 측면 뿐만 아니라 사업수행 능력·조직 및 관리기술·운영 및 기술지원 등 기술 외적 측면까지 종합적인 고려가 필요하다.

표 6.3 기술 아웃소싱 원천기관의 적절성

		학술 연구기관	공공 연구기관	상업적 연구기관	공급업체	고객기업	타기업
보유형태	기술정보 및 노하우	○	○	○		○	○
	기술이 적용된 제품			○	○	○	○
기술특성	현재 차별화 기술			○	○	○	○
	현재 비차별화 기술			○	○	○	○
	보완기술	○	○	○	○		
	신기술	○	○				
관계형태	파트너십				○	○	○
	일시적 계약관계	○	○	○	○	○	○

6.5 기술 아웃소싱 방식의 선정

기술 아웃소싱의 형태

기술 아웃소싱의 형태란 외부 기술을 획득하기 위한 방법을 말한다. 외부 기술을 획득하기 위한 방법은 기술개발을 위한 자원의 원천이 내부에 있는가, 외부에 있는가와 그 비중에 따라서 기업인수, 라이센싱, 조인트 벤처, 공동개발, 위탁 연구개발, 연구개발 후원, 지분참여 등 매우 다양한 형태로 나타난다.[5, 22]

(1) 기업인수

다른 회사가 자본투자를 하면 해당 회사 내의 기술에 접근할 수 있게 된다. 투자는 회사 가치의 100% 획득(명백한 구매)으로부터 소수주식 획득까지 다양하다. 회사를 명확하게 인수하는 작업은 단지 기술을 획득하기 보다는 광범위한 사업목표에 의해 수행되게 된다. 시장점유율, 생산능력, 제품을 획득하는 측면에서도 중요할 수 있다. 그러나 때로는 가술획득이 제1차적인 목표가 될 수도 있다. 예를 들어, 컴퓨터 제품 및 생명공학과 같이 기술적으로 고속 발전하고 있는 산업분야에서 기존 기업이 소규모의 신생기업을 인수할 때가 이런 경우에 해당된다. 특히, 대기업이 공공 연구개발 활동에 참가하는 경우, 대기업이 소규모의 첨단기술기업에 대해 소규모 주식투자를 하면 소기업에 의해 개발된 기술에 보다 쉽게 접근할 수 있다.

(2) 라이센싱

라이센스를 체결하게 되면 기업은 대개 일정 기술의 소유자에게 대가를 지불해 주는 것을 전제로 관련 기술을 접할 수 있게 된다. 전형적으로 이 회사는 기술을 활용할 수 있는 권리(예를 들어, 특허에 의해 지정된 아이디어를 사용할 수 있는 권리)와 기술이 어떻게 작동되는지에 대한 정보(예를 들어, 도면, 설명문, 경우에 따라서는 훈련)를 공여받게 된다. 여기에는 다음과 같은 방식들이 있다.

- 독점적 라이센싱 — 기술 보유 기업에게 대가를 지불하고 기술에 대한 독점적 권리를 획득하는 것
- 라이센스 옵션 — 검증되지 않았지만 유망한 기술의 사용권에 대한 옵션 계약을 체결하는 것
- 크로스 라이센싱 — 양측이 기술과 권리를 쌍방향적으로 교환하는 것. 이런 경우 양측의 기술이 동등한 가치를 갖고 있다고 상호 간에 인정 되었을 때에 자금 지불이 아예 없을 수도 있음.

(3) 조인트 벤처

조인트 벤처는 파트너들이 공동으로 설립한 별도의 회사에서 합작 활동을 전개하기로 결정하는 파트너 관계의 일종이다. 비용, 이익, 손실은 통상 자본의 보유 비율에 따라 확정된다. 전형적으로 모기업은 자금, 인력, 기술을 새로운 합작 회사에 내 놓는다. 모기업을 위한 가치 창출을 위해 기술을 포함한 자산의 통합이 합작 회사에 의해 이루어진다. 따라서 각 모회사는 궁극적으로 상대방 모기업에 의해 제공되는 기술로부터 이득을 얻을 수 있게 되는 것이다.

모기업은 개개 자신들의 목표가 단순히 기술을 획득하는 것이 아니라 장기적이고 광범위한 사업기반을 확보하는 것일 때 조인트 벤처가 선호된다. 물론, 조인트 벤처가 공동 연구개발만을 위한 수단으로 설치되는 경우도 없지는 않다. 별도의 법인격은 합법적, 조세적인 측면이나 모기업의 재정적인 위험도를 감소시킨다는 측면에서 중요할 수도 있다. 시장 속에서 모기업의 이미지와는 판이하게 다른 완전히 새로운 별도의 이미지를 창출할 이유가 있다면 조인트 벤처는 더욱 유용할 것이다.

(4) 공동개발

공동개발은 특정한 기술 및 사업기회를 창출하는 데 공통의 관심을 가지고 있는 2개 내지는 그 이상의 기관으로 구성된다. 이러한 기관으로는 한 두개의 산업으로부터 온 기업, 대학기관, 공공기관을 들 수 있다. 공동개발은 흔히 신기술을 탐색하기 위해서 실시된다. 이러한 기술은 어느 특정 산업 내 모든 기업의 관심을 이끌어는 냈으나 아직 제품이나 프로세스에 활용될 수 있을 만큼은 성숙 되지는 않은 기술이다. 이러한 경쟁 전 단계에서 경쟁자들은 비용과 위험을 공유하면서 대학 연구조직으로

부터의 기여를 획득하는 효과를 볼 수 있을 것이다. 개발 대상 기술이 제품이나 프로세스 개발단계에서 적용이 가능해지는 단계에 이르면 공동개발 회원들은 독립적으로 활동을 시작하게 되고 공동개발은 종결되든지 또 다른 영역의 기술로 이동해 갈 수 있을 것이다.

(5) 위탁 연구개발

한 기업은 사사를 대신하여 외부기관으로 하여금 특수한 개발을 하도록 위탁할 수도 있다. 이 개발기관은 특수한 민간 연구개발 회사일 수도 있고 대학이나 공급업체 또는 다른 회사일 수도 있다. 기업들은 자체의 자원이 일시적으로 과부하 되어 있다든지 자사가 내부적으로 유지할 수 없는 기술이 필요하다든지 아니면 장기적인 문제를 해결하기 위한 전혀 새로운 접근 방식이 필요할 때에 이런 종류의 아웃소싱을 추진하게 될 것이다.

(6) 연구개발 후원

대학에서 일하는 연구진은 어느 특정기업의 자금을 지원받게 되면 해당 기업에게 관심이 있을 만한 방향으로 자신들의 연구활동의 초점을 맞추게 된다. 자금 지원은 대개 개인 연구원이나 연구팀에게 자금을 보조하거나 장비를 제공해 주는 형태로 이루어진다. 예를 들어, 특정 연구원이 개발한 신소재를 실질적 조건 속에서 시험할 수 있도록 하기 위해 기업의 실험 설비 사용을 허용하는 것이 이에 포함된다.

(7) 지분 참여

지분 참여는 특정 기술을 사용할 목적으로 기술을 보유한 회사에 대하여 대규모의 투자없이 소규모의 지분을 확보하는 것을 말한다.

아웃소싱 방식의 선정

기업이 여러 가지 기술을 아웃소싱하면서 사례마다 각기 다른 아웃소싱 방식을 사용할 수도 있고 최상의 아웃소싱 방식을 선택하는 것은 각 사례의 특수 환경에 따라 달라질 수 있다. 앞에서 살펴본 아웃소싱을 통한 기술획득의 방식들은 각기 장단점이 존재한다. 따라서 기업은 자사가 중요하게 여기는 기준을 고려하여 자사에게 적합한 방법을 선택해야 한다.

〈그림 6.5〉는 Chatterji[75]가 제시한 기술의 중요도와 목표시장의 중요도 차원에서 기술 아웃소싱 방식을 선택하는 가이드 라인을 보여준다.

그림 6.5 기술 아웃소싱 방식 선정 가이드 라인

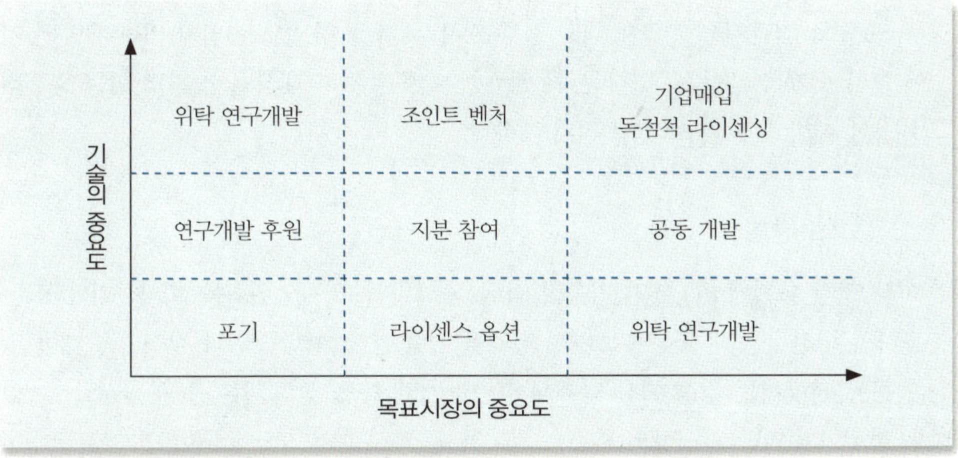

윤여중[29]은 기술확보에 드는 비용과 기술확보 난이도로 기술확보전략을 구분하고 그에 적합한 기술확보방식을 〈그림 6.6〉과 같이 제시하였다.

그림 6.6 기술 확보 방식

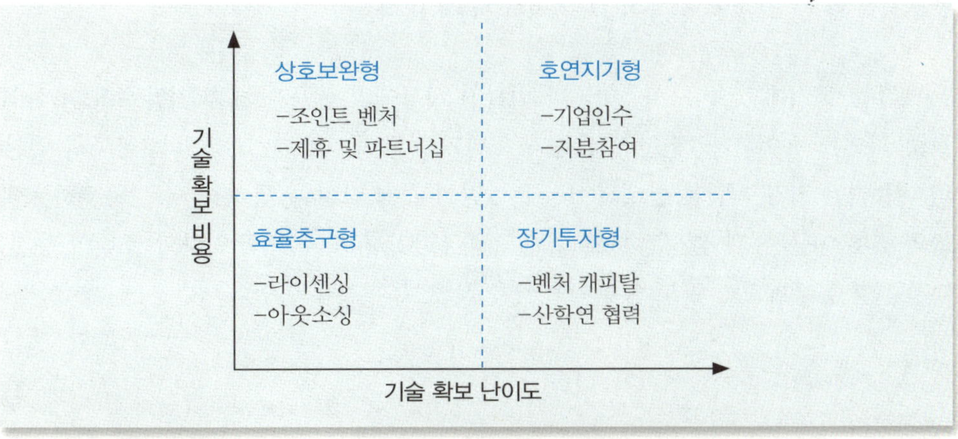

(1) 호연지기형

시장에서 기술을 독점적으로 사용하려 할 때 적합한 전략이다. 기업이 기업인수나 지분참여를 통한 자본투자를 하면 해당 기업 내의 기술에 접근할 수 있게 된다. 기업인수를 통해 기업을 인수하는 것은 단지 기술을 확보한다기보다는 시장점유율, 생산능력 등의 여러 가지 전략적 요인도 고려하게 된다. 그러나 기존 기업이 소규모 신생기업을 인수하는 경우는 대부분 기술확보가 1차적인 목적이 된다. 즉 기술을 독점적으로 활용하려는 것이다. 비슷한 방식으로 대기업이 공동 연구개발 활동에 참가하는 경우, 소규모 첨단기술 기업에 대해 일부 지분 투자를 하면 소기업에 의해 개발된 기술에 보다 쉽게 접근할 수 있다는 큰 장점이 있지만 투자 대상을 찾기도 힘들 뿐더러 그 비용에 대한 부담 역시 결코 적지 않다.

(2) 상호보완형

시장 진입 초기에 각 사의 기술적 약점을 보완하고 사업위험을 회피하거나 또는 공동사업을 전개할 때에 상호보완형 전략을 활용한다. 첨단산업과 같이 기술개발 위험이 큰 분야에서는 경쟁 이전 단계에서 공동개발 등을 통해 위험을 분산시킬 수 있다는 장점이 있지만 관리상의 혼란, 중복 투자, 자사만의 기술에 대한 연계에 있어 어려움이 발생할 수 있다.

단순히 기술을 확보하는 것만이 아니라 장기적이고 광범위한 사업기반을 확보하고자 할 때에는 조인트 벤처 형태가 선호된다. 특히, 저급기술 산업에서의 조인트 벤처는 경영참가와 공동사업 전개가 첨단기술을 활용하는 산업에서는 기술확보 및 위험분산을 통한 고수익 창출이 그 목적이 될 수 있다.

제휴는 조기에 기술을 획득하거나 비관련 시장에의 접근과 제휴 기업 주도의 산업표준 확립을 용이하게 해준다. 삼성과 소니의 전략적 제휴가 그것이다. 한국과 일본의 대표적인 전자 기업인 삼성과 소니는 2만여 건에 달하는 특허를 서로 공유하는데 합의했다. 이를 통해 삼성의 메모리 반도체, LCD, 휴대폰 등의 역량과 소니의 가전, 디지털 기기, 비메모리 반도체 등의 역량을 상호보완할 수 있었다.

(3) 장기투자형

장기투자형 전략은 미래에 수확될 혁신적인 기술을 기대하며 장기적 안목에서 투자하는 전략이다. 기술확보를 위해 투자되는 비용이 상대적으로 적은 반면, 실질적으로 활용할 수 있는 기술확보 가능성에 대한 불확실성은 높은 편이다. 그러나 대학이나 연구소 등과의 기술 컨소시엄 혹은 신생 기업에 대한 투자를 통해 기술확보에 성공할 경우, 차별적인 신사업을 전개할 가능성이 높다. 아울러 산업 전반적인 기술동향을 파악할 수 있는 장점이 있다.

(4) 효율추구형

자체 기술 개발력이 있음에도 연구개발 아웃소싱이나 기술구매가 더 효율적일 때에는 효율추구형 전략을 활용하는 것이 효과적이다. 이 전략은 기술개발에 따른 불확실성을 회피하고 개발에 따른 비용 절감 측면에서 유리하지만, 차별화된 핵심기술 확보가 어렵고 상대 기업에 대한 의존이 불가피하다는 단점이 있다.

다른 관점에서 박팔현[18]은 시장 발전 속도와 연구개발 역량에 따라 〈그림 6.7〉과 같이 연구개발 네트워킹 모형을 제시하였다.

- 첫째, 연구개발 역량이 강하고 시장 발전 속도가 낮은 기술의 경우 다소 시일이 소요된다 하더라도 자체적으로 개발하는 것이 유리하다.
- 둘째, 연구개발 역량 수준이 낮고 시장 발전 속도가 낮은 기술의 경우 지분참여나 벤처투자 등을 활용하여 부족한 역량을 보완하는 방법을 강구해 볼 수 있다.
- 셋째, 연구개발 역량에 상관없이 시장 발전 속도가 낮거나 도입기 및 태동기의 기술은 대규모 투자자금이 필요치 않은 컨소시엄 등을 활용하여 기술개발 활동에 대응하는 것이 바람직하다.
- 넷째, 연구개발 역량이 강하고 시장 발전 속도가 빠른 기술은 자사의 기술역량을 지렛대로 이용하여 공동개발을 추진하는 것이 효과적이다.
- 다섯째, 연구개발 역량이 약하고 시장 발전 속도가 빠른 기술의 경우 사업화에 반드시 필요하다는 전제하에 기업인수를 적극 검토해야 한다.

• 여섯째, 시장 발전 속도가 빠른 기술이면서 이미 성장기로의 제품화가 진전되어 있을 경우 적극적인 라이센싱을 활용하여 부족한 기술역량을 아웃소싱해야 할 필요성이 높다.

그림 6.7 연구개발 네트워킹 모형

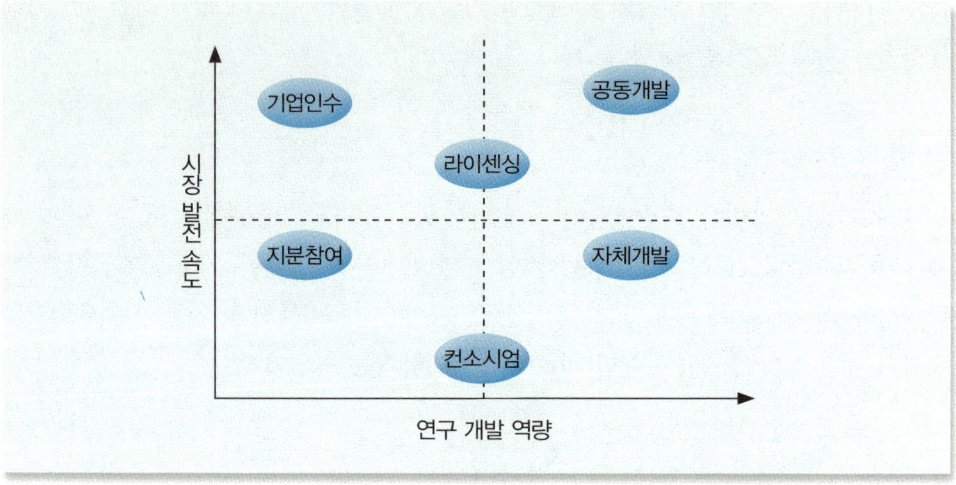

시스코사의 CEO인 존 체임버는 현 시대를 '제휴의 세대(Generation of Partnership)'라고 규정하고 전략적 제휴를 효과적으로 이용할 수 있는 기업만이 살아남을 수 있을 것이라고 했다. 실제로 시스코사는 1993년 이래 2000년까지 무려 71개의 회사를 성공적으로 인수하였으며 그 결과, 1993년 이후 지속적으로 연평균 50% 이상의 매출 성장률과 60% 이상의 순이익 성장률을 기록하고 있다.

그렇다면 시스코사가 기업매입을 성공적으로 완수할 수 있었던 성공 포인트는 무엇일까? 시스코사는 성공적인 기업매입을 위해서 기업을 매입하기 전에 항상 다음의 다섯 가지 조건을 만족시키는가를 점검하는 방법을 사용한다. 첫째, 양 기업이 소속된 산업의 미래에 대해 공통의 비전을 가지고 있어야 한다. 둘째, 양 기업의 제품개발 전략은 상호 보완적이어야 한다. 셋째, 제휴를 통하여 양 기업 모두 단기적 이익을 거둘 수 있어야 한다. 넷째, 제휴를 통하여 양 기업 모두 장기적 이익을 거둘 수 있어야 한다. 다섯째, 양 기업의 기업 풍토가 유사하고 상호 보완적이어야 한다.

[출처 : 참고문헌 5 참조]

Part 7

기술이전

7.1 기술이전의 개념

7.2 기술이전의 유형

7.3 기술이전의 과정과 성공요인

7.4 기술이전의 이론모형

●●●

(주)신요는 전기·전자재료와 이동통신 관련 부품을 제조하는 업체로서 1993년 설립되어 10년 동안 한길을 걸어왔다. 신요는 연구개발 활동에 대한 과감한 투자와 노력을 바탕으로 지속적인 경쟁우위를 창출해 오고 있다. 1995년 ETRI와 광통신 모듈용 패키지 개발을 시작으로 1996년 LG정보통신의 군수용 메탈패키지, 1997년 현대전자와 광통신 모듈용 패키지, 삼성전기와 마이크로웨이브용 Resonator, 1999년 LG정밀의 듀플렉서용 모노블록 개발 등 해마다 국내 유수의 대기업들과 공동 연구개발 활동을 해왔다. 신요는 무한 기술경쟁이 가속화되는 2000년대에도 탄탄한 기술력 확보를 위해 제품개발의 요람인 부설연구소를 설립함으로써 제품의 품질향상과 신규 제품개발에 총력을 기울였다. 이러한 투자의 결과로 2002년에는 ETRI와 10GBPS, 40GBPS용 세라믹 광통신 패키지를 개발하여 시제품으로 납품하였으며 2003년에는 차세대 이동통신용 칩 안테나 제품 기술개발 사업을 추진하고 있다.

신요는 현재 국내외 안테나 시장의 급격한 성장에 발맞춰 삼성전기로부터 칩 안테나 기술을 이전 받아 안테나 시장에 본격적으로 뛰어들었다. 안테나 시장은 고성장 산업분야일 뿐만 아니라 기술 집약적 산업으로 세계 유수 전자 업체들이 고부가가치, 고수익성을 제고할 수 있는 유사 분야로 사업영역을 확대하거나 사업 다각화 차원에서 신규 진출을 적극 시도하고 있는 추세이다. 특히, 최근의 정보통신 관련 유망부품은 제품 수명주기상 도입기 내지 성장 초기에 있기 때문에 품목의 과학적 신장과 집중적인 기술개발 노력이 이루어진다면 선진국과 경쟁할 수 있는 가능성이 어느 분야보다도 높다. 신요는 축적된 기술력을 바탕으로 빠른 시간내에 안테나 시장의 선두주자로 발돋음 하게 되었다. 현재 신요의 생산품은 단말기용 듀플렉서 및 필터, 레조네이터, Ceramic Powder 등이며 국내시장뿐만 아니라 해외로의 수출에도 박차를 가하고 있다.

허준 사장은 기술거래 시 고려해야 할 점으로 첫번째 '시장성'을 가장 중요한 요소로 보았다. 특히 기술에 대한 정확한 시장 및 기술동향을 파악 하는 것을 성공의 관건으로 제시하였다. 예측 불가능한 시장상황에서 기술에 대한 시장성을 정확하고 객관적으로 파악하는 것은 기술 집약적 산업에서 엔지니어로서 경영을 하고 있는 모든 사람들이 숙지해야하는 사항이라 말한다. 두번째는 '기술성'을 제시하였다. 특히 기술이전을 받을 때 기술 외에 내부 기술자까지 이전 받을 수 없으므로 자체적으로 기술수준을 파악하고 보완하는 것이 중요하다고 하였다. 이것이 기술이전을 받아 제품화 및 사업화 하는 시간을 단축하는 데에 중요한 요소가 된다는 것이다. 허준 사장은 '기회와 행운은 항상 준비된 자에게 온다'라는 말로 이를 표현하였다. 세번째는 '계약상의 서술내용과 해석기준에 대한 문제'를 꼽았다. 이부분에 전문적인 지식이 있는 사람이 아니면 유관기관에 의뢰를 하는 것이 나으며 특허 문제라면 특허청 민원실이나 기술거래소와 같은 전문기관에 일임을 하는 것이 유리하다는 것이다. 사실 신요의 경우 이러한 검토가 끝나고 나서야 기술거래소가 있다는 것을 알게 되었다고 한다. 그래서 대기업을 상대로 계약서를 검토하는 데에만 2달이 걸렸다면서 사전에 한국기술거래소에 대해 알았다면 더욱 정확하고 신속하게 일을 처리했을 것이라고 허준 사장은 말한다.

[출처 : 스카이벤처, 2003.11.]

7.1 기술이전의 개념

기술이전의 정의

기술이전에 대한 정의가 여러 학자에 의해 제시되어져 왔고 학문 분야에 따라 또는 학문 목적에 따라 약간씩 다르게 정의되고 있다. 대표적인 기술이전에 대한 정의를 살펴보면 다음과 같다.

- 과학과 기술이 인간의 활동을 통하여 확산되어 가는 과정
- 특정 기관에서 특정 목적으로 개발된 특정 분야의 기술, 지식 또는 정보가 다른 조직의 다른 분야에 다른 목적으로 적용되고 응용되는 과정
- 특정 조직이 보유하고 있는 기술을 또 다른 조직에 적용하기 위해서 기술에 대한 통제권을 조직 간에 체계적으로 넘겨주기 위해 사람과 사람 간의 접촉이 전제되는 관리 과정
- 어느 한 기관으로부터 다른 기관으로의 노하우, 지식, 기술이 전해져 가는 것
- 타 기업(또는 국가)에서 과거 또는 현재 성취한 기술적 성과를 도입 기업(국가)의 이익으로 재현하거나 유용하게 복제 활용할 수 있는 능력을 창출하는 것
- 기존 기술의 새로운 사용 또는 새로운 기술의 응용과정

기술이전에 대한 시각

기술이전에 대한 논의는 여러 학문분야에서 다양하게 다루어져 왔고 학문분야에 따라 조금씩 다르게 나타나고 있는 기술이전에 대한 개념들을 살펴보면 다음과 같다. 우선 경제학자들은 기술이전을 과학과 기술이 인간의 활동을 통해 확산되어 가는 과정으로 정의하고 있다. 거시경제적 관점에서의 기술이전에 대한 연구들은 주로 국가간 혹은 지역간 기술이동 현상에 관심을 두고 있고, 이에 비해 미시경제적 관점에서의 연구들은 기술이전을 통한 기술확산을 하나의 매개변수로 보고 기술혁신 행태

를 규명하는데 있어서의 확산효과을 규명하는데 관심을 두고 있다. 이들은 기술이전과 기술확산이라는 용어를 혼용하고 있으며 기술파생, 기술전파, 기술제휴 등 다양한 용어를 사용하고 있다.[47,62]

정책학자들은 기술이전을 특정 기관에서 특정 목적으로 개발된 특정 분야의 기술, 지식, 또는 정보가 다른 조직의 다른 분야에 다른 목적으로 적용되고 응용되는 과정이라고 정의하고 있다. 정책학자들은 기술이전을 촉진하기 위한 정부 정책수단의 효율성과 형평성, 특허정책과 기술이전 간의 관계, 관료주의와 기술이전 효율성 간의 관계 등에 관심을 가지고 있다. 그리고 사회인류학 분야에서는 기술이전 보다 기술확산 또는 기술채택이라는 용어를 사용하고 있는데, 신기술의 확산 또는 채택이 보다 다양한 사회로의 발전, 인류문화의 발전, 환경변화에 대한 대응 능력 발전에 기여한다는 인식하에 기술혁신이 하나의 사회에서 다른 사회로 확산되는 상황에 관심을 두고 있다.

기술경영학 분야에서는 기술이전을 특정 조직이 보유하고 있는 기술을 또 다른 조직에 적용하기 위해서 기술에 대한 통제권을 조직 간에 체계적으로 넘겨 주기 위해 사람과 사람 간의 접촉이 전제되는 관리 과정으로 정의하고 있다. 기술경영학자들은 기업이 어떻게 하면 타 기관이 보유한 기술을 도입하여 성공적으로 실용화시킬 수 있는가에 관심을 가지고 있으며 기술이전 메카니즘, 기술이전 활동, 기술이전 프로젝트의 성패요인 등에 관한 연구를 수행하고 있다. 따라서 기술경영학자들은 기술 상용화에 관심이 있다고 볼 수 있다.

결국, 좁은 의미의 기술이전이란 어떤 집단이나 제도에 의해 발전된 체계적이고 생산적인 기술관련 지식이 다른 집단이나 제도에 이전되는 것으로 정의할 수 있으며 넓은 의미의 기술이전은 기술이전의 과정을 거쳐 제품개발 및 생산까지 포괄하는 기술 상용화 혹은 실용화의 개념과 동일시 될 수 있다. 기술 상용화의 개념도 실용화(주로 과학기술부 사용), 사업화(주로 산업자원부 사용), 기업화(주로 기업에서 사용) 등으로 다양하게 사용되어지고 있다. 따라서 기술이전은 기업의 경쟁력을 보유하고 유지하기 위한 수단, 그리고 기술개발에 협력하는 기업들에게 재무적 또는 기타의 이익을 가져다 주는 수단으로 인식되기도 한다.

기업에서 필요기술 획득방법의 원천은 기업 내부와 기업 외부로 나눌 수 있다. 내부원천에 의한 것은 자체개발과 모방개발이 가능하고 외부원천에 의한 것은 부분적 기술도입과 전체적인 기술구매가 있다. 넓게 보아 외부원천으로부터의 기술획득이 모두 기술이전으로 규정될 수 있을 것이며 이들 기술획득 방법 별로 장단점이 다르기 때문에 (〈표 7.1〉 참조) 기업의 주어진 상황과 전략에 따라 구체적인 기술획득 방법이 강구된다.[41,43]

기술도입자 관점에서 기술이전은 외부에서 만들어진 기술 및 지식 요소를 받아들여 자체 기업 기술로 만들어 나가는 과정으로 기술도입, 기술구매 등을 의미한다. 외부로부터의 기술도입은 기업이 필요로 하는 기술 및 지식의 선택을 통해 단기에 적은 비용으로 기술능력을 향상시킬 수 있다는 이점 때문에 기업의 기술획득 방식에 있어서 자체 연구개발 활동과 더불어 매우 중요한 비중을 차지한다. 또한, 기술제공자 관점의 기술이전은 연구개발 투자비와 이에 수반하는 기회수익을 금전적으로 회수하여 신규 투자재원으로 재활용할 수 있다는 장점이 있다.

표 7.1 기술획득 방법의 비교

기술획득원천	기업내부		기업외부	
기술개발방법	자체개발	모방개발	기술도입	기술구매
장 점	•점적 기술지식의 획득 •생산개시 전에 전문가 양성이 가능 •기술진보비율이 급속한 산업에 적당 •기술개발 및 기술판매의 양면 이득가능 •기대이익이 큼	•기술개발비용이 적음 •자체기술능력을 배양시킴 •기술제공자의 횡포 및 기술적 예속 방지 •기업조건에 맞는 제품 및 공정기술의 개발 가능	•약간의 독점기술과 노하우 획득 가능 •투자 이전에 위험부담 예측 가능 •연구개발 비용이 적게 들고 생산개시가 빠르고 생산전에 전문가를 약간 교육 가능 •새로운 시장에서의 수요에 공급을 자율 조정 가능 •원천기술의 소유가치를 하락시키고 개발경쟁을 가속화시킴	•연구개발 노력이 거의 필요 없음 •생산개시가 빠름 •기술적 재정적 위험부담이 적음 •원천기술의 소유가치를 하락시키고 개발경쟁을 가속화시킴
단 점	•내규보 투사가 가능하기 위해 6~10년간의 개발비 지출이 필요 •위험부담이 큼 •개발비용이 큼 •상업적 성공의 불확실이 큼	•기술격차가 적절하지 못하면 실패 •기술구매보다 생산개시에 긴 시간이 필요 •기술획득이 어려운 경우나 장비산업, 고도의 기술분야에서는 모방이 어려움 •기술능력이 필요	•적합한 프로젝트의 탐색이 필요 •기술도입 비용이 필요 •비교적 비용이 많이 듬 •자체개발능력의 저하 경향이 있음	•독점기술획득은 극히 곤란 •전문가 양성은 생산개시 후에 가능 •경쟁적인 기술이득이 낮음 •사전에 기획된 이익달성의 불확실성이 큼 •구매비용이 큼

7.2 기술이전의 유형

유형 분류의 기준

기술제공자와 기술도입자의 기술역량에 따라 선택하는 기술이전의 유형을 동태적으로 표현하기 위해서 조현대[62]는 기술제공자와 기술도입자 간에 일어나는 기술이전을 기술이전 매개체, 기술이전 당사자들의 역할, 기술이전 영역 차원에서 기술이전의 유형을 분류하였다.

(1) 기술이전 매개체

이는 기술도입자들이 기술을 획득할 때 기술이 전달되는 매개체를 의미한다. 일반적으로 기술도입자가 기술제공자로부터 기술을 획득할 때 기술이 전달되는 매개체는 인력, 기술, 자본과 같이 세 가지 범주가 있을 수 있다. 예를 들어, 기술도입자가 필요한 설비와 기술을 획득하기 위해 기술제공자로부터 기계류를 구입하였다면 이때 기술획득의 매개체는 기계라는 자본적 자산이 된다. 실제 현실에서 기술획득이 이루어질 때는 이러한 세 가지 매개체가 분리되어 이루어질 때도 있겠지만 혼합되어 이루어지는 경우가 많다. 기술도입자들은 그들의 기술역량이 증대됨에 따라 그들의 자본적 자산과 기술이 증대되고 따라서 그들은 인력 위주에서 점차 자본적 자산과 기술을 매개로 하여 기술획득을 추진하게 된다.

(2) 기술이전 당사자들의 역할

기술도입자의 기술역량이 매우 낮은 경우 기술획득을 위한 기술도입자의 역할에는 한계가 있다. 하지만 기술도입자들의 기술역량이 높아짐에 따라 그들은 능동적이며 적극적으로 필요기술을 획득하고자 시도한다.

(3) 기술이전 영역

기술도입자의 기술역량이 낮을 때는 주로 국내 도입적 기술획득을 추구하지만 기술역량이 증대함에 따라 기술도입자는 필요기술이 소재하고 있는 해외현지로 진출하여 현지에서 직접 필요기술을 획득한다.

〈그림 7.1〉은 앞의 세 가지 기준에 따라 기업 간 상업적 계약에 의해 일어나는 기술이전의 유형을 도시한 것이다.

그림 7.1 기술이전의 유형

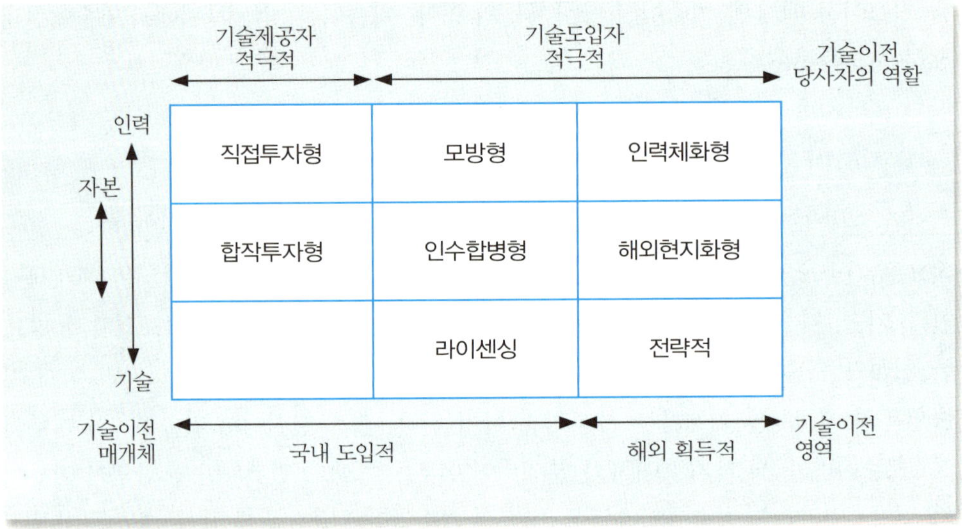

직접투자형 기술이전

일반적으로 외국인 직접투자는 투자대상국의 저렴한 인건비 활용, 시장 확보, 투자대상 정부로부터의 특별한 혜택 수혜 등의 이점을 누리기 위해 이루어진다. 그러나 선진기술을 보유하고 있는 외국기업이 국내에 자회사를 설립하거나 생산시설을 설치하는 등 직접투자를 하게되면 선진기술이 자연스럽게 이전되는 효과가 발생한다. 투자대상 국가는 외국인 기업에 자국의 기술인력들이 취업하게 됨에 따라 외국인 기업에서의 생산 경험을 통해 기술이 자국의 기술인력들에게 체화되고 이러한 과정을 통해 체화된 기술을 획득하게 된다. 또한 외국인 회사는 생산성 향상과 불량품 방지를 위해 현지 인력들에 대한 훈련과 교육을 하게 되고 이러한 과정 속에서 현지 기술인력들은 외국인 기업이 가지고 있는 기술을 획득하게 된다. 이렇게 하여 형성된 현지 기술인력이 국내의 타 기업체로 파급되어 후발기업의 기술적 자산형성에 종자 역할을 하게 된다.

직접투자형에 의한 기술이전 효과를 구체적으로 요약하면 다음과 같다.

- 인력의 고용·훈련에 의한 기술이전
- 현지에서의 자체 연구개발 활동과 상대국 연구기관과의 교류를 통한 기술이전
- 현지의 부품 및 원·부자재 공급업자에 대한 하청과 그에 따른 기술적·재정적 지원과정에서의 기술이전
- 현지 시장에서 판매하는 신제품에 체화된 기술의 이전
- 경쟁관계에 있는 현지 기업에 기술적 위기의식을 고양시켜 기술개발 노력을 촉진시킴

그러나 외국인 직접투자에 의한 기술이전의 효과는 크다고 할 수는 없다. 왜냐하면 기술보유자가 기술 그 자체를 직접 통제하는 등, 기술을 최대한 보호하면서 시장에서는 이윤을 극대화하려고 하기 때문이다. 외국인 직접투자가 일어나는 경우는 다음과 같은 상황이다.

- 투자대상국의 기술능력이 미약하여 기술의 모방·개량 가능성이 거의 없고 투자에 의한 생산 비용 절감을 목적으로 하는 경우
- 기술보유자가 그들의 원천·핵심기술을 보호하려 하는 경우
- 무역장벽의 극복, 환율위험의 감소, 경영자원의 보호 등을 목적으로 할 경우

합작투자형 기술이전

합작투자란 두 개 이상의 기업, 개인, 또는 정부기관이 영속적인 기반 하에 자본투자를 통해 특정 기업체를 설립하여 운영에 공동으로 참여하고 전체 참여자가 공동으로 소유권을 갖는 것을 말한다. 합작에 참여하는 기업들은 소유권과 경영을 분담하

면서 자본 및 기술 등 상대방 기업이 소유하고 있는 강점을 서로 이용하고 위험을 분담할 수 있다는 장점이 있다. 따라서 특정 기업이 필요 기술을 가지고 있는 상대방 기업과 함께 합작투자의 형태로 합작회사를 설립하거나 합작회사에 참여할 경우 상대방 기업이 보유하고 있는 기술을 획득할 수 있다.

합작투자에 의해 일어나는 기술이전의 특징은 다음과 같다.

- 선진 기업은 기술·자금·선진경영 노하우를 제공하는 한편, 후발 기업은 인력·자금 등을 상호 제공해 가는 경영과정에서 기술이전이 이루어지므로 기술이전 효과는 라이센싱보다는 낮고 직접투자보다는 높다고 할 수 있다.
- 합작투자는 기술제공자와 기술도입자가 공동으로 참여하고 있기 때문에 기술이전이 비교적 포괄적으로 이루어지지만 일반적으로 합작투자를 하는 선진 기업이 기술이전보다는 자본이익의 극대화에 보다 큰 관심을 가지기 때문에 실제적인 기술이전의 효과는 크지 않다.

모방형 기술이전

기술도입자들이 외부기술을 획득하기 위해 가장 빈번히 시도하는 방법은 아마도 타 제품 또는 공정을 모방하는 것일 것이다. 모방은 기술이 뒤져 있는 기업이 항시 사용하는 효과적인 기술획득 수단이다. 실제로 많은 후발 기업들이 선진 기업들의 기술을 모방하여 많은 성과를 거두기도 한다. 기술의 모방은 주로 완성품을 정밀 분석하여 그 구조를 파악하는 역 엔지니어링을 통해서나 혹은 상대 기업측의 설비나 공정 등에 대한 주의 깊은 관찰을 통해서 이루어 진다. 그러나 복잡하거나 격차가 많이 나는 기술의 경우 모방하기가 어렵다. 모방형 기술이전은 다른 기술이전의 유형보다 소요비용이 저렴하다는 장점이 있으나 모방 이상의 기술역량 축적이 어렵다는 약점도 있다.

인수합병형 기술이전

인수합병은 둘 이상의 기업이 하나로 통합되어 단일 기업이 되는 합병(Merger)

과 어떤 한 기업이 다른 기업의 주식 또는 자산을 취득하여 경영권을 획득하는 인수(Acquisition)가 결합된 의미이다. 기술도입자 입장에서는 기술 또는 관련 경영자원을 개별적 또는 조합하여 거래의 대상으로 삼을 수도 있지만 좀더 넓게 본다면 기술력이 뛰어난 기업을 사는 것도 고려해 볼 수 있을 것이다. 따라서 기술의 획득을 위하여 라이센싱 등을 통해 기술에 개별적으로 접근하는 대신 기술을 보유한 기업을 인수하여 기술 및 관련 설비 등을 한꺼번에 획득하는 것도 하나의 방법이라고 할 수 있다.

인수합병은 피인수합병 기업이 점유하고 있는 시장에 신속히 진출할 수 있을 뿐만 아니라 기술, 상표, 유통경로, 그리고 생산 및 경영 노하우를 일거에 획득할 수 있으며 신설기업의 설립 초기에 발생할 수 있는 법률적, 관리적, 문화적 비용을 줄일 수 있다는 장점이 있는 반면, 대부분의 경우 인수합병 되는 기업들은 경영악화, 적자누적 등 내부적 문제로 인해 인수합병 되는 경우가 많기 때문에 인수합병시 인수합병되는 기업의 장점 뿐만 아니라 약점까지도 함께 인수된다는 문제점이 있다.

라이센싱

라이센싱은 기술제공자가 기술도입자로부터 기술료를 받고 특정 기술에 대하여 일정 기간 실시권을 허여하는 계약으로 기술도입자 입장에서는 실시대가를 지불하고 일정 기간 기술에 대한 실시권리를 획득하는 것이다. 일반적으로 실시권 허여는 특허, 프로그램, 노하우 등을 기술도입자가 자신의 사용 목적(제품 및 서비스 생산 등)에 맞게 자유롭게 사용토록 함을 의미한다.

기술제공자 입장에서는 다음과 같은 상황에서 라이센싱이 전략적으로 가치가 있다.

- 기술을 이용할 능력부족 — 기술개발 기업이 자본이나 능력의 부족으로 확고한 위치를 잡을 수 없을 때, 관련된 사업단위를 철수하고자 할 때, 경쟁자들의 확고한 지위 구축으로 시장점유의 가능성이 없을 때 일어나는 경우가 많다.
- 접근 불가능한 시장의 이용 — 기술이 높은 가치를 지니지만 기업이 진입하기 힘

든 산업의 경우, 또는 기업이 침투할 수 없거나 진입의사가 없는 시장의 경우에 라이센싱을 활용한다.

- 기술의 급속한 표준화 — 라이센싱은 특정 산업분야에서 특정 기업의 기술을 표준화하는 과정을 가속화시킨다. 여러 기업이 기술을 사용하기 위해 노력할 경우, 라이센싱은 그것을 정당화시킬 뿐만 아니라 기술개발을 가속화시킨다.
- 열악한 산업구조 — 산업구조가 취약할 경우 기업은 높은 수익을 보장하지 않는 시장개척에 투자하기보다는 로열티 수입을 확보하는 것이 보다 유익하다.
- 유익한 경쟁자의 창출 — 라이센싱은 유익한 경쟁자를 창출하는 도구가 될 수 있으며 유익한 경쟁자는 수요의 촉진, 기술개척 비용의 분담, 타기업 침투억제 등의 역할을 수행한다.
- 크로스 라이센싱 — 기업은 타기업의 기술을 받는 대가로 그 기업에게 자신의 기술을 라이센싱할 수 있다.

기술도입자 입장에서는 라이센싱을 함으로해서 다음과 같은 이점이 있다.

- 기술적 복잡성, 특허 제한, 고가의 개발비 부담으로 인해 직접 개발할 수 없는 기술의 활용
- 고급기술을 도입하여 제품을 생산 수출할 경우 국제시장에서 비교우위에 따른 추가적 이익확보 가능
- 기술제공자의 기술적 지식 및 명성이나 신용 평판 등의 활용 가능

인력체화형 기술이전

인력체화형 기술이전은 보통 두 가지 방법을 통하여 이루어진다. 즉, 기술도입자가 자사의 기술인력을 필요기술을 보유하고 있는 기업 혹은 조직체에 파견·연수시킴으로써 해당기술을 획득하는 방법과 기술도입자가 필요기술을 보유하고 있는 타사 기술인력을 채용함으로써 그들에게 체화되어 있는 기술을 자연스럽게 획득하는 방법이 있다.

첫번째 방법으로 기술인력의 파견·연수가 가능하기 위해서는 상대방 조직체가 이를 수락해야 하기 때문에 특정 기업이 필요기술을 획득하기 위해 언제든지 상대방 조

직체에 자사의 기술인력을 파견할 수 있는 것은 아니다. 일반적으로 상대방 조직은 기술수준이 높은 핵심원천기술의 누출을 매우 기피하기 때문에 상호 간에 전략적 제휴없이는 기술자 파견·연수를 통한 핵심원천기술의 확보는 어려운 편이다. 다른 대안으로 기술도입자는 필요기술을 확보하고 있는 기업체에 근무하는 기술인력 혹은 대학교 및 연구소에 근무하는 필요기술 분야의 전문가를 채용함으로써 그들에게 체화되어 있는 기술을 확보할 수 있다. 기술인력 채용은 선진기업들이 기술도입자들에게 필요기술의 공식적 기술이전을 기피하는 경우 기술도입자가 이를 돌파하는데 도움을 준다.

해외현지화형 기술이전

해외현지화형 기술이전은 기술도입자가 선진기술을 확보하고 있는 해외 현지에 연구거점을 설립하여 기술을 획득하는 방법이다. 해외 현지에 연구거점을 설립하면 이를 통해 현지 기술정보의 빠른 수집, 해외 현지 기술 교류, 우수 해외 기술자의 확보·육성, 그리고 국내 기술수준으로 해결되지 않는 신기술 개발 도전 등의 측면에서 도움을 얻을 수 있다. 해외 현지 연구거점에는 크게 현지연구소와 현지법인의 두가지 형태가 있다. 현지연구소의 경우 주로 연구개발 관련 활동이 주 업무이고 현지법인은 연구개발 관련 활동 이외의 업무도 하면서 조직 내에 연구부서를 설치하고 연구개발 관련 활동을 한다. 기술도입자가 기술수준 격차가 많이 나는 기술을 빠른 시간 내에 획득하고자 할 경우 해외 현지연구소 설립이 기술획득전략의 주요 대안으로 고려된다.

전략적 제휴형 기술이전

전략적 제휴란 경쟁관계에 있는 기업이 일부 사업 또는 기능별 활동부분에서 경쟁기업과 일시적인 협조관계를 갖는 것을 의미한다.[56] 전략적 제휴에는 〈그림 7.2〉와 같이 상당히 다양한 형태가 있다. 전략적 제휴에서 가장 단순하고 단기적 성격이 높은 제휴의 형태는 연구개발 컨소시엄 또는 기술제휴이다. 기능별 제휴는 대체로 지분참여 없이 그 기업이 수행하는 여러 가지 업무 분야의 일부에서 협조관계를 갖는 것이다. 그에 반해 합작투자는 기업들의 지분참여도가 높고 제휴당사자들 간에 몰입하는 정도가 높은 제휴의 형태이다. 〈그림 7.2〉는 다양한 전략적 제휴의 유형과 이러한 전략적 제휴가 대체로 어떤 목적을 위해서 나타나는지를 개괄적으로 보여 주고 있다.

그림 7.2 전략적 제휴의 유형

			신 제품개발	생산위험 경감	신 생산기술개발	개발비용 절감	기초시설 활용도 증가	규모의 경제이용	제품 라인갭 줄임	신지역 진입
전략적 제휴	기능별 제휴	연구개발컨소시엄	○	○	○					
		기술제휴	○	○						
		생산라이센스	○		○	○	○	○		
		제품스왑(판매제휴)			○	○		○	○	
	합작투자	연구개발			○				○	○
		생산				○	○	○		○
		판매				○	○		○	○
		핵심사업			○	○	○	○	○	○
기업인수합병		합병			○	○	○	○	○	
		인수				○	○	○	○	○

약 → 지분참여도 및 관계정도 → 강

7.3 기술이전의 과정과 성공요인

포스터 모형

앞에서도 언급했듯이 기술도입자 관점에서 기술이전은 외부에서 만들어진 기술 및 지식 요소를 받아들여 자체 기업기술로 만들어 나가는 과정으로 기술도입 및 기술구매 등을 의미한다. 본절에서는 기술도입의 과정을 살펴보고자 한다. 기술도입 과정을 분석하는 것은 단순히 학구적 효용가치로서 뿐만 아니라 효과적이고 성공적인 기술도입을 위한 고려사항을 체계화하는데 도움을 얻기 위한 것이다.[44]

〈그림 7.3〉에서 소개하는 포스터 모형[76]은 기술도입의 과정을 5단계로 나누고 있다. 포스터 모형에서 제시하는 기술도입의 단계 구분은 기술제공기업과 기술도입기업 간의 기술이전과정 그 자체에 초점이 있는 것이 아니고 기술도입기업의 입장에서 타당성 조사 등 고려 및 준비사항에 주안점을 두기 위한 것이다.

(1) 단계 1 : 자원에 대한 데이터베이스 구축

우선 기술도입기업은 소위 기술보고서, 마케팅보고서, 또는 생산보고서 등과 같이 자원단위로 기업의 자원들을 체계적으로 목록화 함으로써 자사의 능력을 정확하게 파악하고 있어야 한다. 다음으로 자료목록으로부터 쉽고 빠르게 정보를 탐색하기 위해 사용되는 검색어을 이용하여 각 자원을 규정해 놓는다.

목록시스템은 변화에 유연해야 하고 시장과 연구실험실의 실상을 정확히 반영해야 한다. 처음부터 목록시스템이 유용하게 활용되게 하기 위해서 전체 자원에 대한 정보를 포함하도록 데이터베이스를 구축할 필요는 없다. 첫 출발은 2,000 내지 3,000개 정도의 문서를 포함하는 데이터베이스를 목록시스템에 장착하는 것만으로도 충분하다. 데이터베이스에 대한 보강작업을 진행할 때, 거의 모든 조직에 존재하는 비공식적인 네크워크를 활용하면 유용할 것이다.

(2) 단계 2 : 고객의 요구와 시장에 대한 정의

두번째 단계는 고객의 요구파악이나 기술인식이다. 실제로 많은 경우에 이 두 작업은 동시에 진행된다. 만일 프로젝트가 고객의 요구파악에서부터 시작되었다면 파악된 요구를 만족시킬 수 있는 기술적 대안들을 결정해야만 한다. 이들 기술적 대안은 자원 데이터베이스를 탐색하는데 사용된다. 이 분석과정에 기술 전문가 뿐만 아니라 마케팅 전문가가 포함된 브레인스토밍 기법이 사용된다. 최선의 결과를 얻기 위해서 브레인스토밍은 기업의 내·외부에서 초빙한 다양한 기술분야의 대표자들을 포함하도록 한다. 브레인스토밍 진행자는 문제에 대한 요지를 참석자들에게 제시하고 이 문제를 어떻게 풀면 좋을지에 대한 토론을 자유롭게 하도록 유도한다. 이때에 부정적 비평은 피하도록 한다.

신기술을 개발한 기술혁신에서 프로젝트가 진행되었다면 다음 단계는 이 신기술로부터 이익을 끌어낼 수 있는 시장을 찾는 것이다. 먼저 시장과 시장의 요구사항을 정의하고 정의된 시장에 맞게 프로젝트의 범위를 제한한다. 다음으로 프로젝트 과제를 어떻게 진행시킬 것인가를 정리하고 프로젝트 과제에 대한 기술적 대안들을 제안한다. 그리고 신기술에 대한 평가을 위해 기술 및 마케팅 전문가들로 구성된 위원회를 활용할 수 있을 것이다.

(3) 단계 3 : 시장요구와 필요기술의 결합

초기의 사업기회에 대한 조사를 마친 후, 이 단계에서는 시장 기회 파악으로부터 비롯된 필요기술을 인식하고 그러한 필요기술이 기업의 내·외부에 어떻게 존재하는가를 알아내어 결합하고, 또한 신기술 개발로 비롯된 사업기회를 시장기회로 결합시킨다. 이 과정은 정형화된 절차를 이용하는 공식적인 경로 뿐만 아니라 개인적 접촉을 통한 비공식적인 통로까지 다 이용한다. 객관적인 시스템이 아무리 잘 갖추어져 있더라도 대상기술의 내용 및 특성, 제품화 성공여부, 생산공정의 실제 적용 가능성 여부, 특허관계 사항, 경제성 판단 등은 결국 전문가의 개인적 판단이 매우 중요하다.

(4) 단계 4 : 평가 및 선정

이 단계에서는 단계 3에서 파악된 기술이 프로젝트 과제를 해결하는데 얼마나 적정한가를 평가한다. 이때 적정성은 주로 경제적 장점으로 평가하게 된다. 이 과정에서 전체적인 규모의 시장분석을 수행하는 것은 아니지만 시장의 규모와 수익성, 잠재적 시장점유율, 경쟁제품의 특성 등에 집중한 간소한 시장조사가 필요하다. 이 시점에서 기업은 기술도입을 포함하는 여러 개의 가능한 프로젝트들을 동시에 고려하게 되고 제품특성, 시장특성, 소요자금, 기술특성, 정부의 정책적 장려사항과 규제사항 등을 사내·외의 전문가를 동원하여 종합 평가한다. 평가결과 가망성 높은 기술도입안이 선정되면 자금능력, 타사업과의 연계를 고려하여 기술도입 계획을 마련한다.

(5) 단계 5 : 도입기술의 적용

기술도입의 결정이 내려진 후에는 본격적인 기술도입이 추진된다. 이어서 시제품이 계발되어 시장에서 타당성을 검사 받게 되고 모든 과정을 거치게 되면 새로운 제품으로 시장에 출시된다. 이 단계에서 기술적 어려움에 봉착하게 되면 연구소에서 문제를 해결하려 시도하지 않고 기업은 자원 DB에 대한 탐색을 수행한다. 흔히 연구자들은 연구소 실험을 통하여 문제를 해결하려고 하지만 기술적 어려움을 해결해야 한다는 것은 새로운 요구의 인식을 의미하므로 기업은 처음부터 다시 시작해야 한다. 즉, 기술적 대안을 생성하는 초기 단계로 돌아간다.

그림 7.3 기술도입의 과정

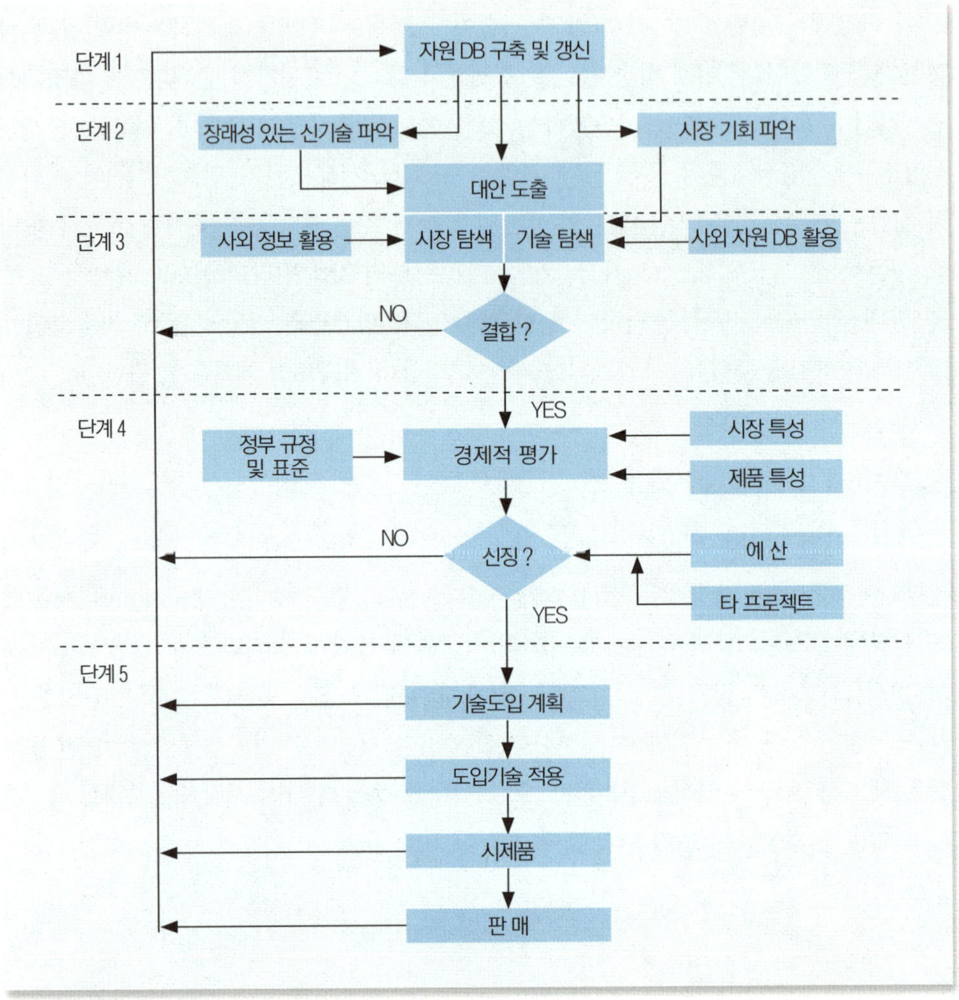

기술이전 과정의 주요요소

기술이전 과정의 주요요소는 기술제공자, 기술도입자, 이전대상기술, 기술이전경로, 기술이전에 관련된 환경 등 5가지이다.[47] 기술이전경로에 대한 내용은 앞에서 살펴보았으므로 여기서는 다른 4가지의 특성을 알아본다.

(1) 기술제공자

기술이전 성과에 영향을 미치는 기술제공자의 주요요인으로는 기술개발의 주체인 연구개발자의 자질 및 그에 대한 인센티브, 기술이전 전담조직의 기술이전 경험, 그리고 연구기관의 성격 등을 들 수 있다.

- 연구개발자의 자질 및 그에 대한 인센티브 — Rogers, Yin, Hoffmann,[82] Siegel, Waldman, Link,[84] Thursby, Kemp[86] 등과 같은 연구는 연구개발자의 자질 및 그에 대한 인센티브가 기술이전 성과와 높은 상관관계를 지니고 있음을 보이고 있다. 연구개발자에 대한 인센티브가 기술이전 성과와 높은 상관관계를 보이는 것은 기술이전에 있어서 연구개발자의 참여가 절대적이라는 것을 의미한다.
- 기술이전 전담조직의 기술이전 경험 — 연구기관의 기술이전 경험도 기술이전 성과를 결정짓는 중요한 요인으로 기술이전 전담조직의 규모나 경험이 중요하다. 한국산업기술진흥협회[68]의 분석에서 이전경험 및 노하우 제공에 따른 만족도와 상용화율을 비교 분석했을 때 이전경험 및 노하우 제공에 대한 만족도가 높을수록 이전기술의 상용화 실패 가능성이 낮은 것으로 분석되었다.
- 연구기관의 성격 — 기술이전의 성과는 연구기관의 성격에 따라서도 달라질 수 있는데, 이는 주로 기술이전 방식의 결정에 영향을 미치는 것으로 파악된다. 그리고 이전대상기술의 특성과도 연결되어 상대적으로 상업화에 근접한 기술이전 전문기업의 개발기술은 라이센싱 전략이 유효하고 상대적으로 초기단계인 대학의 기술은 지분참여방식이 유효하다 하겠다. 연구기관의 성격이 같은 경우에도 대상기술 도입기업의 특성에 따라 다른 기술이전 전략을 채택하는 것이 보다 효율적일 수 있다. 예를 들어, 대학과 대기업과의 라이센싱은 주로 상업화가 확실한 기술이 그 대상이 되는데, 대기업의 특성상 정액기술료의 비율이 상대적으로 높고 초기 라이센싱 비용이 크다. 창업기업과의 라이센싱은 하버드나 스탠포드의 경우와 같은 고전적 모델(대기업과의 라이센싱과 유사), 예일이나 코넬과 같은 주식배당 모델(초기 라이센싱 비용 대신 주식지분을 받음), 카네기멜론이나 버지니아텍 같은 인큐베이션 모델(연구단지의 공간이나 다른 설비를 제공)로 분류될 수 있다.

결국, 기술이전 성과가 높은 기술제공자의 특성은 연구개발자의 자질이 높고 이러한 연구개발자를 기술이전에 참여하도록 만드는 유인체계를 갖고 있는 것으로 특징지어질 수 있다. 그리고 기술이전의 제반 업무를 담당하는 기술이전 전담조직의 경험 또한 중요하다. 이와 더불어, 연구기관의 성격(기초연구에 치중하느냐 응용연구에 치중하느냐)에 따라 혹은 기술이전의 목적(대기업 위주로 기술이전하느냐 창업기업 위주로 기술이전하느냐)에 따라 기술이전 방식에 대한 전략이 필요하다.

(2) 기술도입자

기술이전의 성과에 영향을 미치는 기술도입자의 특성은 기술을 제외한 생산, 판매, 유통과 관련된 보완자산와 기술흡수능력으로 특징지울 수 있다. 한국산업기술진흥협회[68]의 분석에 따르면 기업 매출액이 500~1,000억 사이인 기업과 1,000억원 이상인 대기업 순으로 성공 가능성이 높았고 10억원 미만의 소규모 기업은 상용화율이 매우 낮았다. 이는 신기술 상용화를 위해서는 어느 정도 제품생산에 필요한 시설투자 능력과 제품판매를 위한 마케팅 능력을 보유해야 한다는 것을 의미한다. 즉, 보완자산을 어느 정도 갖춘 기업이 이전된 기술을 제품화할 가능성이 높다는 것을 의미한다. 또한, 어느 정도의 보완자산을 갖추고 있다 하더라도 공공 연구기관으로부터 이전된 기술을 소화 흡수하여 자신의 것으로 만들 수 있는 기술흡수능력을 갖추고 있어야 한다. 이러한 기술의 흡수능력의 중요성은 Lin, Chang, Chang,[80] Mangematin, Nesta,[81] Sher[83] 등과 같은 많은 연구자들에 의해 주장되고 있다.

(3) 이전대상기술

이전되는 기술이 일반기술일 수도 있고 특정 업체 기술일 수도 있으며 또한 특정 시스템의 관련 기술일 수도 있다. 한편 기술 내용이 기계장치 등에 체화된 실물적 기술일 수도 있고 특허·청사진·처방 등과 같이 지식체화된 기술인 경우도 있고 기능·기술 등 인간체화적인 기술인 것도 있을 수 있다. 이와 같이 기술의 내용이 매우 다양하고 그에 따라 기술이전 형태나 경로도 달라지기 때문에 그에 따른 대응책이 마련되어야 한다.

이전의 대상이 되는 기술 그 자체는 기술이전 성과를 결정짓는 가장 대표적인 요인이라 할 수 있다. 일반적으로 이러한 기술의 특성은 기술의 수명주기, 기술적 불확실성, 사적 독점성 등으로 특징지울 수 있을 것이다.

- 기술의 수명주기 — Thursby, Jensen, Thursby[85]의 연구에 의하면 대학에서 발명

된 대부분의 기술은 개념단계나 프로토타입 단계에서 기업체로 기술이전되고 있다고 한다. 즉, 대학에서 발명된 기술은 대부분이 초기단계 발명이라는 것이다. 이러한 초기단계 발명에 대해 기술파악을 위한 기밀보장 계약단계에서는 어느 정도 다수의 기업이 관심을 나타내지만 실질적인 기술이전을 위한 협상단계에서는 다수의 기업이 참여하는 것은 매우 드물다고 한다. 이는 많은 기업들이 대학에서 발명된 초기단계 기술에 대해서는 관심을 갖고 있지만 실질적인 사업화를 위해서는 많은 자본과 시간투자가 필요하기 때문에 실질적인 기술이전은 활발하지 못함을 보여주는 것이다.

한편, 한국산업기술진흥협회[68]에서는 정보통신 분야의 제품 분류별 상용화분석을 위해 과제를 제품별로 각각 소프트웨어, 시스템 및 완제품, 정보통신 서비스, 부분품 및 부품으로 나눠서 분석하였다. 이 중 소프트웨어 시스템 및 완제품의 경우가 활용도가 가장 높았다. 이는 제품 분류 형태상 가장 실용화 정도가 높은 기술일수록 상용화 성공률이 높다는 것을 나타낸다고 볼 수 있다.

- 기술적 불확실성 — 이전대상기술의 특성에 대한 연구에 의하면 기술적 불확실성이 높을수록 공동연구의 일환인 계약연구전략 혹은 컨소시엄을 통한 공동연구가 기술적 불확실성을 낮추는데 필요한 추가 자원 공급에 적합하다고 한다.
- 사적 독점성 — 사적 독점성이란 기술의 모방이 쉽지 않은 경우로 일반적으로 특허와 같은 지적재산권으로 보호되는 경우 사적 독점성이 높다. 물론, 노하우의 경우도 기술에 대한 정보가 노출되어 있지 않기 때문에 사적 독점성이 높다. 이렇듯 사적 독점성이 높은 경우 라이센싱 전략이 적합하다.

결국, 초기단계 발명의 경우나 기초연구의 경우는 공동연구방식이 적당하며 반대로 실용화 정도가 어느 정도 높은 응용연구의 경우 특히, 특허와 같은 지적재산권으로 사적 독점성이 보장되는 발명의 경우 라이센싱이 유효하다 하겠다.

(4) 기술이전에 관련된 환경

기술이전의 성과는 기술이전의 대상인 기술자체의 특성, 기술제공자와 기술도입자의 특성에 따라 결정되어질 뿐 아니라 기술이전 과정 전체를 둘러싼 관련 정부정책 및 기반환경에 따라 영향 받는다. 기술이전이 가장 활발한 미국의 경우, 기술이전 및 기술 상업화 정책은 연방정부 및 주정부를 통한 산·학·연 연계 프로그램으로 대표될 수 있다. 이러한 연계 프로그램을 지원하는 주요 기관으로는 NASA의 국가기술이전

센터와 지역별 기술이전 프로그램을 담당하는 지역기술이전센터, 그리고 연방연구소 컨소시엄 등이 존재한다. 이들 기관은 연방기관에서 개발된 기술을 산업체로 이전시키기 위해 모든 연방기관에서 개발된 기술이 하나의 데이터베이스로 연동하게끔 디자인하였으며 기술이전홍보, 신 연방기술 지정, 기술상업화 관련 수요, 가치평가 연구, 교육 등 다양한 지원정책을 수행하고 있다. 이러한 기술거래 인프라를 바탕으로 민간에서도 많은 수의 컨설팅 회사, 벤처 캐피탈이 기술거래를 지원함으로써 유기적인 협조체제를 구축하고 있다.

기술이전의 고려사항과 성패요인

기술도입 과정을 개념적으로 쉽게 구분하자면 크게 필요기술의 도입과정과 도입기술의 실용화 과정으로 나누고, 도입과정을 다시 세분하여 탐색단계와 협상단계로, 실용화 과정을 도입실행단계와 소화 적응 개량단계로 나누는 것이 합리적이다.[43] 이러한 단계에 따라 고려사항 및 성패요인을 살펴본다. 기술도입의 성공지표는 협의로는 도입기술의 비용, 추진속도 등이 될 것이고 광의로는 도입기술에 의해 생산성 등에서의 기술적 우위성 확보나 사업 및 기업의 상업적 성공이 될 것이다.

(1) 탐색단계

기술도입 탐색단계의 성패를 좌우하는 것은 필요기술로 고려되거나 등장될 수 있는 기술도입의 대체안이 얼마나 많이 마련될 수 있느냐 하는 것이다. 이는 주로 해당 기업의 기술정보 및 기업정보 수집능력이 얼마나 잘 갖추어져 있느냐에 달려 있다. 따라서 탐색단계를 효율적으로 수행하기 위해 정보력의 향상을 위한 제반조치가 강구되어야 한다.

조직 구성원 중에 기술정보 게이트키퍼, 특히 해외기술정보통을 많이 갖추도록 기술정보전문가를 양성해야 할 것이다. 또한 정보탐색 및 평가기능이 기업 내에 상설기구화 하도록 하되 정보범위는 넓게 망라하여 관련 시장정보까지도 포함하도록 한다. 예를 들어, 해당 선진국이나 관련 동종업계의 기업총람, 기술총람, 시장정보 등의 정보원을 확보하여 관련 정보를 신속히 수집하고 이를 문서화하여 목록형태로 축적시킨다. 국내외의 정보기구를 면밀하게 파악하여 기술도입상담센터, 연구소, 대학의 관련 교수 및 전문가 등의 정보를 놓치지 않도록 하되 특히 개인적 접촉과 유대를 구축하도록 한다.

탐색단계의 마지막 산물의 하나는 신제품개발, 신규사업, 신공정개발 등을 위한 필요기술의 목록과 이러한 필요기술을 공급해 줄 수 있는 선진기업의 공급선일람표로서 이 두가지 목록이 항상 준비상태로 되어 있는 것이 바람직하다.

(2) 협상단계

기술도입의 협상단계에서는 기술능력과 협상능력이 탁월한 기술도입 책임자의 역할이 중요하다. 이 단계에서는 기술도입국 및 제공국의 정부정책, 제공자의 특성 등을 확실히 이해하여 도입계약을 유리하게 이끌 수 있는 도입조건의 검토, 법률적 사항 등을 아울러 고찰한다.

국제기술시장은 특성상 본질적으로 불완전시장이며 판매자시장이다. 따라서 기술가격은 쌍방의 교섭능력에 따라 결정된다. 또한 기술시장은 매매 및 거래경로가 다양하다. 이와 더불어 기술이전이나 거래는 대개 다른 요소, 예를 들어 생산재, 자본이동, 판매 등을 통해 함께 이전되는 경우가 많고 제공자가 다국적기업이기 때문에 기술이전의 목적을 도입국의 경제발전이나 도입기업의 번영에 두기 보다는 범세계적 전략에서 세제혜택, 관세회피 등을 통한 판매시장확대와 낙후기술의 처리에 목적을 두는 것이 일반적이다. 따라서 기술도입협상에서는 기술제공자의 목적을 잘 파악하여 협상에 임하면 유리한 도입조건을 얻을 수 있다.

기술도입비용은 정보탐색 및 도입대상기술의 선정비용, 기술제공자에게 직접 지급하는 기술사용료, 기타 자본재, 원료, 부품 등에 포함되는 체화비용 등이 있으며 이 비용은 일시 또는 일정율 사용료의 혼합된 형태로 지불된다. 기술도입에 있어서 문제가 되는 것은 위와 같은 명시적 비용이기 보다는 묵시적 비용, 즉 제한적 조항으로 인한 간접비용 또는 기회비용이다. 대표적인 예로서 수출지역의 제한, 원료 및 부품 등의 매입선 제한, 최저실시료조항, 독자적 기술개발활동의 제한, 개발된 기술의 소유권을 기술제공자에게 양도할 것을 규정한 개량기술 양도의무조항 등이다.

협상내용에서는 도입기술의 요소를 적절히 선택하는 것이 중요한 바 구체적인 내용은 다음과 같다.

- 특허권 / 실용신안권
- 의장권 및 상표사용권
- 기술정보 및 자료(예를 들어, 설계도면, 사양서, 보고서, 견본, 노하우 등)
- 기술지도 및 교육 훈련
- 기술용역
- 생산설비
- 원자재 및 중간재공품
- 품질관리기술
- 경영관리기술
- 제품판매정보 및 원자재 조달 정보의 제공 알선

기술도입 협상에서 유의할 것은 계약상의 약정에도 불구하고 기술도입 내용의 결함들에 의한 실패 후의 실제적 배상 가능성이나 규모는 극히 미비하므로 기술도입선의 신용이나 평판을 엄밀히 조사 검토하여야 한다.

(3) 도입실행단계

기술도입의 실행단계에서는 잘 준비된 계획에 따라 전사적 지원체제로 기술도입과 실제 활용이 되도록 해야 한다. 이때 우수한 자질의 기술자들을 추진실시 담당자로 임명해야 하며 기술도입 프로젝트가 복잡하고 중요한 경우에는 책임감과 리더십이 강한 프로젝트 관리책임자를 두도록 한다. 도입기술이 체계화, 자동화된 경우에는 운전조작기술의 습득만으로 성공을 이룩할 수 있겠지만 생산공정이 자동화되지 않은 경우에는 생산관리기술의 습득이 제품기술이나 운전기술 못지 않게 중요할 것이다.

(4) 소화적응개량단계

마지막으로 기술도입의 궁극적 성공은 도입된 기술이 얼마나 잘 소화개량되고 주어진 도입 목적에 비추어 성공도가 충분한가를 검토해야 한다. 이를 위해 도입기업은 도입기술에 의한 생산성, 원가, 품질지표, 영업성과 등을 사전에 설정하고 이를 점검하도록 한다. 가능한 한 국내외 선진기업과 비교하여 생산성 목표관리의 경영체제를 구축하도록 한다. 이를 위해 기술도입일지라도 자체기술능력과 더불어 고려되어야 한다.

7.4 기술이전의 이론모형

제품수명주기이론

제품수명주기이론은 기술이전이 일어나는 현상을 제품의 수명주기와 관련하여 설명하는 이론이다. 즉, 이 이론은 제품의 수명주기를 도입기, 성장기, 성숙기, 쇠퇴기 등 4단계로 나누고 기술이전이 일어나는 현상을 규명하고 있다. 기술력의 정도에 따라 기술 주체들을 기술혁신기업(국), 선진기업(국), 후발기업(국)으로 나누고, 제품에 체화된 기술(기술개발)의 중요도가 시간이 지남에 따라 감소하기 때문에 기술혁신기업(국)에서 독창적 기술제품의 생산량과 성장률이 극대화되는 시점에서 선진기업(국)으로, 다음에는 후발기업(국)으로 기술의 주도권이 넘어간다고 본다.

(1) 도입기

기술혁신기업(국)에서 신기술과 신제품이 개발되어 시장에 공급되기 시작하는 데 이 단계는 생산 초기단계이기 때문에 기술개발 비용은 크나 시장수요는 아직 개발되지 않은 상태여서 기술개발자의 단기적인 이윤이 적다. 그러나 장기적으로는 시장에서의 잠재적 독점이윤이 크므로 기술보유자는 기술이전을 꺼리고 기술도입 희망자는 기술의 필요성에 대한 인식 자체가 부족하고 또 필요성을 인식하였더라도 기술료가 높기 때문에 기술이전이 잘 이루어지지 않는다.

(2) 성장기

제품에 대한 시장수요가 많아짐에 따라 기술개발자의 독점적 이익이 커지고 서서히 경쟁제품이 시장에 출현하기 시작한다. 제품생산은 주로 기술혁신기업(국)에서 이루어진다. 기술혁신기업(국)은 규모의 경제를 실현하고 독점권을 최대한 이용한다. 이렇게 생산된 제품은 다른 기업(국)으로 수출되기 시작한다. 이 단계는 기술료가 높기 때문에 기술이전이 활발하게 이루어지지 않으나 기술개발자는 시장이 성숙기에 도

달하기 전에 적절한 기술이전계획을 수립한다.

(3) 성숙기

기술이 확산되어 선진기업(국) 간에 일반화되기 시작하고 제품 생산비용이 상대적으로 저렴한 후발기업(국)에서도 생산이 이루어진다. 그러므로 기술개발자는 기술을 필요로 하는 도입희망자에게 기술이전을 하기 시작함으로써 기술도입 단가가 낮아지는 등 기술이전이 용이하게 이루어지는 단계이다.

(4) 쇠퇴기

기술이 일반화됨으로써 기술보다는 제품의 생산비가 중요 변수가 되기 때문에 제품생산은 전적으로 생산비가 저렴한 후발기업(국)에서 이루어지게 된다. 이 단계에서는 기술개발자가 기술개발 투자비용의 회수를 위해 기술이전을 확대하려 한다.

기술수명주기이론

기술수명주기이론은 기술에도 유기체처럼 수명주기가 있다고 보는 이론으로 기술의 수명주기를 크게 기술개발단계, 기술실용화단계, 기술성장단계, 기술성숙단계, 기술쇠퇴단계로 나누어 설명하고 있다.

(1) 기술개발단계

이 단계에 있는 기술은 잠재적 가치는 인정되지만 기술의 응용분야와 개발비용이 불확실하다. 아직 제품생산이 일어나기 이전의 단계이고 기술이전은 일어나지 않는다.

(2) 기술실용화단계

이 단계는 기술을 생산에 적용하기 시작하는 시점이다. 기술개발자가 기술을 독점하고 기술개발 주체만이 제품을 생산할 수 있다. 기술이전은 시장에 출시된 제품에 의해서만 이루어진다.

(3) 기술성장단계

점진적으로 기술의 가격이 상승하며 제품수명주기의 성장기와 유사하다. 이 단계에서는 기술의 복잡성으로 인해 기술개발자와 기술격차가 적은 기업(국)으로는 기술이전이 이루어지나 기술격차가 큰 기업(국)으로는 기술이전이 이루어지지 않는다. 기술이전료의 결정은 기술개발 비용이 중요한 변수로 작용하게 된다.

(4) 기술성숙단계

이 단계는 제품수명주기의 성숙기에 해당된다. 이 단계에서는 선진기업(국) 간에 기술이전이 활발해지고 기술도 표준화·일반화 되면서 후발기업(국)으로 기술이전이 이루어지기 시작한다. 따라서 기술가치가 낮아짐으로써 기술이전이 활성화되고 해당 기술을 이용하여 생산된 제품이 기술개발기업(국)으로 역수출되는 부메랑효과가 발생한다. 점차적으로 기술은 후발기업(국)에서 다음 후발기업(국)으로 2차적 이전이 이루어진다.

(5) 기술쇠퇴단계

제품수명주기의 쇠퇴기에 해당하는 기술쇠퇴단계에서는 기술가치의 하락이 급격히 이루어지고 후발기업(국) 간의 기술이전 거래가 활발히 이루어진다. 기술개발기업(국)은 이미 사양화되는 기술이므로 해외 직접투자보다는 라이센싱 방식을 통하여 기술개발비를 최대한 회수하려는 경향을 보인다.

김인수 교수의 모형

개발도상국의 기업들이 선진기업의 기술을 어떻게 도입하여 자신의 기술능력으로 발전시켜나가는지를 분석한 국내의 초기연구로는 김인수 교수의 논문[78]이 대표적이다. 일반적으로 개발도상국의 경우 공식적 기술도입이 주요한 기술원천이 되므로 김인수 교수는 국내 전자산업의 실증적 자료를 근거로 하여 개발도상국의 기술발전단계가 해외에서 성과가 입증된 성숙기술의 도입에서 출발하여 선진국과는 역방향으로 진행된다는 〈그림 7.4〉와 같은 모형을 제시하였다.

이 모형에 따르면 선진국 산업에서는 산업기술의 형태가 유동기에서 과도기로, 그리고 과도기에서 경화기로 변화해 가지만 선진국의 기술을 이용하여 산업발전을 꾀하는 개발도상국은 선진국의 경화기 기술을 도입하여 생산을 시작하는 실용기, 도입한 기술을 소화·흡수하는 소화기, 그리고 소화한 기술을 응용·개량하는 개량 및 자체개발기로 산업기술의 형태가 변화하여 간다고 설명하고 있다.

그림 7.4 개발도상국의 기술발전모형

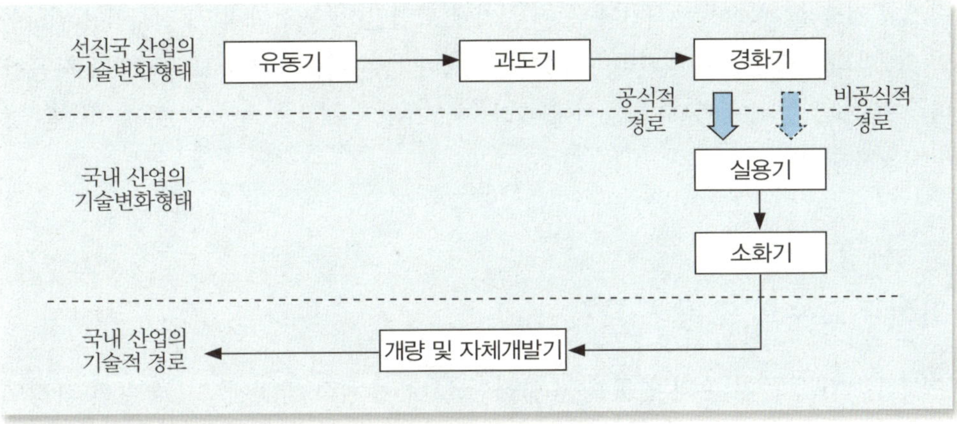

(1) 실용기

실용기는 외국에서 도입된 일괄집합기술을 통해 산업기술을 생산활동에 활용하는 시기이다. 이 단계는 외국에서 도입한 장비를 가지고 외국부품을 단순히 조립하는 단계이고, 이에 따라 기술적 과제는 도입기술을 산업으로 옮기는 단순한 실천에 있다. 이 단계에서는 자체적인 기술개발능력의 필요성은 존재하지 않으며 단지 제한된 엔지니어링만 요구된다.

(2) 소화기

소화기는 도입된 기술에 대한 소화·흡수가 활발히 진행되어 해당 기술분야에 지식의 축적이 이루어지는 단계이다. 소화기에는 외국기술의 도입이 아닌 경험있는 기술자의 채용 등으로 기술획득을 하고 고객의 요구에 부응할 수 있는 제품개발 능력이 필요하게 된다. 새로이 시장에 진출하는 생산단위는 기존 생산단위에서 이탈한 자들에 의하여 설립된다. 이와 함께 개별생산단위는 시장의 경쟁으로 말미암아 자본집약과 노동생산성 향상을 통한 생산체제의 합리화를 꾀하게 된다. 그리고 도입기술로 생산한 완제품시장의 성장이 부품산업시장을 창출하게 되어 부품의 국산화가 시작된다.

(3) 개량 및 자체개발기

이 단계는 새로 도입된 기술이나 기존기술에 대한 연구개발 노력으로 보다 높은 단계의 기술을 획득하는 시기이다. 이 시기에 도입된 기술을 개량·발전시키기 위하여 연구개발의 필요성이 증대된다. 자체적인 기술개발은 기술도입과 보완적으로 작용한다. 연구개발 능력이 증대되고, 이에 따라 기존기술의 개량과 혁신을 통해 기술을 향상시키게 된다.

이진주 교수의 모형

이진주 교수는 기존의 연구를 종합하여 보다 총체적 관점에서 기술발전 과정모형[79]을 제시하였다. 이 모형은 개발도상국의 기술발전 과정을 도입기, 내재화기, 창출기로 나누고, 이를 선진국의 발전단계와 연계시킬 때 선진국과 역방향으로 진행됨을 제시했다.

(1) 도입기

도입단계에 있는 개발도상국의 기업은 공식적 및 비공식적 경로를 통해 선진국으로부터 성숙기에 있는 기술을 도입한다. 태동기 혹은 성장기에 있는 기술에 대한 도입은 거의 이루어지지 않는다. 성숙기에 있는 기술은 비교적 저가로 용이하게 도입되고 공식적 경로(예를 들어, 라이센싱, 합작투자)를 반드시 이용할 필요는 없다. 도입기와 같은 산업발전 초기에는 선진기업(국)의 제품에 대한 모방에 의해 기술이전이 가장 효율적이고 여기에 축적된 관련 기술(즉, 잉태기술)이 큰 역할을 한다.[60]

한편, 성숙기에 있는 기술을 도입하며 소화·개량한 개발도상국의 성공기업들은 고급기술에 대한 국내 수요가 증가함에 따라 선진국의 성장기에 있는 기술을 도입하려고 노력하게 된다. 성장기에 있는 기술은 모방이 곤란하므로 대개 공식적 경로를 통해 도입을 하게 되고 이러한 공식적 경로의 활용 빈도가 증가하는 것은 그 산업 혹은 기업이 내재화기에 접근하고 있음을 암시하는 것이다.

(2) 내재화기

이 단계의 기업은 이미 운영기술을 습득하였기 때문에 기술적 노력의 초점을 제조설비, 플랜트 엔지니어링 등 생산 관련 기술과 고급 설계기술의 습득에 두게 된다. 이러한 과정을 통해 신제품을 생산하고 자체 노력에 의해 기존제품을 급속히 개량한다. 한편, 내재화 단계의 후기에 이르면 자체 연구개발 능력을 축적하게 되고, 이러한 내재화 과정을 통해 기업은 독자적인 제품을 생산하고 외국기술에의 의존도를 낮추어 가게 된다.

(3) 창출기

내재화기를 완료한 개발도상국의 산업 혹은 기업은 마침내 자체 연구개발 능력을 확립하게 되고 마침내 창출단계에 돌입한다. 대다수의 산업들이 창출단계에 이르면 그 국가는 선진국으로 볼 수 있다.

동태적 기술획득전략 모형

우리 나라의 주요 기업들은 과거 자신들의 부족한 자체 기술개발 능력을 메우기 위해 선진 기업들의 기술을 도입하여 이를 소화·개량하면서 자신들의 자체 기술개발 능력을 향상시켜 왔다는 것은 이미 잘 알려진 사실이다. 최근에는 기술역량이 향상되고, 이에 따라 국내 기업들에 대한 선진국 기업들의 기술이전 기피현상이 심화됨에 따라 필요한 선진기술을 획득하기 위해 선진기술이 처해 있는 환경과 자신의 기술적 역량을 고려하여 자신들에게 적합한 기술획득전략을 동태적으로 구사해야 하는 상황이다.

이러한 관점에서 조현대[62]는 한국의 대표적 기업인 삼성전자가 반도체 기술확보를 위해 전개한 해외기술획득의 형태와 내용을 분석하고 기술추격국 기업이 취할 수 있는 동태적 기술획득전략을 모형화하였다. 〈그림 7.5〉에서 보여주는 모형은 필요기술이 기술수명주기상 어디에 위치해 있고 자사의 기술역량이 어느 정도인가에 따라 취할 수 있는 6가지의 기술획득전략을 제시하고 있다.

그림 7.5 동태적 기술획득전략 모형

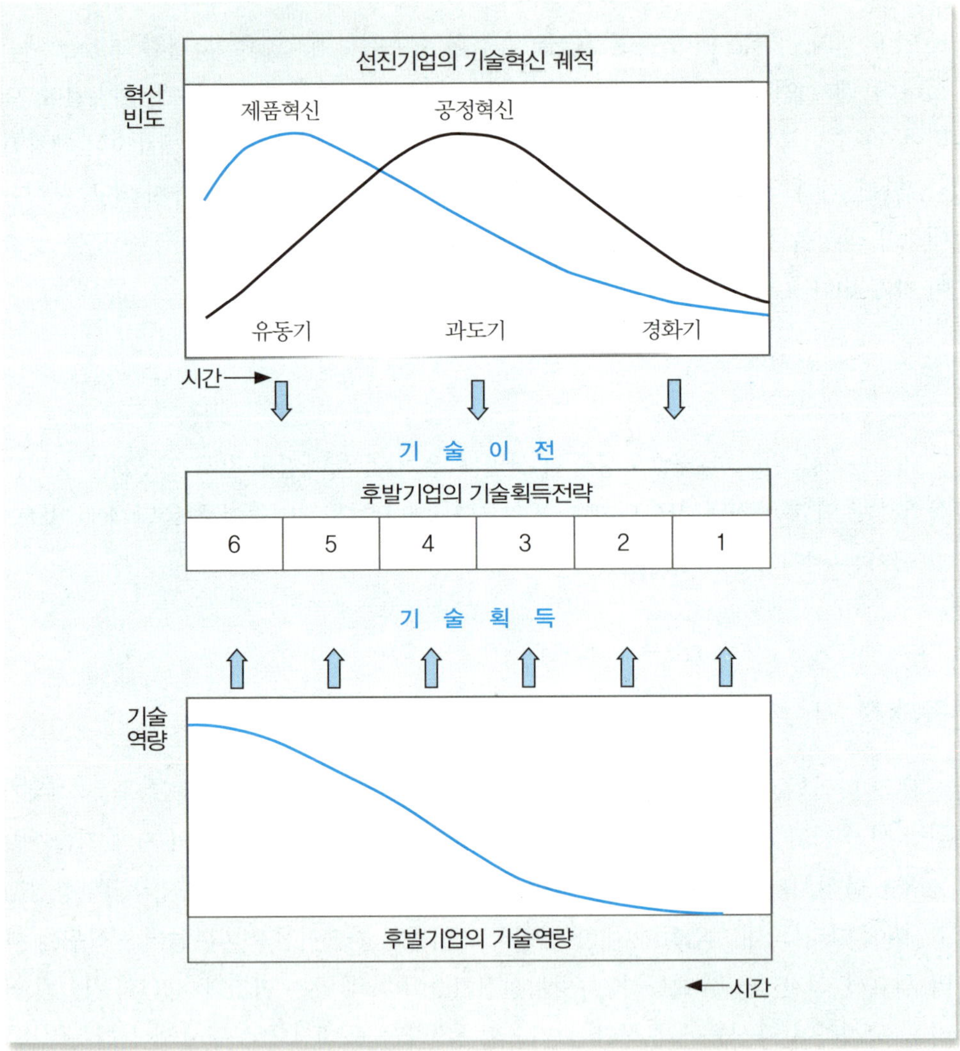

(1) 1단계의 기술획득전략

후발기업들은 주로 선진기업이 주도하는 국내합작사업의 파트너로 선정되는 방법을 통하거나 국내 외국인기업의 국내하청생산을 통해 선진기업의 성숙기에 있는 기술을 획득한다. 또한 국내 기업들은 국내 외국인 회사에 근무하고 있는 국내기술자를 스카우트해서 그들에게 체화된 기술을 획득하기도 한다. 그리고 정부의 공기업 혹은 정부의 적극적 지원을 받는 기업들은 자금력을 바탕으로 턴키 베이스로 플랜트를 도입하는 기술획득전략을 구사하기도 한다. 물론 이러한 기술획득에 수반되어 이루어지는 기술지원으로부터 기술을 획득하기도 하고 도입되는 자본재로부터 체화된 기술을 획득하기도 한다.

(2) 2단계의 기술획득전략

후발기업들은 외국과의 국내합작사업을 보다 적극적으로 추진하며 해외기술 라이센싱을 통한 기술획득 빈도를 늘려가기 시작한다. 그들은 외국기업으로부터 OEM 주문도 받으면서 이를 통한 기술획득을 이루어 간다. 앞서 가는 기업의 경우 신사업 진출을 위해 해당 해외기술을 보유하고 있는 국내 외국인 기업을 인수하기도 한다. 그들은 역 엔지니어링을 통해 활발한 기술모방 활동을 전개한다. 뿐만 아니라 그들은 국내기술인력의 해외파견연수에도 신경을 쓴다.

(3) 3단계의 기술획득전략

이 단계에 있는 기업들은 해외기술 라이센싱을 활발히 추구한다. OEM 방식을 통한 기술획득도 과거에 비해 증가한다. 기업들은 선진국에 근무하고 있는 교포 기술자들의 채용에 많은 노력을 기울이고 이들로부터 해외기술을 획득한다. 그러나 그들은 서서히 선진국의 기술이전 기피 움직임을 실감하기 시작하고, 그에 따라 과거와 상당히 다른 기술획득전략을 모색하기 시작한다. 이러한 전략 중의 하나는 국가차원의 연구개발 컨소시움을 구성하여 기술역량이 앞서는 주체가 해외기술을 획득하고 이를 컨소시움에 참여한 기업들에게 전파하는 것이다.

(4) 4단계의 기술획득전략

선진기업으로부터 기술이전 기피현상이 더욱 심해지고, 따라서 국내 기업들의 해외 기술획득전략도 과거 국내에서 기술을 획득하던 방식에서 해외현지에서 필요기술을 획득하는 방식으로 변화한다. 즉 그들은 기술이 소재하고 있는 해외현지에 연구기지를 설립한다든지 또는 외국인 고급기술인력을 현지에서 채용하기도 한다. 그리고 선진국의 기술이전 기피를 돌파하기 위해 자체기술개발 노력을 강화하고, 이를 위해 국가전략 연구개발 컨소시움을 구성하여 공동연구를 진행하기도 한다.

(5) 5단계의 기술획득전략

선진국은 극단적으로 기술이전을 기피하게 되고 후발기업들은 선진기업과 상호 교환할 가치가 있는 기술적 자산을 가지고 있지 않는 이상 해당 기술을 획득하기 어렵다. 따라서 후발기업들 중 그러한 기술적 자산을 보유하고 있는 선택적 기업들이 해외기업과 전략적 제휴를 통해 기술을 획득한다. 또한 구체적으로 교환할 기술적 자산은 부족하지만 자금력이 뒷받침되는 소수의 기업들은 선진 기업의 인수합병을 통한 기술획득을 시도하기도 한다.

(6) 6단계의 기술획득전략

태동기에 있는 기술은 기존의 선진 대기업들에 의해서 이루어 지는 경우도 있지만 본격적인 상업화의 능력을 갖추지 못한 벤쳐 기업가 혹은 대학 등의 연구자에 의해서 창출되는 경우도 많기 때문에 선진국에서도 본격적인 상업화 상태에 진입해 있지 못한 상황이다. 후발기업들이 이러한 기술을 대상으로 상대방측과 전략적 제휴를 추진하여 기술획득을 추구할 경우 상업적 실용화의 위험부담이 매우 높다. 획득코자 하는 기술이 국가전략기술에 해당될 경우 기업들은 국가 연구개발 컨소시움 구성을 통한 기술획득 등 정부를 개입시키는 방향으로 전략을 구사하게 된다.

DRAM은 한국의 첨단제품을 상징하는 대표적인 기술혁신 성공사례이다. 무엇보다도 이 제품에 도전한지 10여년만에 세계적인 기술력을 보유한 선두주자로 발돋움하였다. 이 과정에서 후발주자인 한국이 첨단분야인 DRAM에 진입하기 위해서는 매우 큰 기술적 도약을 필요로 했다. 이러한 기술적 과제를 해결하기 위해 초기부터 내부 축적기술, 외부 습득기술, 외부 의존기술의 3가지 측면 모두에 초점을 기울여 왔으며 아울러 통합능력에서 두드러진 역량을 발휘하였다. 예를 들어, 삼성은 초기에는 외부 습득기술 측면에 초점을 맞추어 외부로부터 유입된 기술에 대한 강도 높은 기술습득 노력과 이를 실제 생산에 적용하기 위한 기술개발 활동을 전개하였다. 삼성은 초기에 미국의 Micron Technology와 Zytrex, 그리고 일본의 샤프로부터 최초의 양산제품인 64K DRAM의 설계와 공정기술을 도입하였다. 그러나 기술도입 그 자체에 머물지 않고, 이와 병행하여 이들 기업에의 기술인력 파견, 한국계 미국 과학기술자의 고용, 내부 기술학습 등을 통해 외부 도입기술의 자체 내재화를 위한 엄청난 노력을 경주하였다.

이러한 유입기술에 대한 각고의 내재화 노력의 결과, 외부 습득기술 측면의 역할과 비중은 뒤이은 다음 세대 제품들에서 크게 축소되었다. 예컨데 삼성은 64K DRAM의 경우 설계기술과 공정기술 모두를 도입하였지만 256K DRAM에서는 설계기술만 도입하고 공정기술은 자체개발하였다. 또 1M DRAM에서는 설계기술마저 자체개발에 성공함으로써 자생적인 기술혁신 능력을 확보할 수 있었다. 또 이러한 내부 축적기술 역량의 급속한 신장은 다음 세대 제품의 개발에서 내부 축적기술 측면의 역할 증대로 이어졌다. 특히 국내기업의 기술력이 세계 수준에 접근하고 신제품 개발을 위한 기술도입 대상이나 참고해야 할 기술이 없어짐에 따라 4M DRAM 이후부터는 설계에서 제조, 조립에 이르는 전과정을 독자개발하지 않으면 안되었다. 이러한 급속히 향상된 자생적 기술혁신 능력을 바탕으로 4M DRAM 이후 64M DRAM, 256M DRAM, 1G DRAM부터는 선진국에 앞서 신제품 개발과 상용화를 완료함으로써 세계 선두주자로 발돋움할 수 있었다. 특히, 4G DRAM에서는 초미세 가공기술을 세계 최초로 개발함으로써 독자적인 신기술을 창출하는 단계로 발전하였다.

한편 이러한 자생적 기술혁신 능력이 단기간내에 구축될 수 있었던 데에는 그 이전에 쌓아온 사전기반(초기단계에서의 내부 축적기술)이 중요한 밑바탕이 되었다. 국내기업은 DRAM에의 본격적 진입 이전에 이미 상당 수준의 암묵적 지식기반을 보유하고 있었다. 특히 삼성은 70년대 중반 한국반도체의 인수 이후 반도체 생산 및 설계와 관련된 기술과 경험을 꾸준히 축적해 왔으며 소규모이긴 하지만 가전용 집적반도체(LSI)를 생산하였다. 또한 국내기업은 가전제품을 생산하면서 DRAM 경쟁력의 핵심요소이자 한국이 강점을 갖는 표준화된 제품에 대한 대량생산기술과 노하우를 축적하였다. 이러한 사전에 축적된 기술과 지식은 DRAM 조립기술을 큰 어려움없이 습득하고 자체 기술혁신 능력을 조기에 구축하는데 중요한 기반이 되었다.

또한 외부 의존기술 측면에서 외부기술과 자원을 지속적으로 의존하고 적극적으로 활용하는 체제를 유지하는 특징을 보여 주었다. 특히 장비ㆍ재료부문은 국내에 거의 존재하지 않았고, 또 단기간내에 국내조달로 대체될 가능성이 낮았기 때문에 안정적인 해외조달의 실현에 초점을 맞추었다. 이러한 장비의 외부조달과 관련하여, 특히 삼성은 세계 최고 성능의 장비를 확보하는 전략을 택함으로써 초기부터 높은 수율과 우수한 품질의 제품을 생산할 수 있었다. 나아가 삼성의 기술능력이 향상됨에 따라 장비 공급회사와의 관계도 크게 변화하여 삼성 자신에 적합한 장비를 스스로 요구하고 공동으로 협의하여 장비를 개발하는 단계로까지 발전하였다.

다른 한편 한국이 DRAM에서 세계 선두주자로 나설 수 있었던 데에는 내부 축적기술, 외부 습득기술, 외부 의존기술 측면의 3자를 효과적으로 활용하고 결합하는 통합능력이 매우 중요한 역할을 하였다. 비록 DRAM에 대한 시장이 확립되어 있고 기술경로가 비교적 명료하다해도, 이에 도전하여 성공으로 이끌기까지에는 엄청난 불확실성과 위험, 도전이 수반되었다. 특히 DRAM 생산은 수 백개의 공정이 요구되고 공정 자체도 매우 복잡하였을 뿐 아니라 동태적 학습효과가 중요함으로 인해 양산체제의 조기확립을 통한 신속한 제품생산이 사업성패를 좌우하기 때문에 이들 제반 내외부 기술자원을 결집하는 최고경영진의 경영통합능력이 매우 긴요하였다. 이러한 경영통합능력의 예로는 국내외 최우수 인력의 유치 및 동원, 제품개발과 상용화 시기를 단축하기 위한 병렬적 개발시스템, 생산에 초점을 둔 기술관리, 유관부서간 연계 및 결집 등을 들 수 있으며 이러한 강점이 국내기업이 단기간에 세계적 경쟁력을 확보하는데 핵심적인 역할을 했다.

[출처 : 참고문헌 64 참조]

Part 8

지적재산권 및 기술보호

8.1 지적재산권 관리

8.2 기술유출

8.3 기술보호전략

핵심적인 원천특허의 획득을 통한 특허전략이 모든 기업에게 충분한 보상을 제공하는 것은 아니다. 특허는 자사의 특허가 다른 기업에 많이 채택되어 라이센스 수익을 많이 얻을 수 있어야 한다. 이를 위해 필요한 전략이 기업이 자신의 기술을 표준기술로 채택되도록 하는 '표준화 과정'의 확산을 통한 특허전략이다. 표준화 과정은 독점, 과점, 복점기업의 전략이 각각 다르게 나타난다. 개별기업이 자신의 고유한 표준을 채택한 전용표준의 경우를 독점의 사례로 볼 수 있다. 전용표준이 성공적으로 확산된 사례로는 마이크로소프트사의 윈도우가 사실상의 표준(de facto standard)이 된 것을 들 수 있고, 반면 타기업들에게 자사의 표준을 공개하지 않은 소니의 베타 방식 비디오 표준의 경우 전용표준을 통해 무리하게 시장을 장악하려다 표준화 경쟁에서 밀려나고 만 사례이다.

두 번째로는 표준을 독점하지 않고 두 기업이 복점하는 방식이 있을 수 있다. 전용표준보다는 기업 전략의 노출도 가능하고 시장도 줄어들기는 하지만 일반적으로 두 기업이 특허를 공유하는 크로스 라이센싱의 방식으로 표준을 확산하고자 하는 정책으로 두 기업의 협력 여부에 따라 부다 쉽게 특허의 확산효과를 누릴 수 있다. 또한 동종 기업의 협력 외에도 마이크로소프트의 운영체제 윈도우와 인텔의 중앙연산장치의 결합에 의한 이른바 '윈텔 동맹' 처럼 사실상의 표준으로 만들어 낸 이종 기업 간의 협력 모형 또한 효과적일 수 있다.

마지막으로는 특허풀(patent pool)을 통한 특허의 확산이 가능하다. 현재 많은 정보통신분야의 기업들은 이른바 표준화 관련 특허풀에 참가하여 다수의 기업들이 표준화를 목표로 특허를 공유하고 여타 기업에게 일괄로 라이센스를 제공하는 방식을 채택하고 있다. 특허풀에 참가하게 되면 시장을 선도해 나가지는 못한다고 할지라도 자신의 특허를 정당한 라이센스 수익으로 보상 받을 수 있을 뿐 아니라 특허풀 자체가 최소한의 시장을 보장해주는 장점이 있게 된다.

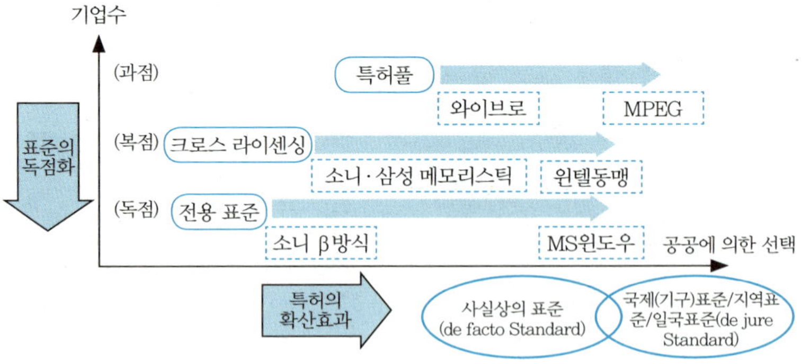

[출처 : 참고문헌 33 참조]

8.1 지적재산권 관리

지적재산권의 개념

지적재산권은 인간의 지적창작물에 부여된 재산권이다. 즉, 지적재산권은 부동산 및 동산 등과 같이 형태가 있는 유형의 재화에 부여되었던 종래의 재산권과는 대조적으로 무형인 인간의 정신적 창작물에 재산적 가치를 인정해 이에 주어지는 권리이다. 사회의 흐름이 예전의 유형적 재화에 기반하여 경쟁하던 산업사회에서 무형의 자산이 중요시 되는 지식기반사회로 옮겨가게 됨에 따라 전에는 별로 대수롭지 않게 여겨지던 인간의 정신적 창작물인 기술, 지식 또는 정보가 경제적으로 가치 있는 재화로 인정받게 되면서 이들에 대한 권리를 보호해야 하는 문제가 대두되었다.

새로운 아이디어나 발명 등은 그것을 처음으로 생각해 내거나 만들기까지는 매우 어렵고 힘든 과정을 거쳐야 하나 그것을 복사하는 것은 극히 쉬운 일이다. 따라서 복사를 아무런 제한없이 인정하게 되면 최초의 개발자나 창작자의 땀과 노력은 어디에서도 보상 받을 길이 없어진다. 예를 들어, 오늘날 새로운 의약품을 개발하는 데는 약 10년 동안 5천만 달러의 비용이 든다고 한다. 또 질레트에서 새로운 면도날을 개발하는데 3년 동안 3억 달러의 비용이 들었다고 한다. 그러나 이들 제품을 복사하는 데는 최초 개발자가 들인 노력의 1,000분의 1 또는 10,000분의 1 이하의 비용으로도 충분할 것이다. 따라서 이러한 상태를 용인하면 어느 누구도 위험부담을 무릅쓰고 개발하려고 하지 아니할 것이다. 이럴 경우 건전한 경제의 발전은 기대하기 힘들어진다. 그러므로 최초의 개발자나 창작자의 권리를 보호할 법적인 조치가 필요하게 된다.

〈그림 8.1〉과 같이 국내의 지적재산권은 일반적으로 산업재산권과 저작권으로 구분되고, 산업재산권은 특허, 실용신안, 의장, 상표 등으로, 저작권은 저작권과 저작인접권으로 다시 구분된다. 이외에도 기존의 산업재산권 및 저작권과 보호대상 및 보

호의 절차적 방법이 다른 신지적재산권이 있다. 여기에는 반도체 집적회로 배치설계, 생명공학기술, 컴퓨터프로그램, 영업비밀, 데이터베이스 등이 포함된다.[61]

그림 8.1 지적재산권의 구성

특허권

특허권은 국가가 발명가에게 일정 기간 동안 발명에 대한 독점권을 인정해 주는 권리이다. 여기서 발명이란 자연법칙을 이용한 기술적 사상의 창작으로 고도한 것으로서 자연법칙 자체(예를 들면, 만유인력), 창작이 아닌 것(자명한 것), 해당분야 전문가가 쉽게 생각할 수 있는 것은 발명이라고 할 수 없다. 발명을 한 발명가가 독점적 권리인 특허권을 획득하기 위해서는 특허청에 출원을 하여 국가로부터 특허권을 부여 받는 절차가 필요하다. 동일한 발명을 한 발명가가 여러 명일 경우, 특허권을 법적으로 보호하는 특허법은 발명 완성의 선후를 불문하고 가장 먼저 특허출원을 한 발명가에게 특허권을 부여하는 선원주의를 따르고 있다.

발명이 특허청장에 의하여 특허등록되면 특허출원자에게 특허권이 발생하며 특허권자는 특허발명을 실시할 권리를 독점한다. 국내의 경우 특허출원일로부터 20년 동안 독점적 권리를 부여하고 있으며 의약특허 등은 5년 연장이 가능하다. 특허발명을 실시할 권리는 특허권자가 직접 특허권을 이용하여 사업을 할 수도 있지만 타인에게 특허권을 양도하거나, 전용실시권을 설정하거나, 또는 통상실시권을 허락할 수 있다. 산업사회에 있어 특허권은 금전적으로 대단한 가치가 있어 타인에게 특허권을 실시하게 하는 경우 그 대가로 상상을 초월하는 금전적 보상을 받게 되는 경우가 많다.

특허권이 침해 받을 경우, 민사적 구제로는 침해금지청구 또는 침해예방청구를 할 수 있고 이와 관련하여 이미 생산된 물건 또는 설비의 제거 등도 청구할 수 있다. 또한 손해배상청구 및 특허침해행위로 인하여 업무상 신용이 실추된 경우 신용회복을 위한 필요한 조치를 청구할 권리가 있다. 특히 손해배상청구와 관련하여 손해액 입증의 어려움을 경감하기 위하여 손해배상액을 추정하는 제도를 규정하고 있다. 이와 더불어 형사적 제재로는 특허권 또는 전용실시권을 침해한 자는 7년 이하의 징역 또는 1억원 이하의 벌금에 해당하는 형사처벌을 받을 수 있다.

실용신안권

실용신안권은 방법이나 성질에 대한 기술이론을 제외한 물품의 형상, 구조, 조합에 관한 실용적인 고찰을 보호대상으로 한다. 실용신안권을 획득하기 위해서는 특허권과 같이 특허청에 출원을 하여 국가로부터 실용신안권을 부여받는 절차가 필요하다. 따라서 실용신안권은 특허권과 비슷하다.

하지만 특허권과 구별되는 점은 실용신안법에 의해 법적 보호를 받는 실용신안권의 권리행사기간은 15년이며, 권리의 발생은 등록과 동시에 이루어진다 것이다. 그리고 실용신안은 형상을 지닌 물품만이 대상이 되는 반면 특허는 제품 생산 방법에 대한 기술개발 및 물질에 관한 것도 대상이 된다.

의장권

의장이란 물품의 형상, 모양, 색채 또는 이들을 결합한 것으로서 시각을 통하여 미감을 일으키게 하는 것으로, 의장권은 의장에 대하여 국가가 일정 기간 부여하는 권리이다. 의장권은 등록된 날로부터 15년간 보호받을 수 있고 의장권자는 법으로서 등록의장 또는 이와 유사한 의장을 실시할 권리 즉, 의장에 관한 물품을 생산, 사용, 양도, 대여 또는 수입 할 수 있는 권리를 독점할 수 있다.

의장권자는 직접 이러한 의장권을 행사하거나 타인에게 전용실시권 또는 통상실시권을 부여할 수 있다. 타인이 의장권자의 허락없이 의장권을 침해하는 경우 형사적으로 5년 이하의 징역 또는 5,000만 원 이하의 벌금에 해당하는 형사처벌을 받을 수 있고, 이와 별개로 민사적으로 의장권자에게 침해금지청구권, 신용회복청구권, 손해배상청구 등의 권리가 부여된다. 특히 손해배상청구권에 의한 가처분신청은 타인의 의장권을 침해하여 영업을 하는 사람에게 큰 효과를 보기도 한다.

상표권

상표란 상품을 생산, 제조, 가공, 또는 판매하는 것을 업으로 영위하는 자가 자기의 업무와 관련된 상품을 타인의 상품과 식별되도록 하기 위하여 사용하는 표장이다. 여기서 표장이란 기호, 문자, 도형 또는 이들을 결합한 것 및 이들에 색채를 결합한 것을 말한다. 상표권은 이러한 상표에 대하여 국가가 부여하는 권리이므로 특허청에 출원하여 등록을 한 날로부터 상표권이 발생한다. 상표에는 다음과 같이 문자상표, 도형상표, 기호상표, 결합상표, 색체상표 등이 있다.

- 문자상표 — 한글, 한자, 로마자, 외국어, 숫자 등 문자로 구성된 상표
- 도형상표 — 동식물, 천체, 기물 등 사실적 도형을 도안화한 것 또는 기하학적 도형 등
- 기호상표 — 문자나 도형 등을 간략히 한 것
- 결합상표 — 문자, 도형, 기호 등이 결합한 형태의 상표
- 색체상표 — 색채 그 자체로는 상표가 될 수 없으나 문자, 도형, 기호 등에 착색되면 상표의 구성요소가 될 수 있음

상표권의 존속기간은 상표권의 설정 등록일로부터 10년간이지만 상표권의 존속기간 갱신등록 출원에 의하여 10년씩 그 기간을 갱신할 수 있으므로 실질적으로는 그 상표를 사용하는 한 영구적이라 할 수 있다. 상표권자는 지정 상품에 관하여 그 등록상표를 사용할 권리를 독점한다. 다만 상표권자가 스스로 상표권을 사용하거나 아니면 타인에게 자신의 상표권에 대하여 타인에게 전용사용권 또는 통상사용권을 설정할 수 있다. 여기서 전용사용권은 설정 행위로 정한 범위 내에서 지정 상품에 관하여 등록상표를 독점적으로 사용할 권리를 말한다. 따라서 설정된 범위 내에서는 상표권자라도 그 등록 상표를 사용할 수 없게 되고 타인의 침해에 대하여 침해금지 청구권 등의 권리를 행사할 수 있다. 반면 통상사용권은 설정 행위로 정한 범위 내에서 지정 상품에 관하여 등록상표를 사용할 수 있는 권리를 말한다. 독점적이 아니므로 상표권자도 통상사용권의 범위에서도 등록상표를 사용할 수 있다. 상표권이 침해 받을 경우 특허법과 같은 조치를 취할 수 있다.

저작권

저작권은 저작물(문학, 학술 또는 예술의 범위에 속하는 창작물)에 대하여 그 저작자가 가지는 권리로서 저작물을 저작한 때 바로 발생한다. 저작권의 권리 내용은 저작인격권 및 저작재산권으로 되어 있고 그 안에 여러 가지 권리가 포함되어 있다. 저작재산권은 저작자의 재산적 이익을 보호하고자 하는 권리로써 주로 저작물을 제 3자에게 저작물을 이용할 수 있도록 허락하고 대가를 받을 수 있는 권리이고 저작인격권은 정신적 창조물인 지적재산권은 저작자의 인격을 반영한다는 기본적인 전제에 의하여 인정되는 권리이다. 또한 저작권 실시와 관련하여 실연자, 음반제작자 및 방송사업자에게는 그들이 창작에 준하는 활동을 통하여 저작물의 가치를 증진시킨다는 의미에서 일정한 저작인접권을 부여하고 있다. 〈표 8.1〉은 저적권에 대한 내용을 요약하여 보여주고 있다.

저작자는 생존하는 동안과 사후(공동저작물의 저작재산권은 맨 마지막으로 사망한 저작자의 사망 후) 50년간 저작물에 대한 저작권을 가지고 저작권 중 저작재산권은 전부 또는 그 일부를 양도하거나 이용을 허락할 수 있다. 저작자의 사망 후 40년이 경과하고 50년이 되기 전에 공표된 저작물의 저작재산권은 공표된 때부터 10년간 존속한다.

표 8.1 저작권의 구분 및 내용

구 분			내 용
저작권	저작권	저작인격권	• 공표권 – 저작물을 공표하거나 하지 아니할 것을 결정할 권리 • 성명표시권 – 저작물의 공표 또는 복제물에 저작자의 성명을 표시할 권리 • 동일성유지권 – 저작물의 내용, 형식 및 제호의 동일성을 유지 할 권리 • 출판에 관한 수정, 증감권
		저작재산권	• 복제권 – 인쇄, 사진, 복사, 녹음, 녹화 그 밖의 방법에 의하여 유형물에 고정하거나 유형물로 다시 제작하는 권리 • 공연권 – 저작물을 상연, 연주, 가창, 연술, 상영 그 밖의 방법으로 일반공중에게 공개하는 것과 이의 복제물을 재생하여 일반공중에게 공개하는 권리 • 방송권 – 일반공중으로 하여금 동시에 수신하게 할 목적으로 무선 또는 유선통신의 방법에 의하여 음성, 음향 또는 영상 등을 송신할 수 있는 권리 • 전송권 – 일반공중이 개별적으로 선택한 시간과 장소에서 수신하거나 이용할 수 있도록 저작물을 무선 또는 유선통신의 방법에 의하여 송신하거나 이용에 제공하는 권리 • 전시권 – 미술저작물 등의 원작품이나 그 복제물을 전시할 권리 • 배포권 – 저작물의 원작품이나 복제물을 일반공중에게 대가를 받거나 받지 아니하고 양도 또는 대여할 권리 • 2차적 저작물의 작성권 – 당해 저작물을 원저작물로 하여 번역, 편곡, 변형, 각색, 영상제작 그 밖의 방법으로 작성한 창작물인 2차적 저작물 또는 그 저적물 구성부분으로 하는 편집저작물을 작성하여 이용할 권리
	저작인접권	실연자	• 복제권 – 그의 실연을 인쇄, 사진, 복사, 녹음, 녹화 그 밖의 방법에 의하여 유형물에 고정하거나 유형물로 다시 제작하는 권리 • 실연방송권 – 그의 실연을 일반공중으로 하여금 동시에 수신하게 할 목적으로 무선 또는 유선통신의 방법에 의하여 음성, 음향 또는 영상 등을 송신할 수 있는 권리 • 보상금청구권 – 방송사업자가 실연이 녹음된 판매용 음반을 이용하여 방송하는 경우 실연자가 보상받을 권리 • 음반의 대여허락 – 그의 실연이 녹음된 판매용 음반의 영리를 목적으로 하는 대여를 허락할 권리
		음반제작자	• 복제·배포권 • 보상금청구권
		방송사업자	• 복제 및 동시중계방송권

저작권이 침해 받을 경우 민사적 구제로는 (1) (침해의 정지청구권) 저작권을 침해하는 자에 대하여 침해의 정지를 청구할 수 있고 침해할 우려가 있는 자에 대하여 침해의 예방 또는 손해 배상의 담보를 청구할 수 있다. 이러한 권리의 실효성을 위해 침해 행위로 만들어진 물건의 폐기 등을 청구할 수 있다. (2) (손해배상청구권) 저작권 침해로 손해를 본 경우 그에 해당하는 손해 배상을 청구할 수 있는 바, 저작권법에는 손해액 입증의 경감을 위하여 손해액 추정 규정을 두고 있다. (3) (부당이득반환청구권) 저작권 침해자는 법률상 원인없이 타인의 재산으로 인하여 이익을 얻은 것이므로 그로 인한 손실자인 저작권자는 침해자에게 그로인한 부당이득반환청구를 할 수 있다. 그리고 형사적 제재로는 저작권 권리의 침해죄에 해당되면 3년 이하의 징역 또는 3,000만원 이하의 벌금에 해당하는 형사처벌을 받고, 부정발행 등의 죄에 해당되면 1년 이하의 징역 또는 1,000만원 이하의 벌금에 해당하는 형사처벌을 받는다.

영업비밀

국내에서 영업비밀을 보호하고 있는 부정경쟁방지 및 영업비밀보호에 관한 법률에 의하면 영업비밀이라 함은 공공연히 알려져 있지 아니하고(비공지성), 독립된 경제적 가치를 가지는 것(경제적 유용성)으로서 상당한 노력에 의하여 비밀로 유지된(비밀 관리성) 생산방법·판매방법·기타 영업활동에 유용한 기술상 또는 경영상의 정보이다.[61] 영업비밀은 부정경쟁방지법으로 보호 받고 있으며 고객명부나 판매계획 등 영업상의 비밀, 설계도면, 제조기술 등의 기술자료가 영업비밀에 속한다.

영업비밀은 다음의 경우에 특허보다 선호된다.

- 모방 및 유용 가능성이 높아 기술 내용을 공개하고 싶지 않은 경우
- 사업상 시간적 여유가 없는 경우
- 오랫동안 비밀을 유지해야 할 경우
- 특허등록대상이 아니거나 그 대상 여부가 명확하지 않은 경우

전사적 지적재산권 관리

기업 전체의 지적재산권을 효과적으로 활용하기 위해서는 일원화되고 체계화된 관리시스템이 반드시 구축될 필요가 있다. 일반적으로 그룹 내 계열 기업의 지적재산권 관리는 지주회사가 집중관리하는 경향을 보여 왔다. 그러나 지주회사가 지적재산권을 모두 소유하는 것은 바람직하지 않다. 왜냐하면 지적재산권의 소유권은 지적재산을 개발하는데 필요한 자금을 누가 지원했는가 하는 자금출자원에 귀속시키는 것이 합리적이기 때문이다.[24] 지적재산권의 관리는 재산권의 가치와 재산권을 획득하는데 든 비용의 관계를 분명히 파악해야 가능하다. 지적재산권을 포함한 모든 것을 지주회사가 집중 관리하려면 개발자금도 모두 지주회사가 부담해야 한다. 〈그림 8.2〉는 지적재산에 대한 소유권을 도식적으로 예시하여 보여 준다.

그림 8.2 지적재산의 소유권

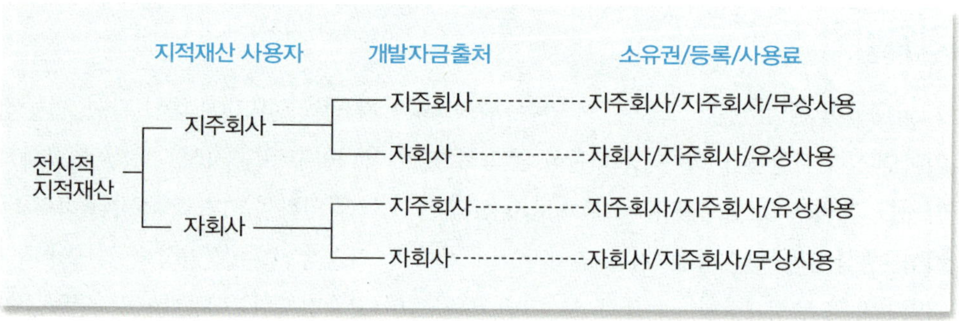

지주회사가 지적재산의 정보관리를 담당하고 그 소유권을 각 자회사가 분산 소유하고 있는 경우는 그룹내 기업간 지적재산의 유상거래를 통한 기술이전이 발생한다. 예를 들어, 〈그림 8.3〉과 같이 자회사 B가 필요한 특허정보를 지주회사내에 설치되어 있는 지적재산은행에 조회를 의뢰하면 지주회사의 지적재산은행에서는 그룹 계열사에 있는 관련 특허에 대한 정보를 조회한다. 조회결과 자회사 A에 있음을 알게 되면 자회사간 거래를 중개하여 자회사 A로부터 자회사 B로 해당 특허의 유상이전이 이루어지게 된다. 이때 특허이전 대가는 해당 특허의 실제의 가격보다 높거나 낮을 수 있다. 특허의 실제가격은 특허를 발생시키는데 소요된 비용총액에다 부가가치 또는 특허로 인하여 발생한 매출 부가가치 중 높은 것을 더하여 산출한다. 그러나 현실적으로 특허의 실제가격을 산출한다는 것은 어렵다. 그룹내 계열기업간 지적재산의 이전은 일반적으로 실제의 특허가격보다 저가로 양도되는 경향이 있다.

그림 8.3 **그룹내 지적재산권의 이전**

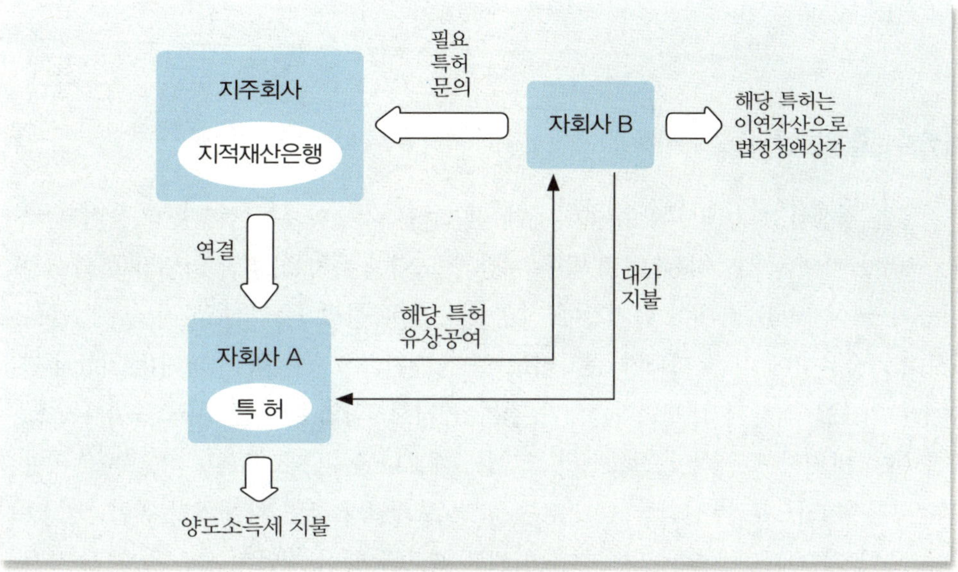

8.2 기술유출

기술유출의 실태

치열한 경쟁환경 속에서 살아남기 위해 기업들은 기술확보에 심혈을 기울이고 있다. 그러나 기술을 개발하는 데는 많은 시간과 노력이 투자될 뿐만 아니라 불확실성이 높아 핵심기술을 빼내어 단기간에 적은 비용으로 경쟁력을 확보하려는 기업들로 인하여 기술유출에 따른 피해가 증가하고 있다.[61] 기술유출에 따른 피해는 기업의 기술개발 의욕을 저하시키므로 기술개발 결과가 경쟁기업의 수중에 흘러 들어가지 않도록 이를 방지하고 관리할 필요성이 그 어느 때보다 높아지고 있다. 기술을 보유한 기업은 경쟁기업으로 자신의 기술이 유출될 경우 기업의 존립 자체까지 위협받을 수 있다. 또한 기술 관련 기업비밀에 대한 침해로 제소를 당한 기업은 소송을 통해 자신의 책임이 입증될 경우 상당한 손해배상액의 지불 이외에 기업 이미지의 실추라는 무형의 손실을 받을 수 있다.

최근 우리 나라의 경제규모가 커지고 핵심기술 보유가 크게 늘면서 우리 기업들의 핵심기술을 비롯한 영업비밀이 유출되고 있는 실정이다. 특히 외국기업에 의한 불법적인 기술유출 시도가 급격히 증가하고 있는 추세이다. 산업자원부와 국가정보원이 발표한 자료로 작성한 〈그림 8.4〉을 보면 2003년까지는 유출건수가 10건 이하이던 것이 2004년부터는 급격히 증가하였고 그와 더불어 예상피해액도 급증하였음을 알 수 있다. 더욱 심각한 것은 기술유출을 시도하다가 적발된 사례는 빙산의 일각이며 국내 업계의 실제 피해액은 집계가 불가능하다는 것이다. 기술유출 사건은 주로 제보에 의해 수사가 개시되는 데 기업들은 주가 및 신인도 하락을 우려하여 외부 공개를 하지 않고 자체 해결을 시도하고 있는 것으로 알려졌으며[46] 한국산업기술진흥협회에서 실시한 설문조사[69]에서 기술유출 사건에 대한 대응방법으로 수사기관에 의뢰한다라고 응답한 기업은 전체 394개 응답기업 중 8.8%에 불과한 것으로 나타났다.

2004년 산업연구원에서 실시한 실태조사에 따르면 기업의 기술 관련 기업비밀을 유출시킨 관계자는 퇴직사원이 가장 큰 비중을 차지하고 있다.[61] 기술 관련 기업비밀을 유출시킨 관계자는 퇴직사원이 61.5%로 가장 많았고, 협력업체 종사자가 30.8%, 경쟁업체 종사자가 15.4%, 누구에 의해 기술이 유출되었는지 모르는 경우가 15.4%이었다(〈그림 8.5〉 참조). 그리고 기술 관련 기업비밀의 유출방법은 핵심인력 스카우트에 의한 것이 38.5%로 가장 많았다. 그 다음이 복사 30.8%, 시찰 및 견학, 전화·팩스 도청이 15.4% 순이었다(〈그림 8.6〉 참조).

그림 8.4 연도별 산업기술 해외유출 적발 현황

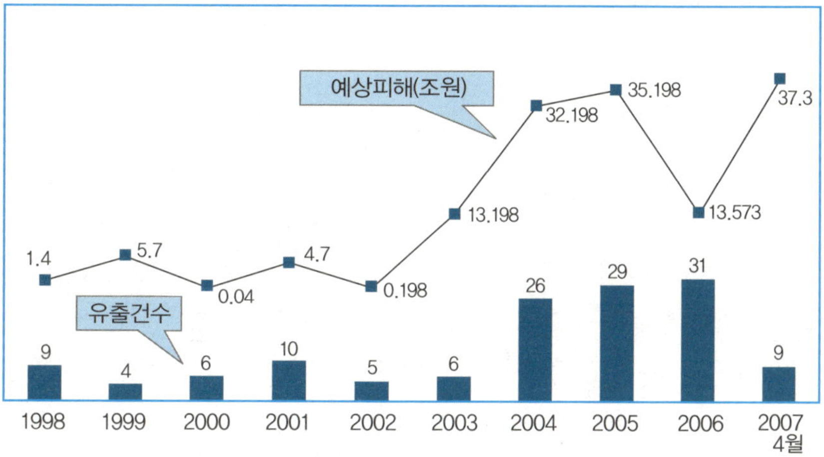

그림 8.5 기밀 유출 관련자(복수응답 허용)

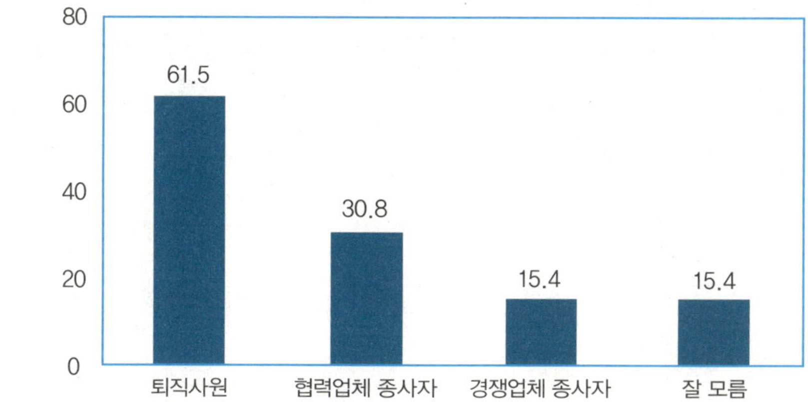

그림 8.6 기술 유출 방법 (복수응답 허용)

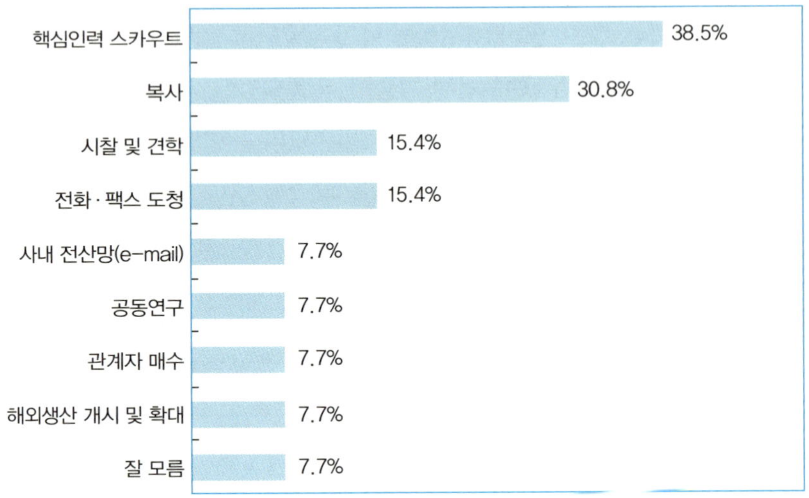

기술유출의 경로 및 특징

핵심기술이 유출되는 경로를 살펴보면 〈그림 8.7〉과 같이 합법적 방법 뿐만 아니라 불법적인 수단까지 총 동원되고 있음을 알 수 있다.[46] 여기에는 인력이동, 부품 및 장비에 체화된 노하우 이전, 기술거래, 인수합병, 산업스파이 활동 등이 포함된다.

그림 8.7 기술 유출 경로

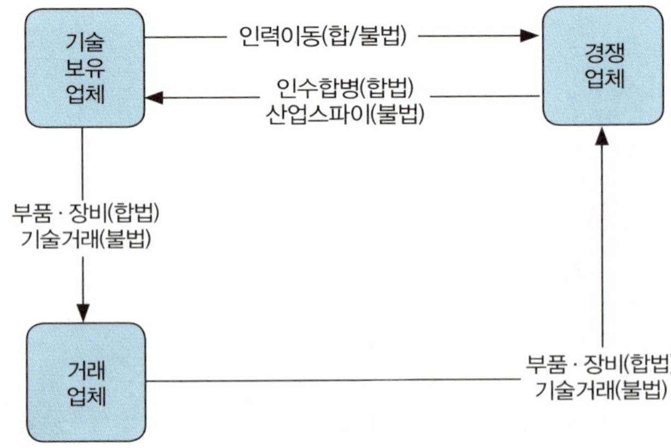

(1) 인력이동

인력이동에 의한 기술유출은 해외 경쟁업체가 국내에 지사를 설치하고 고액연봉과 각종 인센티브를 조건으로 핵심인력을 스카우트해 가는 경우에 발생한다. 즉, 국내에 지사를 설립하여 경쟁사 직원을 유인하거나 제품시연 등을 위해 해외출장 중인 국내 엔지니어를 매수하는 경우가 있다. 이들 선진국 경쟁업체들은 국내 연구원들이 미국, 유럽 등에 거주하고 싶어하는 심리를 교묘히 이용하기도 한다. 이 경로를 통한 기술유출은 인력관리가 상대적으로 어려운 해외 현지법인에서 증가세를 보이고 있다. 예를 들면, 국내에서 연수를 받은 해외법인 근무 외국인 직원이 현지의 경쟁사로 전직하는 사례가 많이 발생하고, 또한 현지 종업원이 직접 창업을 하여 모방제품을 저렴한 가격에 판매하는 사례도 빈번하게 발생한다.

(2) 부품 및 장비에 체화된 노하우 이전

부품 및 장비에 의한 기술유출은 협력업체가 부품·장비를 수출하는 과정에서 기술 및 노하우가 경쟁업체로 흘러 들어가는 경우와 해외공장이 현지 부품·장비 업체들과 거래하는 과정에서 노하우가 유출되는 경우가 있다. 전자의 경우로는 국내 협력업체가 외국기업에게 핵심 부품·장비를 납품한 후에 국산 제품과 유사한 제품이 해외에서 출시되는 사례와 협력업체가 자사의 외국 거래업체에게 도움을 주기 위해 국내 완제품, 설비업체 등의 기술정보를 수집하여 제공하는 사례가 포함된다. 그리고 장비보수, 금형제작 등을 의뢰받은 현지 업체가 위탁기업의 노하우를 경쟁업체에게 제공하는 경우나 국내기업이 해외업체에게 생산을 위탁하면서 설비를 제공하기도 하는데 하청업체가 현지 기계업체에게 관련 정보를 넘겨 장비를 복제하게 되는 경우가 후자의 사례에 해당된다.

(3) 기술거래

기술거래를 통한 기술유출은 지적재산권에 대한 법적인 보호가 취약한 국가에 있는 기업에게 기술을 이전하는 경우, 계약을 위반하거나 일방적으로 파기함으로서 발생하는 사례가 빈번하다. 예를 들어, 기술을 이전받은 해외 업체가 무단으로 다른 기업에게 기술을 공여하거나 제3국 기업과 라이센스 계약을 체결하는 경우와 지분 일부를 기술로 출자하여 합작회사를 설립했을 때 현지업체가 기술이전 교육만 받고 계약을 일방적으로 파기하는 경우가 있다. 그리고 기술거래 교섭 또는 이전 단계에서 당초 예상한 범위 이상의 기술이 유출되는 경우도 발생한다. 즉, 교섭업체 직원이 방문하거나 공장을 견학하는 과정에서 생산 프로세스와 공장배치 등의 노하우가 유출되거나 내용 및 범위에 대한 사전 교육이 불충분하여 기술이전을 위해 파견된 직원이 계약된 범위 이상의 노하우를 전수·지도 하는 경우가 발생한다.

(4) 인수합병

외국기업이 국내기업을 인수하여 기술을 획득하는 방법은 법적으로 전혀 문제될 것이 없으나 국가적인 차원에서 보면 중대한 기술이 유출되는 경우가 발생하므로 심각한 사안이다. 일례로, 2000년 대우자동차 인수를 시도했던 포드자동차는 방대한 양의 정보만 입수하고 인수를 중단한 경우가 있다. 이 과정에서 포드자동차는 대우자동차의 16개 공장(국내 5개, 해외 11개), 25개 국외판매회사, 300여 개 부품업체 등에 관한 7만 여건의 정보를 획득해 간 것으로 판단된다. 그리고 최근 중국기업들은 자동차, 반도체, LCD 등 첨단기술을 확보하기 위해 한국을 포함한 전세계 기업들에 대한 인수합병을 적극 추진하고 있는 상황이다.

(5) 산업스파이 활동

기술을 획득하기 위한 불법 산업스파이 활동으로 다양한 방법이 동원되고 있다. 예를 들면, 해외업체 관련자가 국내기업에 기술훈련생으로 위장 취업하여 핵심기술을 습득해 기술을 유출해 가는 경우가 있고, 국내 기업에 연구원이나 기술고문 등으로 근무하는 외국인이 자국 정부기관이나 업체의 요청을 받고 기밀을 입수하는 경우도 있다. 그리고 국내 협력업체 직원을 포섭해서 스파이로 활용하는 우회전략도 사용되고 있다.

기술유출의 대응방안

이제 기술유출은 개별기업 만의 문제가 아니고 국가적 차원의 문제로 대두되고 있다. 따라서 정부와 기업은 기술유출에 대한 인식을 새롭게 하고 종합적인 대응책을 강구하여 실행하고 있다. 하지만 아직 기술유출 시도에 대해 방어책이 매우 미흡한 상태이다. 정부는 핵심기술의 불법유출을 차단할 수 있도록 법적 장치를 정비하고 기업의 보안 역량 강화를 지원할 필요성이 있고, 기업은 기술을 지키기 위한 자체 노력이 없이는 법의 보호를 받지 못한다는 것을 명심하고 사내 보안체계 확립에 주력해야 한다. 〈표 8.2〉는 기술유출 유형별 대응방안[46]을 제안하고 있다.

표 8.2 기술유출 유형별 대응방안

유형	대응방안	유의사항
인력이동	• 비밀유지 서약서 작성 • 핵심인력 관리 및 보상 강화	이직 자유와의 조화
부품·장비	• 기밀유지 관련 조항을 계약서에 삽입 • 협력업체와 상생의 파트너십 형성	해외진출한 협력업체 감독
기술거래	• 국가별 지적재산 보호 수준에 따라 전략 차별화 • 기술이전 과정에 대한 관리감독 강화	계약 이외의 기술유출 차단
인수합병	• 국가핵심기술을 지정하여 체계적으로 관리	해단 산업에의 영향 고려
산업스파이	• 보안체계를 상시적으로 점검하고 보완 • 전체 직원에게 정기적인 보안교육 실시	불법행위 감시

일본기업은 지재경영을 본격적으로 추진하면서 지적재산권 관리 부문의 업무범위를 확대하고 있다. 지적재산권 관리부문이 공격적으로 소송에 나서는 한편 단순한 특허 관리 및 소송 업무뿐만 아니라 사업전략이나 기술전략과의 연계성을 갖도록 개편되고 있는 것이다. 지적재산권 전략이 사업전략이나 연구개발 전략을 지원하는 한편 연구개발 전략과 사업전략을 연계시키는 매개역할을 수행하는 삼위일체적인 구조가 형성되고 있다. 예를 들면, 2002년에 일본의 B자동차회사는 A자동차회사의 차세대 자동차 기술을 도입하기로 결정했는데, 이 과정에서 자체연구를 주장해 왔던 연구개발 부문과 기술도입을 주장한 지적재산관리 부문의 의견이 갈라졌으나 경영진은 지적재산관리 부문의 의견을 수용했다.

일본기업은 특허·기술·사업 전략을 일체적으로 추진하는 지재경영을 통해 전략 분야에 경쟁사가 원천적으로 발을 붙이지 못하도록 주력하고 있다. 예를 들어, 후지필름은 자사 및 경쟁사의 특허 상황을 특허지도에 그리면서 연구개발의 방향을 설정하고 있다. 특허지도 상에서 핵심기술에 대한 경쟁사의 접근을 어렵게 하기 위해 주변 특허의 확보에도 주력하고 있다. 핵심기술을 개발하고 제품화한 후에도 경쟁사가 해당 시장에 진입하지 못하게 특허지도 상의 요새를 구축하고 있는 셈이다.

한편, 핵심적인 부품·소재·기계의 보안체제를 강화하는 블랙박스 전략을 추진하는 데 있어서 일본기업은 제품설계 구조의 혁신에 주력하고 있다. 블랙박스가 되는 핵심 부품은 일본식의 현장기술을 활용한 수직·폐쇄형 설계구조(Integral Closed Architecture)를 채택하는 한편 블랙박스 이외의 부분은 수평·공개적인 설계구조(Module Open Architecture)가 채택되어 글로벌 생산의 효율성이 추구되고 있다. 예를 들면, 캐논은 복사기의 심장부라고 할 수 있는 현상기, 대전기(帶電機), 감광(感光) 드럼과 토너 및 클리너 등의 용기를 일체화한 카트리지방식을 채택하고 있다. 카트리지에 복사기 관련 정밀가공기술을 집약해서 일체형으로 조립했기 때문에 경쟁사가 기술구조를 알기 어렵게 된 것이다. 그리고 기타 부분은 단순화시켜서 쉽게 조립할 수 있게 하고 있다. 이와 반대로 디지털 카메라의 경우 렌즈 모듈, 광학소자, 화상처리 반도체, LCD, 전원, 메모리 카드 등을 조합한 전체적인 설계구조가 일반화된 모듈형 구조를 갖게 된 결과 경쟁이 치열해졌다. 일본기업은 제품 구조 전체의 이러한 모듈화를 피하기 위해 일본 내에서 폐쇄적인 계열관계 등을 기초로 핵심 부품을 생산하는 전략을 강화할 것으로 보인다.

[출처 : 참고문헌 37 참조]

8.3 기술보호전략

기술보호전략의 양극화

하루가 멀다하고 기술이 빠르게 변하고 진화하는 요즘 경쟁격화, 기업간 기술격차 축소, 제품수명주기의 단축 등이 진전되면서 모방이 어려운 핵심기술을 발굴해 이를 지속 가능한 차별화 수단으로 활용해야 하는 필요성이 높아 지고, 기술을 제품에 적용하는 것뿐만 아니라 기술 자체를 사업의 경쟁력 강화를 위한 직접적인 도구로 활용하려는 움직임이 활발해짐에 따라 적합한 기술전략을 수립하고 추진하는 것은 기업 생존의 필수역량이 되고 있다.[7)]

무형자산인 기술을 지키고 보호하기 위한 기업들의 노력이 갈수록 치열해지고 있는 가운데 최근 나타나고 있는 현상은 〈그림 8.8〉에서 보는 바와 같이 기술보호전략의 양극화이다. 즉, 어떤 기업은 철저한 폐쇄적 기술보호전략을 취하고, 반면에 어떤 기업은 개방을 통한 기술협력전략을 취한다. 이런 현상이 나타나게 된 배경에는 다양한 요인들이 영향을 미친다고 볼 수 있지만 크게 분류하면 기술수명주기, 기술의 시장 불확실성, 제품의 네트워크성 및 컨버전스 정도 등을 들 수 있다.

그림 8.8 기술보호전략의 양극화

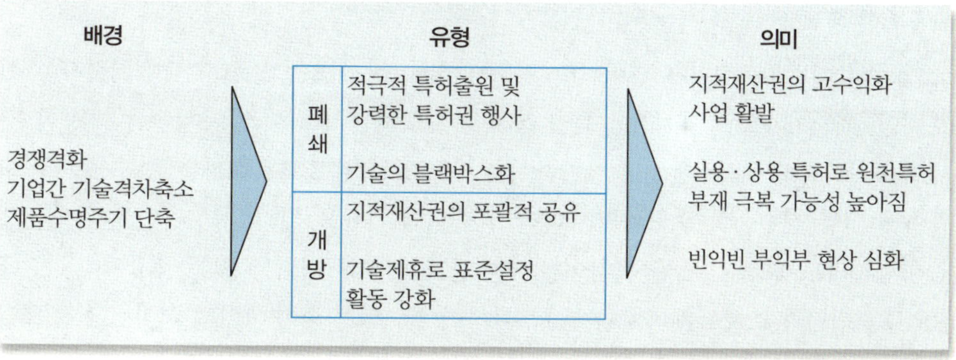

(1) 기술수명주기

기술수명주기가 짧을수록 개방을 통한 기술협력전략이 선호된다. 기술수명주기가 단축되면서 단일 제품을 통해 이익을 향유할 수 있는 기간이 축소되고 소비자들은 신기술을 탑재한 새로운 제품에 재빨리 눈을 돌린다. 과거 흑백 디스플레이를 탑재한 휴대폰이 10년 이상 시장에서 주력 제품으로 인정 받았지만 2000년대 들어서는 컬러 디스플레이의 종류만 하더라도 컬러STN에서 TFT-LCD, OLED까지로 빠르게 진화하고 있으며, 카메라폰이 시장의 주력 제품으로 올라서면서 화소수도 2~3년 사이에 100만에서 500만으로 교체되고 있다. 또한 캠코더폰이다 MP3폰이다 해서 휴대폰의 경쟁력을 좌우하는 기술들도 빠르게 변하고 있다. 따라서 신제품의 신속한 출시를 통한 시장 선점이 중요해졌으며 다양한 기술을 독자적으로 개발하고 학습하는 것의 효율성이 떨어지는 만큼 외부에서 최적의 파트너를 물색하게 되는 것이다.

(2) 기술의 시장 불확실성

기술의 시장 불확실성이 클수록 개방을 통한 기술협력전략이 선호된다. 갈수록 기술이 고도화되고 소비자들의 요구수준 또한 높아지면서 과연 새로 개발된 신기술 제품이 사용자의 기대수준에 부합하는 성능을 가지고 있느냐가 초기 시장에서의 성공을 결정한다. 음성인식이나 인공지능과 같이 한 두 번의 오작동으로도 소비자들의 큰 실망을 초래하면서 난이도가 높은 첨단기술일수록 독자적인 기술개발은 효율성이 떨어진다. 예상치 못한 부작용을 사전에 철저히 예방하고 기술을 완벽하게 다듬기 위해서는 파트너간 기술공유를 통해 기술을 완성하고 하루 빨리 상용화를 앞당기는 전략이 유효하다.

(3) 제품의 네트워크성 및 컨버전스 정도

제품의 네트워크성이나 컨버전스 정도가 클수록 개방을 통한 기술협력전략이 선호된다. 차세대 DVD 사례처럼 특정 제품을 채택하는 사람이 많아질수록 다양한 컨텐츠 등을 통해 해당 제품의 가치를 높일 수 있는 네트워크효과는 경쟁제품을 시장에서 아예 철수시킬 수도 있다. 따라서 자사의 기술을 널리 알리고 인센티브를 제공하면서라도 다른 기업들의 참여를 최대한 많이 이끌어내는 것이 중요하다. 또한 RFID처럼 칩과 소프트웨어 솔루션 등 다양한 영역의 기술이 하나의 서비스에 융합된 형태일수록 매우 다양한 기술제휴가 일어나는 것이 당연할 것이다.

철저한 폐쇄적 기술보호전략

(1) 특허전략

기업의 핵심기술을 보호하는데 가장 일반적으로 사용되는 방법은 특허전략이다. 자사 기술에 대한 꼼꼼한 특허 출원을 통해 무단 도용을 막고 로열티 수입을 챙기는 것이다. 다시 말하면, 기업들 내부적으로는 선제적인 특허출원을 통한 로열티 확보와 다른 한편으로는 특허 관련 소송의 급격한 증가로 인해 방어적인 목적으로 적극적인 지적재산권 확보를 위해 노력을 기울이고 있다. 특히 최근의 특허분쟁은 과거와는 달리 공격적인 양상을 띠고 있다.[33] 분쟁의 양상이 과거에는 협상을 우선으로 하고 협상이 결렬될 경우 소송을 진행하는 방식이었다면, 최근에는 제조, 수입, 판매 중단 가처분 소송 등 적극적인 방식으로 바뀌었다. 그 결과 제소를 당한 기업의 경우 단지 소송으로 인한 비용이 아니라 선적까지 완료된 물품이 가압류 되는 등 훨씬 큰 영업상의 차질로 인한 비용까지 물게 되었다. 이에 따라 최근에 기업들이 방어적인 차원에서라도 많은 특허를 확보해야 하는 방향으로 특허관련 환경이 변화 되었다.

캐논은 지적재산 담당자가 연구개발 초기 단계부터 적극적으로 개입해 경쟁사의 관련 특허를 분석하고 자사의 특허전략을 세워 물샐 틈없는 방어벽을 구축하는 것으로 유명하다. 그러나 이러한 특허전략은 한계점이 존재한다. 특허를 출원하는 과정에서 오히려 경쟁업체에게 아이디어를 제공해 줄 가능성이 높다. 또한 특허를 도용한 업체와 분쟁이 발생할 경우 실익도 없이 수년간의 법정 분쟁으로 경비만 많이 들어가는 경우도 허다하다.[74]

벨 텔레폰(Bell Telephone)사의 경우 산업 표준을 확보하고 유지하기 위해 600건이 넘는 특허 관련 소송을 진행했었다고 한다. 이러한 길고 복잡한 과정이 진행되면 과학자와 기술자들은 기술개발을 위한 연구시간을 법정에서의 증언과 제출용 자료 준비에 허비하게 마련이다. 설사, 복잡한 소송과정을 거쳐서 특허를 확보했다 하더라도 특허가 반드시 기술우위를 지속적으로 보장해주는 것은 아니다. 후발 혹은 모방 기업이 기존 특허와의 유사성을 밝혀내는 증거를 제출하거나 같은 기능을 수행하는 다른 디자인을 생각해 냄으로써 특허를 피해갈 수 있는 다양한 방법이 존재하기 때문이다. 따라서 특허 자체의 확립과 방어라는 길고 지루한 소송 과정에 기술자와 과학자들을 편입시키기 보다는 선 출시와 시장 친화적 제품 개발에 역량을 집중함으로써 시장 지배력을 높이는 것이 기술 주도 기업의 지속적인 우위 확보에 효과적이라는 것이 최근의 흐름이다.

[출처 : 참고문헌 13 참조]

(2) 블랙박스 전략

또 다른 기술보호전략은 블랙박스 전략이다. 이는 신기술과 관련된 특허를 아예 등록하지 않음으로써 경쟁업체의 모방을 원천적으로 차단하는 전략으로 1990년대 후반부터 일본 업체를 중심으로 사용되기 시작하였다. 최근에는 국내 기업에도 서서히 도입되는 추세이다. 블랙박스 전략 역시 단점은 있다. 블랙박스에 저장된 핵심기술은 유출이 되었을 경우, 아무런 보호장치가 없기 때문에 유출방지에 각별한 노력이 필요하다.

일본 제일의 TFT-LCD 기업인 샤프는 2001년 초부터 도입한 Extreme Manufacturing 전략의 일환으로 철저한 기술유출 방지와 Made in Japan 고수를 다짐했다. 공장 건설시 기초공사나 구조에 노하우가 숨어있다고 판단하여 공사 현장 주위를 철저히 차단하고 있는 것이 단적인 사례이다. 원가 경쟁력이나 고객 대응의 용이성 때문에 대부분의 TFT-LCD 기업이 중국 생산을 추진하고 있는 상황에서도 샤프가 일본 내 생산을 끝까지 고수할 것임을 천명한 것도 중국으로의 기술유출을 우려한 때문이다. 게다가 샤프는 독창적인 시스템 LCD 기술보호를 위해 독자 배합품의 실리콘 재료를 사용하고 제조 장치를 통한 기술유출 방지를 위해 관련 제조 장비도 대부분 자체적으로 개발한다.

마쓰시타(Matsushita) 역시 기술유출을 방지하기 위해 특허출원 포기는 물론 관련 부서 직원이 아니면 내부 직원도 접근하지 못하게 하는 등 신기술 보호에 전력을 다하고 있다. 마쓰시타는 기술의 독창성 제고와 모방 방지를 위해 블랙박스 전략을 적용한다. 예를 들어, 모듈구조의 부품이 노하우 유출을 방지하는 데 효과가 있다는 판단하에 시스템 IC(집적회로)를 통해 개별 부품의 모듈화를 자체적으로 설계하고 이를 자사의 핵심 세트 제품에 적용하고 있다.

기술유출 방지를 위해서는 서로 상반되는 것처럼 보이는 두 전략, 즉 특허전략과 블랙박스 전략을 적절히 혼합하는 것이 중요하다. 핵심 기술이면서 부품 및 장비에 대한 독점적인 권한을 갖고 있는 경우라면 블랙박스 전략을 사용함으로써 경쟁 기업의 모방을 원천적으로 차단할 수 있다. 그러나 경쟁사의 모방이 예상되고 상대적으로 중요성이 낮은 기술에 대해서는 적극적인 특허전략을 통해 무단 도용 방지 및 로열티 수입을 확보하는 것이 필요하다.

〈표 8.3〉는 기술유출을 방지하기 위해 특허전략와 블랙박스 전략 이외에도 선진기업이 활용하는 몇 가지 전략을 보여주고 있다.

표 8.3 선진기업의 기술보호 전략 사례

기 업	주요전략	사 례
히타치	철저한 보안 인프라	사내 PC를 모두 네트워크 단말기로 교체 결정, 네트워크 단말기는 정보저장과 입출력이 불가능하기 때문에 중앙 서버와 네트워크 관리만으로 보안성이 획기적으로 증대
LG	개발단계에 따라 차별화된 보상시스템	세계 최초 양산에 성공하고 디오스 냉장고의 세계 시장 점유율 1위 달성에 기여한 리니어 압축기 개발팀에 파격적인 보상 실시
루슨트 테크놀로지	모듈별로 개발 프로세스를 관리	특정 연구개발 사업에 참여하는 연구원들이 전체 사업 내용을 인지하지 못하게 함으로써 기술유출 방지

블랙박스 전략과 특허전략을 적절히 구사하는 대표적인 기업이 캐논이다. 캐논은 토너, 잉크탱크 등 핵심부품은 블랙박스로 만들어 경쟁 기업들이 쉽게 모방할 수 없도록 하고 있으며, 이들 제품의 생산기지를 해외로 이전하지 않는 것을 원칙으로 하고 있다. 또한 생산 장비의 자체 제작을 크게 늘림으로써 장비 생산을 위탁 받은 업체를 통한 기술유출을 차단하는 데도 많은 노력을 기울이고 있다. 캐논은 동시에 모방품 문제가 심각한 중국에서는 현지에 2명의 전담인력을 배치하고 특허신청을 강화하고 있다. 2002년 200건이던 특허 누적 등록 건수가 2004년 800건(계획)으로 크게 확대될 정도로 중국에서는 적극적인 특허전략을 통해 자사 기술을 보호하고 있다.

[출처 : 참고문헌 74 참조]

개방을 통한 기술협력전략

(1) 지적재산권의 공유전략

기술과 제품의 융·복합화, 고도화가 심화되면서 모든 기술이 한 기업에 집중되기는 사실상 불가능하다. 또한 경쟁자의 수가 증가함에 따라 다양한 경합 기술들이 등장하고 있으며 기업들은 각자 자신에게 유리한 기술을 업계 표준으로 정착시키기 위해 치열하게 싸워야만 한다. 이 과정에서 당연히 기업간 기술제휴가 중요한 이슈로 부상할 수 밖에 없다.

한국과 일본의 대표적인 전자 기업인 삼성과 소니는 2만 여건에 달하는 특허를 서로 공유하는 데 합의했다. 삼성은 1990년대 말부터 글로벌 경쟁력이 급상승하면서 전자업계의 절대 강자였던 소니에 비교되기 시작했으며 매출이나 기업가치, 브랜드 측면에서 치열한 경쟁 관계에 있다. 주력 사업 영역이 1대1로 일치하는 것은 아니지만 분명 서로를 강력하게 견제해야만 하는 위치에 있는 이들이 특허를 공유하기로 한 것은 매우 이례적이다. 그러나 이는 사업 성공과 기업 생존을 위해서는 적도 아군이 될 수 있다는 냉엄한 경쟁의 현실을 보여주는 것이기도 하다. 삼성의 메모리 반도체, LCD, 휴대폰 등의 역량과 소니의 가전·디지털 기기, 비메모리 반도체 등의 역량은 윈-윈 할 수 있는 시너지를 창출할 것으로 기대되고 있다.

(2) 기술 개방과 제휴를 통한 표준선점전략

산업표준 선점을 위한 다양한 기술 개방 및 제휴 활동은 이미 전자업계에 보편화되어 있다. 당사자들간의 이해관계가 복잡하게 얽혀 있어 다수의 기업들이 기술제휴를 통해 한 목소리를 낸다는 것이 어찌 보면 더욱 힘들 것 같기도 하다. 그러나 네트워크 시대에는 재빨리 경쟁 기업군보다 많은 수의 기업을 규합하여 시장을 선점하지 못하면 기술 자체가 사장되는 경우가 많아 기술 제휴는 더욱 일반화될 수밖에 없다. VTR 시장에서 소니가, PC 시장에서 애플이 자사 기술의 우수성만을 과신하고 제휴 대신 폐쇄 정책으로 일관함에 따라 시장에서 아예 사라지거나 니치 시장에 만족해야만 했던 사례는 표준선점의 중요성을 상징한다.

기술전략 양극화의 의미

기술전략이 폐쇄와 개방 등 스팩트럼의 양끝으로 몰린다는 것은 다음과 같은 몇 가지 사항을 암시한다고 해석할 수 있을 것이다.

• 새로운 수익원으로 활용

지적재산의 철저한 관리를 통해 이를 새로운 수익원으로 활용하려는 움직임이 더욱 가속될 수 있음을 의미한다. 지적재산권은 그 자체만으로도 로열티 수입을 통한 고수익 확보가 가능할 뿐만 아니라 표준화를 주도하거나 크로스 라이센싱 등을 통해 한정된 자원을 효율적으로 활용하는 데 기여할 수 있다.

• 원천기술만이 최고는 아니다

특허기술 거래시장이 활성화 된다는 것은 원천기술만이 최고는 아니라는 의미로 해석될 수도 있다. 원천기술은 분명 필요 하지만 원천기술 개발이 그나마 가능한 분야는 아직 진입기 이전의 산업일 것이다. 이미 성장기에 진입해 시장 매력도가 높은 산업에서 원천기술 개발에 매달려 본들 이미 때는 늦었다. 따라서 이미 때를 놓쳤다고 판단되는 분야에서는 과감하게 원천기술 개발의 굴레를 벗고 상용기술에 눈을 돌릴 필요가 있다. 같은 제품을 생산하는 경쟁 기업이라면 절대 피해갈 수 없는 막강한 상용기술을 가지고 있다면 적절한 기술제휴나 크로스 라이센싱을 통해 완벽한 특허 포트폴리오를 구축할 수도 있기 때문이다.

• 빈익빈 부익부 현상의 심화

기술의 포괄적인 공유나 협력 사례가 빈번하게 나타난다는 것은 빈익빈 부익부 현상의 심화로 이어질 수 있다. 시장 파괴력이 있는 기술을 서로 공유하고 협력하기 위해서는 참여 기업들이 반드시 가치있는 무엇인가를 제공할 수 있어야만 한다. 치열하고 냉정한 경쟁환경 속에서 무임승차란 있을 수 없으며 자사가 기여할 수 있는 가치에 따라 얻을 수 있는 가치가 결정된다. 따라서 최고의 기술을 보유하거나 시장에 큰 영향력을 행사하는 상위 그룹 기업들간의 기술제휴가 성사될 가능성이 높다. 기술이든 브랜드 가치든 표준 주도력이든 어떠한 매력적인 카드도 제시할 수 없는 기업들은 당연히 제휴관계를 성립할 수 없다. 그렇고 그런 하위 기업들이 기술제휴를 통해 뭉쳐 봤자 시너지는 크지 않다. 사업환경은 더욱 더 최고가 아니면 살아남기 힘든 방향으로 가고 있는 것이다.

각국 정부 및 정보기관들이 치열한 산업보안 활동에 나서고 있는 것과 함께 세계 첨단 기업들도 자사의 기술방어를 위한 갖가지 아이디어와 방어전술을 펼치고 있다. 특히 첨단 IT 기술의 강국인 한국을 비롯해 미국·일본 기업들은 첩보전을 방불케 할 정도로 산업보안 강화에 나서고 있어 주목된다.

보안 위해 해외 공장을 줄이는 일본

일본 기업들은 중요 기술보호를 위해 사내 각종 보안제도를 도입하고 보안관리를 강화하고 있으며 특히 제조업체들의 경우도 중국 등 해외현지 공장에서의 핵심기술 유출사고 증가 등을 이유로 자국내 생산공장 설립을 확대하는 추세다. 지난해 8월 일본 니혼게이자이 신문이 주요 제조업체 115개사를 대상으로 자국내 생산공장 건설계획을 조사할 결과, 절반 이상이 향후 3년간 국내 생산을 확대할 예정이라고 응답했다. 중국 등 해외 현지공장 기술유출 사례가 지속적으로 증가함에 따라 기술유출을 사전에 차단하는 동시에 개발·생산·출하 과정의 일괄 순환이 가능한 일본에서 공장을 운영하는 것이 유리하다는 판단에서다. 따라서 일본 기업들은 해외공장에서는 범용제품을 지속 생산하되 고부가가치 제품의 경우는 자국에서 생산하는 방안을 적극적으로 추진하고 있는 실정이다. 니혼게이자이는 일본기업의 이러한 국내 생산의 확대가 구조조정 등 힘겨운 과정을 통해 Made in Japan의 경쟁력에 대한 자신감을 회복했기 때문이라고 분석했다.

샤프 등 일본 기업의 산업보안 전략

세계적인 LCD 패널 생산업체인 샤프는 첨단 LCD 가공기술의 열람범위를 극소수 임원으로 한정하고 특허등록도 피하는 등 이른바 블랙박스 전략을 사용하고 있다. 일례로 올해초 TFT-LCD와 TV 등 일괄생산을 위해 1000억엔을 들여 설립한 미에·가메야마 공장의 경우 공정 전체 정보를 파악할 수 있는 임원을 미치다 가츠히코 사장 등 극소수 임원으로 한정해 첨단 기술유출을 방지하고 있다. 공장 종업원에 대해서도 소속 외 다른 부서의 출입을 엄격히 금지하고 카메라폰의 공장 내 반입을 전면 금지했으며 완제품 공장을 해외에 설립할 경우에는 기술유출의 우려가 높다고 판단, 향후 신설할 5개 공장 모두를 일본 내에 설립하는 방안을 적극 검토하고 있다. 샤프는 또 외부에서 장비를 들여올 경우 장비를 회사 정문 앞까지만 운송시키고 공장 내에 반입할 때는 자사 직원이 이송해 내부정보의 유출을 막고 있다. 특히 장비를 라인에 들여 놓은 이후에 장비에 문제가 발생할 경우 장비공급 업체 직원에게 안대를 착용시키고 라인으로 인도해 장비 주변을 장막으로 둘러싸 납품장비만을 손보게 할 정도로 치밀한 산업보안을 유지하고 있는 것으로 알려져 있다. 반도체 및 LCD 공정의 핵심장비인 노광기를 생산하고 있는 일본 캐논의 경우 제조용 기계의 공구를 회사 외부에서 구입하지 않고 회사 내에서 직접 제작▯사용함으로써 기술관련 정보의 외부 유출을 원천 차단하고 있다. 이밖에 마쓰시타도 가전 디자이너(270명) 중 최상급 연구원이 퇴직할 경우 과제위탁 계약을 체결, 경쟁국 업체로의 취업을 원천 차단하는 엄격한 퇴직자 관리제도를 시행하는 등 일본 기업들이 첨단 기술유출 방지에 혼신의 힘을 쏟고 있다.

기술 선도국 미국 기업의 빗장걸기

또한 미국 기업들도 자체 보안활동을 강화하고 있는데 IBM은 중요 기술개발 참여연구원에게 외부인사 접촉시 접촉결과 보고서를 제출하도록 의무화했으며 인근 FBI 지부와 협조해 산업기밀 보호활동을 전개하고 있다. 또 루슨트 테크놀로지는 특정 연구개발 사업에 참여하는 연구원들이 전체 사업내용을 인지하지 못하게 하고 첨단기술 유출 및 연구원 결원 등에 대비한 보안 대책을 사전에 강구하고 있다. 이같은 미국 기업들은 민간산업보안활동의 적극적인 지원아래 이루어지고 있다. 민간차원의 산업보안활동은 미국 산업보안협회(ASIS)를 중심으로 이루어지고 있는데, 이 단체는 1955년 창립돼 22개국 208개 지부에 총 3만 2,000여명의 회원(기업 보안책임자·임원·컨설턴트 등)을 두고 있다. 이 단체는 각종 보안 이슈에 대한 해결책 제시와 교육 프로그램을 개발한 후 보안분야 종사자에게 이를 제공하고 대정부 정책 건의 등을 주로 하고 있다. 또한 기업정보 자산관리 과정과 시설 보안 관리과정 등 매년 30여회 연구 프로그램을 실시하고 있다. 미국에서는 9.11 테러 이후 기업들의 보안의식이 크게 높아져 보안장비·보안컨설팅 등 보안산업이 매년 30%씩 급격히 증가하고 있는 추세이며 보안 컨설턴트가 새로운 직업으로 부상함에 따라 ASIS가 주관하는 보안전문가자격(CPP) 응시자가 매년 50%씩 증가하고 있을 정도다. 미국의 산업보안 개념은 지적재산권 보호 뿐만 아니라 대테러·안전 등 기업보호에 대한 전반적인 분야를 총괄하고 있다.

국내 기업의 산업보안 첫걸음

지난해 국내 기업들은 그 어느 때보다 많은 첨단 기술유출 사건이 발생하면서 산업보안의 중요성과 필요성을 절실히 느끼고 문단속에 더욱 힘을 쏟고 있다. 삼성전자는 지난 1995년부터 기흥과 수원 등 지방사업장에 X-레이 검색대를 설치해 출입자들의 소지물품을 통한 기밀유출을 막은 데 이어, 2003년 말부터는 서울 삼성본관에도 X-레이 검색대를 설치·운영하고 있다. 삼성은 총무그룹에서 사내보안을 담당해 특정 간부를 보안어사로 임명, 사내 보안점검을 실시하고 그 결과를 인사고과에 반영하는 등 적극적으로 대처하고 있다. 부서장의 허가 없이 메모리스틱과 CD, 디스켓 등의 반출입을 차단하고 카메라폰과 디지털카메라□캠코더의 내부 사용을 철저히 금지하고 있다. LG 역시 임직원의 동의 아래 외부 발송 이메일을 검색하고 있으며 극비문서의 원본 파일은 컴퓨터나 디스켓에 담을 수 없도록 해놓았다. 일부 사업장은 문서자체를 암호화해 CEO와 해당 임원만 볼 수 있도록 했고 중요시설에는 지문인식과 홍채 인식시스템을 설치해 외부인 및 타부서 직원의 출입을 차단하고 있다. 하이닉스는 지난 해부터 각종 연구소를 특별보안구역으로 설정, 보안장치를 크게 강화하고 출입을 엄격히 통제하고 있다. 영동사옥 시스템 IC 연구소와 청주사업장의 메모리연구소 및 시스템 IC 제품개발센터, 연구소 등을 특별보안구역으로 지정, CCTV와 금속탐지기를 설치 상시 보안요원을 통해 기술유출을 감시하고 있다. 하이닉스는 이 구역에 카드리더 운영, 출입지역 카메라 설치녹화, 개인용 PC에 대한 패스워드 설정 생활화, 특별 보안구역 출입 위반자에 대한 임직원 신고제도 함께 추진하는 등 산업보안 강화에 박차를 가하고 있다. 국내 기업들은 이같은 산업보안에도 불구하고 잇따라 발생하고 있는 산업스파이 문제에 대응하기 위해 직원 보안교육 강화 및 연구원들의 복리후생 확대 등 다방면의 기술지키기 전략을 펼치고 있다.

[출처 : 디지털타임스 2005.1.3]

참고문헌

1 고재민, 기본에 충실한 R&D 경영을 위하여 (I), LG주간경제, 639, 37-43, 2001.

2 고재민, 기본에 충실한 R&D 경영을 위하여 (II), LG주간경제, 649, 28-35, 2001.

3 김경연, 사례를 통해 본 오픈 이노베이션, LG주간경제, 921, 3-7, 2007.

4 김국태, 와해성 혁신자로 거듭나라, LG주간경제, 809, 16-20, 2004.

5 김기현, 기술 아웃소싱의 성공 포인트, LG주간경제, 620, 28-35, 2001.

6 김기현, 혁신 기술에 도전할 때다, LG주간경제, 652, 37-43, 2001.

7 김기현, R&D의 성공조건 : 관련 부문 과의 연계, LG주간경제, 702, 36-40, 2002.

8 김길선 역 (멜리사 실링 저), 기술혁신을 위한 전략경영, 한국맥그로힐, 2006.

9 김성홍·이상민, 정몽구의 도전, 고즈윈, 2005.

10 김인수, 연구관리와 기술혁신의 선형모형, 기술관리, 11월, 44-48, 1983.

11 김인수, 연구개발과 기술혁신의 동태적 모형, 기술관리, 1월, 55-60, 1984.

12 김창현, 심화되는 기술경쟁 어떻게 대응할 것인가, LG주간경제, 648, 28-35, 2001.

13 김창현, 기술투자의 3가지 성공전략, LG주간경제, 662, 41-47, 2002.

14 박기성, 인터넷 시대의 기업전략, LG주간경제, 621, 26-33, 2001.

15 박용태, 기술경영의 개념정립과 체계회모형, 과학기술정책관리연구소, 1995.

16 박준하, 연구개발의 효율적인 선택: 전략적 R&D 아웃소싱, LG주간경제, 496, 50-55, 1998.

17 박지환, IT·바이오테크로 산업 중심축 대이동, 매일경제신문, 2001.3.24자 기사.

18 박팔현, R&D도 네트워킹 필요하다, LG주간경제, 631, 41-47, 2001.

19 박팔현, 벤처를 활용한 R&D 네트워킹 전략(I), LG주간경제, 648, 37-43, 2001.

20 브라이언 아서, 수확체증의 법칙과 새로운 기업경영, 현대경제연구원 옮김, HBR 페이퍼백 시리즈 8: 하이테크 산업경영, 187-224, 2000.

21 송위진, 기술혁신정책의 진화와 기술혁신이론, 과학기술학연구, 2(1), 39-61, 2002

22 송현섭, 기술 아웃소싱 기법, 기술관리, 3월, 5월, 6월, 7월, 1998.

23 신승춘·성조환, 기술혁신의 변화와 혁신 클러스터 전략, 한국정책학회 추계학술대회, 2006.

24 신용하·장동훈·이인우, 기술경영, 극동기술경영연구원, 1998.

25 신원무, 상업화를 위한 전략적 기술개발, LG주간경제, 412, 40-47, 1997.

26 오상준, 오픈 이노베이션 성공의 조건, LG주간경제, 949, 16-20, 2007.

27 오정훈, 선진기업 사례로 본 제조업 진화 방향, LG주간경제, 616, 12-17, 2001.

28 유호현, 기술개발의 네 가지 함정, LG주간경제, 834, 3-7, 2005.

29 윤여중, 선진기업들의 첨단기술 확보 전략, LG주간경제, 904, 15-20, 2006.

30 이공래, 기술혁신이론 개관, 과학기술정책연구원, 2000.

31 이상규, 제품혁신의 선도기업들은 무엇이 다른가, LG주간경제, 780, 16-20, 2004.

32 이상규, 오픈 이노베이션의 성공 가이드 라인, LG주간경제, 896, 8-14, 2006.
33 이서원, 글로벌 지적재산권 정책의 진화에 주목하라, LG주간경제, 885, 34-38, 2006.
34 이재규, 최신 경영학원론, 박영사, 2000.
35 이지평, 신산업혁명이 진행되고 있다, LG주간경제, 550, 9-13, 1999.
36 이지평, 경제의 소프트화와 기업의 대응, LG주간경제, 585, 9-13, 2000.
37 이지평, 일본 기술보호주의 대응책 시급하다, LG주간경제, 823, 31-35, 2005.
38 이진주, 기업에 있어서 기술혁신의 동태적 모형, 한국 OR 학회지, 3(1), 57-67, 1978.
39 이진주, 연구개발의 관련개념과 기술의 분류, 기술관리, 10월, 7-12, 1983.
40 이진주, 연구개발과 기술혁신의 과정적 모형, 기술관리, 12월, 58-63, 1983.
41 이진주, 개발도상국의 기술발전모형, 기술관리, 2월, 42-48, 1984.
42 이진주, 연구개발프로젝트의 관리, 기술관리, 12월, 40-45, 1984.
43 이진주, 기술도입과 기술개발, 기술관리, 7월, 30-35, 1985.
44 이진주, 연구개발과 기술개발전략 (I), 기술관리, 11월, 36-41, 1985.
45 이진주, 연구개발과 기술개발전략 (II), 기술관리, 12월, 40-45, 1985.
46 임영모·박성배·최병삼, 핵심기술 해외유출의 실태와 대책, 삼성경제연구소, 2004.
47 임채윤·이윤준, 기술이전 성공요인 분석을 통한 기술사업화 활성화 방안, 과학기술정책연구원, 2007.
48 장성근, R&D 프로젝트 선정 메커니즘 설계의 A와 Ω, LG주간경제, 584, 37-43, 2000a.
49 장성근, R&D 프로젝트 사전기획기능을 강화하려면, LG주간경제, 590, 37-43, 2000b.
50 장성근, R&D경영의 황금률 : 시장중심 R&D, LG주간경제, 632, 22-29, 2001.
51 장성근, 살아있는 R&D 리더십을 확보하자, LG주간경제, 658, 36-43, 2002a.
52 장성근, 실패하는 R&D경영의 7가지 특징, LG주간경제, 695, 19-25, 2002b.
53 장성근, R&D 성과를 개선하는 길, LG주간경제, 710, 19-25, 2003.
54 장성근, CTO의 성공조건, LG주간경제, 772, 8-14, 2004a.
55 장성근, 사업지향적인 R&D 조직 만들기, LG주간경제, 782, 16-20, 2004b.
56 장세진, 글로벌경쟁시대의 경영전략 5판, 박영사, 2007.
57 전종규, 21세기 한국경제 이렇게 바뀐다. I. 새로운 경제법칙, LG주간경제, 553, 4-9, 2000.
58 정선양, 기술과 경영, 경문사, 2006.
59 조동성 역 (마이클 포터 저), 경쟁우위, 교보문고, 1992.
60 조동성, 21세기를 위한 국제경영, 경문사, 2002.
61 조윤애, 국내 기술 유출 및 보호 현황과 과제, KIET 산업경제, 6월호, 44-53, 2004.
62 조현대, 기술추격국의 기술획득과 전략적 제휴: 모형개발과 사례분석, 과학기술정책연구원, 1997.
63 진병채, 고객 중심 R&D의 비결, LG주간경제, 841, 21-25, 2005.
64 최영락·이대희·송용일·정윤철, 한국의 기술혁신모형 : 새로운 지평을 향하여, 기술혁신연구,

13(1), 1-17, 2005.

65 최정덕, 기술강국으로 가는 길, LG주간경제, 755, 36-40, 2003.

66 최정덕, CTO의 변신이 R&D 혁신의 출발점이다, LG Business Insight, 970, 21-33, 2008.

67 한국과학기술원 생산경영연구실 역 (크라제위스키, 리츠맨 저), 생산관리, 석정, 2000.

68 한국산업기술진흥협회, 기술이전 산업화 촉진을 위한 기술 마케팅 전략 발굴 및 이전대상기술 조사, 정보통신연구관리단, 1998.

69 한국산업기술진흥협회, 기업연구소 산업기밀 관리실태 및 개선방안, 2003.

70 한수연, 성공기업의 기술전략, LG주간경제, 816, 8-14, 2005.

71 한승진, R&D 경영혁신: 기술로드맵을 활용하라, LG주간경제, 885, 21-25, 2006.

72 허진, 혁신적 신기술의 등장과 대기업 생존의 길, LG주간경제, 573, 37-43, 2000.

73 허진, 인터넷 시대의 지식경영, LG주간경제, 584, 22-29, 2000.

74 형민우, 핵심기술 유출을 막는 4가지 전략, , LG주간경제, 814, 21-25, 2005.

75 Chatterji, D., Accessing external sources of technology, Research Technology Management, 39(2), 48-56, 1996.

76 Foster, R.N., Organize for technology transfer, Harvard Business Review, 49(6), 110-120, 1971.

77 Gaynor, G.H., Management of Technology: Description, Scope and Implications, McGraw-Hill, 1996.

78 Kim, L., Stages of development of industrial technology in a developing country: A model, Research Policy, 9(3), 254-277, 1980.

79 Lee, J., Bae, Z., Choi, D., Technology development process: A model for a developing country with a global perspective, R&D Management, 18(3), 235-250, 1988.

80 Lin, C., Chang, S., Chang, The impact of technology absorptive capacity on technology transfer performance, International Journal of Technology Transfer and Commercialisation, 3(4), 384-409, 2004.

81 Mangematin, V., Nesta, L., What kind of knowledge can a firm absorb?, International Journal of Technology Management, 18(3/4), 149-172, 1999.

82 Rogers, E.M., Yin, Y., Hoffmann, J., Assessing the effectiveness of technology transfer offices at U.S. research universities, The Journal of the Association of University Technology Managers, 12, 47-80, 2000.

83 Sher, J.H., The absorptive capacity factor in managing international technology transfer: an empirical research on Taiwanese IT firms, International Business Conference, Taiwan, ROC, 285-310, 1997.

84 Siegel, D., Waldman, D., Link, A., Assessing the impact of organizational practices on the relative productivity of university technology transfer offices: An exploratory study, Research

Policy, 32(1), 27-48, 2003.

85 Thursby, J., Jensen, R., Thursby, M., Objectives, characteristics and outcomes of university licensing: A survey of major U.S. universities, Journal of Technology Transfer, 26, 59-72, 2001.

86 Thursby, J., Kemp, S., Growth and productive efficiency of university intellectual property licensing, Research Policy, 31(1), 109-124, 2002.

87 Utterback, J. & Abernathy, W., A dynamic model of process and product innovation, Omcga, 3(6), 639-656, 1975.

찾아보기

ㄱ

개발 49, 91
개발연구 50
개방형 기술혁신 168
개방화 34
게이트 키퍼 158
경쟁법칙 20
경쟁우위 34
경쟁위치 135
경화기 113
고객대응 147
공급자의 협상력 70
공동개발 187
공정혁신 106
공학자 49
과도기 112, 113
과정모형 110
과학 41
과학자 49
교체비용 72
구매자의 협상력 70
급진적 기술혁신 94, 104
기능 41
기술 41
기술개발전략 132
기술구매 199
기술도입 199
기술로드맵 128
기술무역수지 26
기술변화 67, 91
기술보호전략 249
기술 선도자 76
기술 아웃소싱 165
기술 아웃소싱의 원천기관 182
기술의 분류 47
기술이전 91, 197
기술적 핵심역량 134
기술전파 198
기술제휴 198
기술주도 가설 100
기술중심적 기업 125
기술진보 91
기술채택 198
기술 추종자 76
기술파생 198
기술혁신 34
기술혁신 패러다임 94
기술협력전략 249
기술확보방식 189
기술확산 91, 198
기업인수 186
기초연구 50

ㄴ

내수시장 32
너트크래커 34
누적적 과정 91

ㄷ

단계별 관문화(Stage-Gate) 시스템 145

대체재의 위협 70
도입기 138
동태적 모형 112

ㄹ

라이센싱 186

ㅁ

모방 91
모방개발 199
목표시장 128
무형성 22
무형자산 25
무형자산 관리자 158
문제제품 135

ㅂ

발견 91
발명 91
분권형 151
불균형적 과정 92
블랙박스 전략 252
비선형모형 109
비용우위전략 65

ㅅ

산업구조분석 70
산업의 매력도 70
산업재산권 233
상표 236
상표권 236
상호연관성 21
상호작용 가설 102
선형모형 108
성숙기 138
성장기 138
세계화 34
속도 20
쇠퇴기 138
수요견인 가설 100
수확체감의 원리 17
수확체증의 원리 17
시장유망성 135
시장지향적 기업 125
시장지향적 연구개발 128
실용신안권 235

ㅇ

양산지원 147
연구 49
연구개발 49
연구개발비 30
연구개발 후원 188
연속적 과정 92
영업비밀 239
와해성 기술 82
원천기술 25
위탁 연구개발 188
유동기 113
응용연구 50
의사소통자 158
의장 236
의장권 236
인큐베이터 158

ㅈ

자체개발 199
저작권 233, 237
점진적 기술혁신 94, 104
제도적 과정 93
제품개발 147
제품기획 147
제품수명주기 137

제품 포트폴리오 135
제품혁신 106
조인트 벤처 187
조직구조 151
주역제품 135
지분 참여 188
지식경영 59
지식기반시대 15
지적재산권 233
진입자의 위협 70
집중형 151

ㅊ

차별화 우위전략 65
철수장벽 74
초기 진입자 이익 78

ㅌ

특허권 234
특허소송 28
특허전략 251
특허지도 29

ㅍ

패퇴제품 135
표준선점전략 255
퓨처리스트 158

ㅎ

핵심기술 25
혼합형 151
황금젖소제품 135

| 저자소개 |

박 창 규

울산대학교 경영대학 교수

알기쉬운 기술경영 값15,000원

2010년 3월 3일 초판발행
2011년 9월 5일 초판2쇄
2014년 11월 28일 초판3쇄

저 자 박 창 규
발행인 리 재 영
발행처 新論社
등록번호 제10-308호(1989.3.4)

판매처 새문사
등록번호 제1-273호(1977.9.19)

주소 : 서울시 마포구 대흥로6길 6-12
전화 : (02)715-7232(代), 717-7235, Fax : (02)715-7235
E-mail : sinlon@saemoon.co.kr
website : www.saemoonbook.com
ISBN : 978-89-7411-281-3 93320